JN319551

スッタニパータ［釈尊のことば］

全現代語訳

荒牧典俊・本庄良文・榎本文雄 訳

講談社学術文庫

目次

第一章　蛇……荒牧典俊訳……13

凡　例

一、翻訳の底本にはＰＴＳ（Pali Text Society　パーリ聖典協会）本を用いた。

一、原典で省略されている繰り返しの部分も、本書では読みやすくするため省略しなかった。

一、原文にはないが翻訳上補った語句を訳文の中に織り込んでいる場合がある。〔　〕および（　）内は、理解の便のため特に訳者が補ったものである。

一、＊印のついている語句等には、注があることを示す。注は巻末にまとめて付した。

一、固有名詞のカナ表記は、原則としてパーリ語によった。

スッタニパータ［釈尊のことば］全現代語訳

あらゆるところに同一にしています世尊《せそん》にして阿羅漢《あらかん》にして
正等覚仏《しょうとうがくぶつ》なる方《かた》に礼拝《らいはい》したてまつる。

第一章　蛇

第一経　蛇

一　もし比丘《びく》にして、むらむらとこみ上げてきたいらだちを除去してしまうこと、あたかも全身くまなくひろがった毒蛇の毒を霊薬によって解消してしまうごとくであるならば、そのような比丘は、あちこちへ往還し流転《るてん》しつづけてきた輪廻《りんね》を放棄してしまう。あたかも蛇が古くなったとき、久しく自分のものであった皮を捨てていくように。

二　もし比丘にして、色あでやかな欲情をあますところなくもぎとってしまうこと、あたかも水中から根茎によって水面に出た蓮の花を深く手を入れてとるごとくであるならば、そのような比丘は、あちこちへ往還し流転しつづけてきた輪廻を放棄してしまう。あたかも蛇が古くなったとき、久しく自分のものであった皮を捨てていくように。

三 もし比丘にして、あたりに浸潤する深層の欲望をあますところなく断ちきってしまうこと、あたかも激流なす河を干上《ひあ》がらせてしまうごとくであるならば、そのような比丘は、あちこちへ往還し流転しつづけてきた輪廻を放棄してしまう。あたかも蛇が古くなったとき、久しく自分のものであった皮を捨てていくように。

四 もし比丘にして、背《たけ》が高いばかりの高慢をあますところなく根こそぎひっくり返してしまうこと、あたかもまったく抵抗力のない水際に茂る葦《あし》の堤防を、大洪水が根こそぎ押し流してしまうごとくであるならば、そのような比丘は、あちこちへ往還し流転しつづけてきた輪廻を放棄してしまう。あたかも蛇が古くなったとき、久しく自分のものであった皮を捨てていくように。

五 もし比丘にして、くり返し再生して流転してきた輪廻的存在のどこにも、自我という真髄を発見しないこと、あたかも無花果《いちじく》の樹々の中をさがしまわって花を採集しようとするごとくであるならば、そのような比丘は、あちこちへ往還し流転しつづけてきた輪廻を放棄してしまう。あたかも蛇が古くなったとき、久しく自分のものであった皮を捨てていくように。

六 もし比丘にして、心の内にはいかなる激情もなくして、このように輪廻的存在から輪廻的存在へ流転することをはるかに超脱してしまったとするならば、そのような比丘は、あちこちへ往還し流転しつづけてきた輪廻を放棄してしまう。あたかも蛇が古くなったとき、久しく自分のものであった皮を捨てていくように。

七 もし比丘にして、ああだこうだと個々別々の存在を思考することをすっかりふり切っていて、内なる精神においてあますところなく完全に断ちきってしまっているならば、そのような比丘は、あちこちへ往還し流転しつづけてきた輪廻を放棄してしまう。あたかも蛇が古くなったとき、久しく自分のものであった皮を捨てていくように。

八 もし比丘にして、あちらへ流転していったり、こちらへ流転してきたりすることがなくなって、あらゆる存在へとつぎつぎに流転しつづけていく個体存在を超出してしまっているならば、そのような比丘は、あちこちへ往還し流転しつづけてきた輪廻を放棄してしまう。あたかも蛇が古くなったとき、久しく自分のものであった皮を捨てていくように。

九 もし比丘にして、あらゆるいまここの世間的存在は如実なるがままにあるのではないとさとって、あちらへ流転していったり、こちらへ流転してきたりすることがなくなっているならば、そのような比丘は、あちこちへ往還し流転しつづけてきた輪廻を放棄してしまう。あたかも蛇が古くなったとき、久しく自分のものであった皮を捨てていくように。

一〇 もし比丘にして、あらゆるいまここの世間的存在は如実なるがままにあるのではないとさとって、貪欲《とんよく》が消滅してしまい、あちらへ流転していったり、こちらへ流転してきたりすることがなくなっているならば、そのような比丘は、あちこちへ往還し流転しつづけてきた輪廻を放棄してしまう。あたかも蛇が古くなったとき、久しく自分のものであった皮を捨てていくように。

一一 もし比丘にして、あらゆるいまここの世間的存在は如実なるがままにあるのではないとさとって、欲情が消滅してしまい、あちらへ流転していったり、こちらへ流転してきたりすることがなくなっているならば、そのような比丘は、あちこちへ往還し流転しつづけてきた輪廻を放棄してしまう。あたかも蛇が古くなったとき、久しく自分のものであった皮を捨てていくように。

一二 もし比丘にして、あらゆるいまここの世間的存在は如実なるがままにあるのではないとさとって、憎悪《ぞうお》が消滅してしまい、あちらへ流転していったり、こちらへ流転してきたりすることがなくなっているならば、そのような比丘は、あちこちへ往還し流転しつづけてきた輪廻を放棄してしまう。あたかも蛇が古くなったとき、久しく自分のものであった皮を捨てていくように。

一三 もし比丘にして、あらゆるいまここの世間的存在は如実なるがままにあるのではないとさとって、無知蒙昧《もうまい》が消滅してしまい、あちらへ流転していったり、こちらへ流転してきたりすることがなくなっているならば、そのような比丘は、あちこちへ往還し流転しつづけてきた輪廻を放棄してしまう。あたかも蛇が古くなったとき、久しく自分のものであった皮を捨てていくように。

一四　もし比丘にして、久しく存続しつづけてきた煩悩《ぼんのう》の流れがいささかも存在しなくなり、つぎつぎに果を生ずる根本の諸悪業《あくごう》がすっかり引きぬかれてしまっているならば、そのような比丘は、あちこちへ往還し流転しつづけてきた輪廻を放棄してしまう。あたかも蛇が古くなったとき、久しく自分のものであった皮を捨てていくように。

一五　もし比丘にして、あれやこれやにひかれる深層の衝動よりつぎつぎに生じてきて、下等の苦悩の存在へ転落しゆく条件ともなるものが、いささかも存在しないならば、そのような比丘は、あちこちへ往還し流転しつづけてきた輪廻を放棄してしまう。あたかも蛇が古くなったとき、久しく自分のものであった皮を捨てていくように。

一六　もし比丘にして、あれやこれやを求める深層の欲求よりつぎつぎに生じてきて、輪廻的存在に束縛され、つぎつぎに輪廻的存在として流転するための原因ともなるものが、いささかも存在しないならば、そのような比丘は、あちこちへ往還し流転しつづけてきた輪廻を放棄してしまう。あたかも蛇が古くなったとき、久しく自分のものであった皮を捨てていくように。

一七　もし比丘にして、〔(一)欲望の対象にひかれる関心もなく、(二)危害を加えんとする悪意もなく、(三)とろんとして睡気《ねむけ》におそわれることもなく、(四)いい気になったり後悔したりすることもなく、(五)真理を信じない懐疑もなくなって、かく〕五種類の深まりゆく禅定《ぜんじょう》に対する障礙《しょうげ》を放棄してしまい、いかなるものにも心うごかすことなく、論難にかりたてられることも超越し、欲望の矢に突き飛ばされることもなくなっているのであるならば、そのような比丘は、あちこちへ往還し流転しつづけてきた輪廻を放棄してしまう。あたかも蛇が古くなったとき、久しく自分のものであった皮を捨てていくように。

第二経　富裕なるダニヤ

一八 富裕なる牛主のダニヤ・ゴーパがうたっている。「わたくしはマヒー河に沿った河岸にあって、妻や息子や娘などとともに同じ家に住み、御飯を炊《た》いては祖霊たちに供養し、ミルクを搾《しぼ》っては朝な夕な祭火に献供《けんく》してきている。わたくしの家はよく屋根が葺《ふ》かれているし、祭火も保持されつづけている。もしもそうしたいのであれば、神よ、いくらでも雨降るがよいぞ」

一九 世尊が説かれる。「わたくしはマヒー河に沿った河岸にあって、一宿の宿をかりるのみ、もはやむらむらと怒ることはなくなり不毛なる心はなくなってしまっている。わたくしの身体的存在の家は屋根の覆《おお》いがぬけてしまい、煩悩の火は消滅してしまっている。もしもそうしたいのであれば、神よ、いくらでも雨降るがよいぞ」

二〇 富裕なる牛主のダニヤ・ゴーパがうたっている。「こちらには虻《あぶ》や蚊《か》はいない。牛どもは牧草のよく茂った湿地にあって草を喰《は》む。雨が降ってこようとも、びくともしない、大丈夫だ。もしもそうしたいのであれば、神よ、いくらでも雨降るがよいぞ」

二一 世尊が説かれる。「坐具を敷きひろげて『筏《いかだ》』を組んで、完全に出来上がったところで、輪廻の洪水からどんどん離脱して自由になり、渡りきって彼岸に達したのであれば、もはや坐具の『筏』に用はない。もしもそうしたいのであれば、神よ、いくらでも雨降るがよいぞ」

二二 富裕なる牛主のダニヤ・ゴーパがうたっている。「わたくしの妻ゴーピは、従順でよく言うことを聞き、いろいろな欲望に心をふらふらさせることがない。長い年月にわたってともに生活しているし、ひたすら夫を愛していて美しい。彼女に何か悪行のならいがあるなどということも聞いたことがない。もしもそうしたいのであれば、神よ、いくらでも雨降るがよいぞ」

二三 世尊が説かれる。「わたくしの心は、従順でよく言うことを聞き、解脱《げだつ》していて自由だ。長い年月にわたる修行《しゅぎょう》実践によって練磨されているし、十分にコントロールされている。またわたくしには悪行のならいは存在しない。もしもそうしたいのであれば、神よ、いくらでも雨降るがよいぞ」

二四 富裕なる牛主のダニヤ・ゴーパがうたっている。「わたくしは、わたくし自身の自由な職業によって収入を得て生活している。わたくしの息子や娘たちも同じ家に住んでいて健康だ。かれらに何か悪行のならいがあるなどということも聞いたことがない。もしもそうしたいのであれば、神よ、いくらでも雨降るがよいぞ」

二五 世尊が説かれる。「わたくしはいかなるひとからも収入を得て生活していくということがない。すでに体得しているものによって、いかなる世間的存在の間においても修行しつづけていく。収入を得て生活するなどということには無縁だ。もしもそうしたいのであれば、神よ、いくらでも雨降るがよいぞ」

二六 富裕なる牛主のダニヤ・ゴーパがうたっている。「わたくしにはミルクの出なくなった老牛もいればミルクを出す若牛もいる。それが子牛を孕《はら》んでいることもあれば、交尾期に入っていることもある。もとより牛王たる雄牛もいる。もしもそうしたいのであれば、神よ、いくらでも雨降るがよいぞ」

二七 世尊が説かれる。「わたくしにはミルクの出なくなった老牛もいなければミルクを出す若牛もいない。それが子牛を孕んでいることもなければ、交尾期に入っていることもない。もとより牛王たる雄牛もいない。もしもそうしたいのであれば、神よ、いくらでも雨降るがよいぞ」

二八 富裕なる牛主のダニヤ・ゴーパがうたっている。「家畜をつなぎとめておく棒杭《ぼうぐい》もしっかりと打ち込まれていて、びくとも動かない。ムンジャ草を縄なってつくった綱も、まだ新品であって、けっしてほどけたり、ちぎれたりしない。ミルクを出しはじめた若牛たちでも、その綱をひきちぎって逃げることはできぬ。もしもそうしたいのであれば、神よ、いくらでも雨降るがよいぞ」
二九　世尊が説かれる。「雄牛が束縛していた綱を引きちぎってそうするように、巨象が生い繁る悪臭放つ蔓草《つるくさ》を蹴散《けち》らしていってそうするように、わたくしも、もう二度と胎児となって胎内に宿ることはあるまい。もしもそうしたいのであれば、神よ、いくらでも雨降るがよいぞ」
三〇　と言い終わるやいなやその瞬間に、低い沼沢地にも小高い丘陵地にも雨水がみなぎるまでに密雲の雨が降るのであった。どしゃぶりの雨の音を聞いて富裕なるダニヤは、つぎのような内容のことを語るのであった。
三一　「ああまことに多大なるものをわたくしは得たことかな！　わたくしがこうして世尊に見《まみ》えたとは。智慧の眼あるひとよ、わたくしはあなたに帰依いたします。大いなる沈黙の聖者（牟尼《むに》）よ、あなたこそ、わたくしの修行を指導する師になって下さい。
三二　わたくしの妻ゴーピもわたくしも、従順でよく言うことを聞き、めでたい如来《にょらい》のもとにて清浄《しょうじょう》なる修行生活（梵行《ぼんぎょう》）を行じていきたいと願います。さまざまな衆生《しゅじょう》に生まれては死にゆくことの彼岸に到達し、苦悩を終息させたいと思います」
三三　〔死神がうたっている。〕「息子があれば、息子のことでいろいろうれしいではないか。家畜があれば、家畜のことでいろいろうれしいではないか。このような所有物こそ、ひとびとをうれしがらせるものだ。いかなるものをも所有しないひとには、うれしいことがない」

三四〔世尊が説かれる。〕「息子があれば、息子のことでいろいろ憂い悲しむ。家畜があれば、家畜のことでいろいろ憂い悲しむ。このような所有物こそ、ひとびとを憂い悲しませるものだ。いかなるものをも所有しないひとには、憂い悲しむことがない」

第三経　一角の犀《さい》

三五あらゆる生き物に対して暴力をふるうことをすっかり放棄してしまい、いかなる生き物にも危害を加えることのないひとが、自分の息子をほしいと思うことすらあってはならぬ。ましていわんや一緒に修行してくれる仲間などいらぬ。ひとり離れて修行し歩くがよい、あたかも一角の犀《さい》そっくりになって。

三六一緒にいて人間関係が生じてくると、つきまとう愛着が生じてくる。いまここなる苦悩は、つきまとう愛着の結果として起こってくる。いろいろな不幸が、つきまとう愛着からこそ生ずることを深く熟慮して、ひとり離れて修行し歩くがよい、あたかも一角の犀そっくりになって。

三七好意をもってくれている親友にどうかして役に立ちたいと親しみの情を懐いていても、もしも友情関係を一定不変なものとして固執する心が生ずるならば、せっかくの親切もそうでなくなってしまう。肝胆相照らす友人関係にもこういう危惧《きぐ》すべきことがあることを深く熟慮して、ひとり離れて修行し歩くがよい、あたかも一角の犀そっくりになって。

三八　息子たちや妻のことで煩慮《はんりよ》がつもりつもっているさまは、あたかも竹が大きく拡がって生長するとき他の竹と枝葉をからみあわせるごとくである。竹の子のようにいかなるものをもつけないままに、ひとり離れて修行し歩くがよい、あたかも一角の犀そっくりになって。

三九　野生の動物であれば、森の中にいて綱につながれることもなく、思うがままに食べ物のある方へと近づいていくように、そのように独立独歩であることの自由を深く熟慮して、叡知あるひとは、ひとり離れて修行し歩くがよい、あたかも一角の犀そっくりになって。

四〇　修行仲間にとりかこまれているならば、一所にとどまって坐禅しているときにも、立ち止まっているときにも、修行道場へ行くときにも、托鉢《たくはつ》などで遊行《ゆぎよう》し歩くときにも、とかく話しかけられることとなる。他のひとびとがいつも欲求しているようなことのなくなった独立独歩の自由さを深く熟慮して、ひとり離れて修行し歩くがよい、あたかも一角の犀そっくりになって。

四一　修行仲間にとりかこまれているならば、馬鹿さわぎして戯《ざ》れごとをしたり、快楽をよろこんだりすることとなる。息子たちがいるならば、愛情はかぎりなく大きい。しかしそのような心うれしいものからは必ず離別することとなるこの世間を厭《いと》い捨てて、ひとり離れて修行し歩くがよい、あたかも一角の犀そっくりになって。

四二 四方のいずれに遊行してゆくにもまったく安らかなるひとにして、いかなることをも嫌《けん》悪《お》することなく、そのときそのとき、そのところそのところで、それぞれに与えられるままに足るを知って、四方八方から流れ込もうとする輪廻の荒波を耐えぬくひとは、何ものをも恐怖することなく、ひとり離れて修行し歩くがよい、あたかも一角の犀そっくりになって。

四三 ある種の出家者たちも、また家庭生活にとどまる在家者たちも、われわれと同じような少欲知足の修行生活に導き入れることが難しい。他の種類のひとびとにやたらにかかわりたがることをやめて、ひとり離れて修行し歩くがよい、あたかも一角の犀そっくりになって。

四四 あたかも葉っぱがすっかり枯れ落ちてしまったコーヴィダーラ樹のように、家庭生活者を思わせるさまざまな態度振舞いをすっかり振り払ってしまい、家庭生活者をつなぎとめるさまざまな束縛を断ちきってしまって、雄々しいひとは、ひとり離れて修行し歩くがよい、あたかも一角の犀そっくりになって。

四五 もしも思慮深い友にして、目的を同じくして行き、正しい修行生活をする知者が得られるのであれば、あらゆる四方八方から流れ込もうとする輪廻の荒波を超克し、よろこびに満ち、あるがままにいまここの存在を自覚しつづけながら、かれとともに行くがよい。

四六 もしも思慮深い友にして、目的を同じくして行き、正しい修行生活をする知者が得られないのであれば、あたかもかのマハージャナカ王が統治していた王土を放棄してそうしたように、ひとり離れて修行し歩くがよい、あたかも一角の犀そっくりになって。

四七 いかにも完全無欠な友があるというのであれば、わたくしとて大いに賞讃する。よりすぐれた友もしくは同等なる友には、親しく敬事しなくてはならぬ。しかしそのようなひとびとが得られないのであれば、罪過のとがめなき修行生活を守って、ひとり離れて修行し歩くがよい、あたかも一角の犀そっくりになって。

四八 工芸家がみごとに細工仕上げたことによって燦然《さんぜん》とひかり輝く金製の腕輪が二箇、片方の腕においてはぶつかりあって音を立てているのを見て、ひとり離れて修行し歩くがよい、あたかも一角の犀そっくりになって。

四九 かように同僚と一緒にいるならば、わたくしは、言葉で話しかけたり、あるいは依存心をもってつきまとうこととなるであろう。未来においてかく恐怖すべきことがあることを深く熟慮して、ひとり離れて修行し歩くがよい、あたかも一角の犀そっくりになって。

五〇 というのも種々さまざまな欲望の対象は、甘美にして快楽をもたらすことによって、多様なるしかたで心に煩悩の火を鑽《き》り起こす。さまざまな不幸をもたらすものであるというように欲望の対象となる個別存在をさとって、ひとり離れて修行し歩くがよい、あたかも一角の犀そっくりになって。

五一 ここなるものは、わたくしをおびやかす天災饑饉《ききん》でもあり悪性の腫瘍《しゅよう》でもあり災厄《さいやく》でもあり病魔でもあり毒矢でもあり恐怖すべきものでもある、というように、かように恐怖すべきものであると欲望の対象となる個別対象をさとって、ひとり離れて修行し歩くがよい、あたかも一角の犀そっくりになって。

五二 寒冷や暑熱にさらされようと、飢餓《きが》や渇きにせまられようと、風に吹かれ日光に照りつけられようと、また虻や蚊が血を吸い蛇が這《は》ってこようと、これらすべてを忍耐して克服してしまい、ひとり離れて修行し歩くがよい、あたかも一角の犀そっくりになって。

五三 あたかも肩部の筋肉が雄々しくもり上がり表皮に赤い蓮華紋《れんげもん》が現れて巨大に成長したならば、象は象群から離脱して森の中で楽《ねが》うがままに一頭で自由に生きていくごとく、そのようにひとり離れて修行し歩くがよい、あたかも一角の犀そっくりになって。

五四 社会生活のよろこびをよろこんでいるかぎり、世間的な禅定における一時的な解脱の自由を体験することすらも、あり得るわけがない、という日輪の王統に生まれしひとの言葉を沈思黙考しつつ、ひとり離れて修行し歩くがよい、あたかも一角の犀そっくりになって。

五五 さまざまな宗教的ドグマ（教義）という邪路迷路を悪戦苦闘して通過してきて、正しい大道を歩みはじめるとき、つぎのような安心立命を得る、「わたくしにはさとりの智慧が生じた、もはやけっして他の道に迷い込むことはない」と。かくしてひとり離れて修行し歩くがよい、あたかも一角の犀そっくりになって。

五六 むやみやたらと貪欲であることもなく、むかむかいらだつこともなく、やみ難い欲望もなくなって、徳あるひとを誹謗《ひぼう》中傷することもなくなっている。かように激しい煩悩や悪業を根本の無知蒙昧ともども吹き飛ばして、雲散霧消させ、いかなる世間的存在でありたいと願求することもなくなる。かくしてひとり離れて修行し歩くがよい、あたかも一角の犀そっくりになって。

五七 どうでもいいことばかり教えてくれて、種々雑多な世間のことごとにうき身をやつしているような悪友からきっぱりと縁をきって遠ざけるようにするがよい。何らかのドグマを信じ込んでいたり、あれやこれやにひかれて修行が専一でないようなひとに、こちらから進んで交友してはいけない。かくしてひとり離れて修行し歩くがよい、あたかも一角の犀そっくりになって。

五八 仏教の経典や教えを聴聞《ちょうもん》してあまねく知り、仏教の真理を伝承し、説法して無礙《むげ》自在であって、かぎりなく広大なる友人と交際するようにするがよい。さまざまな真理をいまここに直接にさとって仏教に対する疑惑がなくなるようにするがよい。かくしてひとり離れて修行し歩くがよい、あたかも一角の犀そっくりになって。

五九 世間で楽しまれている娯楽やスポーツ、さまざまな快楽や欲望の対象となる楽しいことごとを美しく、いいことと思うことをやめるがよい。それらに関心をもつこともなく、在家者であれ出家者であれ、装身具の類をすっかり断ちきって、誠なる言葉を語る。かくしてひとり離れて修行し歩くがよい、あたかも一角の犀そっくりになって。

六〇 息子をも、妻をも、父をも母をも、金銀財宝や米穀をも、親類縁者をも、各人、自らに関係するかぎりのさまざまな欲望の対象を放捨してしまい、ひとり離れて修行し歩くがよい、あたかも一角の犀そっくりになって。

六一「おお、これは執着の対象となるものだ。これによって楽しい気分になったとて程度の知れたものだ、楽しんでみたところで、ちっぽけなものだ。これのもたらす苦悩のほうがはるかに大きい。これは釣針だ」とさとりの知によって知って、叡知あるひとは、ひとり離れて修行し歩くがよい、あたかも一角の犀そっくりになって。

六二 あたかも水中に生きる魚が網目を突き破って河水の中へ帰っていくように、そのようにさまざまな世間的存在につなぎとめるきずなを引き裂いて、そして野火が一たび焼いてしまったところに滞留することがないように、そのようにひとり離れて修行し歩くがよい、あたかも一角の犀そっくりになって。

六三 眼差《まなざ》しはしずかに下方に向けられていて、歩調はあちこちへふらふら乱れることがない。認識能力もさまざまな認識が起こらないように完全に防護されていて、自我意識ももはやはたらかないように完全にコントロールされている。輪廻の豪雨がぽたぽた漏水《ろうすい》してくることもなければ、煩悩の猛火に心身が焼かれることもない。そのようにひとり離れて修行し歩くがよい、あたかも一角の犀そっくりになって。

六四 家庭生活者であるかに思わせるさまざまな態度振舞いを振り払ってしまったうえで、あたかも沢山の葉っぱで完全におおわれたパーリチャッタ樹のごとく黄色の袈裟《けさ》を身にまとい、出家して、ひとり離れて修行し歩くがよい、あたかも一角の犀そっくりになって。

六五 さまざまな美味なる物を食べたいという欲望もなくなって、あちこちにふらふら歩きまわることもなく、形骸《けいがい》を維持するための最少量以上に滋養を摂《と》ることもない。家ごとにつぎつぎにさっさと托鉢して歩いて、貴賤貧富のいかなる家にも恋着する心がない。そのようにひとり離れて修行し歩くがよい、あたかも一角の犀そっくりになって。

六六 〔(一) 欲望の対象にひかれる関心もなく、(二) 危害を加えんとする悪意もなく、(三) とろんとして睡気《ねむけ》におそわれることもなく、(四) いい気になったり後悔したりすることもなく、(五) 真理を信じない懐疑もなくなって、それら〕五種類の深まりゆく禅定に対する障碍を放棄し、またあらゆる随伴する煩悩をも放逐してしまい、つきまとう愛着を も、むらむら起こる憎悪をも断ちきって、いかなる存在をも根本的なるものとして絶対視することなく、ひとり離れて修行し歩くがよい、あたかも一角の犀そっくりになって。

六七 もうすでに過去において安楽の感情をも、苦悩の感情をも、さらには喜悦の気分をも憂愁の気分をも完全に断ちきってしまい、はるか遠くに放置し去り、いまや平静のきわみにあって清浄なるままに静止した「定《じょう》」を体得している。かくしてひとり離れて修行し歩くがよい、あたかも一角の犀そっくりになって。

六八 最高究極の真理を体得しようと勇猛なる修行実践に精励してきて、精神的に無気力になることもなければ、修行実践において懈怠《けたい》することもない。堅忍不抜に修行しつづけていよいよ向上し、気力も体力も充実している。そのようにひとり離れて修行し歩くがよい、あたかも一角の犀そっくりになって。

六九 山林にひとり隠遁して禅定に入っている修行生活を一瞬たりとも放棄することなく、つねに不断に根本の真理にもとづいて、各修行者にふさわしい真理を修行実践し、生死流転《しょうじるてん》しつづける世間的存在に対しては「これは恐ろしい存在だ」といまここにさとって、ひとり離れて修行し歩くがよい、あたかも一角の犀そっくりになって。

七〇 深層の欲望が滅し尽きた静寂の涅槃《ねはん》を願求して真摯《しんし》に修行し、羊のようにうすのろであることをやめ、よく教えを聴聞していて、いつもあるがままにいまここの存在を自覚しつづけている。あらゆる存在を完全に思惟してきて、もはや疑いのなくなった信を得て、勇猛に修行しつづけている。そのようにひとり離れて修行し歩くがよい、あたかも一角の犀そっくりになって。

七一 たとえばライオンであれば、どんな物音が聞こえてこようとおびえることがないごとく、風であれば、いかなる網目にひっかかることもないごとく、蓮華には泥水が付着することがないごとく、そのようにひとり離れて修行し歩くがよい、あたかも一角の犀そっくりになって。

七三　たとえば百獣の王ライオンが鋭い牙《きば》を軍勢にして、いかなる敵をも威圧し征服して進みゆくように、そのように人里離れた坐臥処にあって修行するがよい。そのようにひとり離れて修行し歩くがよい、あたかも一角の犀そっくりになって。

七三　慈愛あふれる心とかぎりなく平静なる心と慈悲深い心と歓喜する心という四種の解脱の自由のそれぞれを、それぞれにふさわしい段階において修行してきて、いかなる世間的存在とも敵対することなく、ひとり離れて修行し歩くがよい、あたかも一角の犀そっくりになって。

七四　愛好することと憎悪することと無知蒙昧であることとを放捨して、あらゆる世間的存在に束縛するきずなをきっぱり断ちきって、生命を失う危険においても怖畏《ふい》することなく、ひとり離れて修行し歩くがよい、あたかも一角の犀そっくりになって。

七五　ひとびとが友人関係や師弟関係をもつのは、自ら益するところあらんがためである。今日ではかように利己的でないような友人関係は得難い。自己の利益ばかりを求める世智弁聡がひとびとを不浄にする。さればひとり離れて修行し歩くがよい、あたかも一角の犀そっくりになって。

第四経　農業を営むバラモンのバーラドヴァージャ

つぎのようにわたくしは聞いた。

あるとき、世尊はマガダ国ラージャガハ（王舎城《おうしゃじょう》）南郊の山中にあるエーカナーラーというバラモンたちの村落にとどまって修行しておられた。

ところでそのとき、あたかも種播《たねま》きの時期で、農業を営むバラモンのバーラドヴァージャの所有する五百挺《ちょう》を数える犂《すき》は牛の軛《くびき》につながれて、仕事の準備ができていた。

世尊は、早朝に内衣を整え、外衣をつけ鉢を両手に持って、農業を営むバラモンのバーラドヴァージャが農作業しているほうへ歩いていった。ちょうどそのとき、農業を営むバラモンのバーラドヴァージャのところでは朝食を配膳し食事の準備をしていた。

さて世尊は、朝食を配膳し食事の準備をしているほうへ歩いていって、こちら側に立った。農業を営むバラモンのバーラドヴァージャは世尊が托鉢に来て立っているのを見て、世尊につぎのように申し上げた。

「ところで、沙門《しゃもん》よ、わたくしは田畑を耕しているし、種播きをしている。田畑を耕し種播きをした後で、朝食を摂《と》る。沙門よ、あなたも田畑を耕し、種播きをすべきである。田畑を耕し種播きをした後で、朝食を摂るべきである」

「バラモンよ、わたくしも田畑を耕しているし、種播きをしている。田畑を耕し種播きをした後で、朝食を摂る」

「しかしながら、わたくしは、ゴータマさまの牛の背につながれた軛をも、それにひかれる犂をも、犂を正しく動かしていく運転者をも、あるいは役牛そのものをも見ない。にもかかわらずゴータマさまはつぎのように言う。『バラモンよ、わたくしも田畑を耕しているし、種播きをしている。田畑を耕し種播きをした後で、朝食を摂る』と」

さてそこで、農業を営むバラモンのバーラドヴァージャは、世尊に対して詩頌《しじゅ》をうたって、つぎのように問うのであった。

七六「あなたは、『わたくしも農業を営む者だ』と自分自身で宣言する。しかしわたくしはあなたの営む農業ということがよく理解できない。わたくしは農業についてお尋ねします。あなたの営む農業を、どのように理解したらよいか、教えて下さい」

七七「わたくしにとって種子であるのは、求道しようとする信心である。慈雨であるのは、苦行の力である。牛の軛にひかれる犂であるのは、悪業を断ちきっていくさとりの智慧である。わたくしにとって犂をひいている轅《ながえ》であるのは、悪業をなすまいとする慚愧《ざんき》である。その軛と轅と犂を一つにつなぎとめている綱は、三昧《さんまい》に入った心である。かくして犂の刃を正しく動かしていく運転者であるのは、あるがままにいまここの存在を自覚しながら真理をさとっていく思惟である。

七八 わたくしは身体的行為についても持戒堅固であり、言葉による行為についても持戒堅固であり、食べ物についても胃腸を厭《あ》かしめることなく少欲知足し、真理を語ることによって除草をなしていく。わたくしにとっていよいよ牛が犂や軛や綱から解放される段階とは清澄なるよろこびがあふれてくる段階である。

七九 わたくしにとって軛をつけて労働する役牛であるのは、勇猛な修行の努力であり、それはヨーガの修行が止んだとき体得される平安静寂なる涅槃へと運んでいく。上へ上へと不退転に向上していって、もはや老死する存在を悲嘆することなきところへと至りつくであろう。

八〇 以上のようにわが仏教における農業が実践されるのである。このような農業こそが不死の甘露の穀物を稔らせるのである。このようにわが仏教の農業を実践するならば、あらゆる苦悩から解脱して自由になるのである」

そのように説かれたところで、農業を営むバラモンのバーラドヴァージャは、大型の真鍮《しんちゆう》製の鉢にミルク炊きの粥《かゆ》をいっぱいについで世尊に召し上がっていただくように奉献した。

「ゴータマさま、あなたこそ、ミルク炊きの粥を召し上がって下さい。あなたは農業を営む方です。というのは、ゴータマさま、あなたは不死の甘露の穀物を稔らせる農業をなしておられます」と言いながら。

八一「〔ヴェーダの聖言でない〕ガーター詩をうたって説法したときには、わたくしは、〔謝礼として奉献されたミルク炊きの粥を〕いただいて食事することは許されない。バラモンよ、そのようにすることが、あまねく真理を見る人々の宗教的真理である。〔ヴェーダの聖言でない〕ガーター詩をうたって説法したときには、〔真理に〕目覚めた諸仏は〔謝礼として奉献されたミルク炊きの粥を〕捨て去ってしまう。バラモンよ、〔そうすることが〕宗教的真理であるときには、そのように実行しなくてはならない。

八二〔無始の過去以来、個体存在に漏水しきた〕輪廻的存在の潜勢力も滅尽し、もはや過去のあやまちを思い煩うことも静寂になり、絶対自由を得た偉大な聖者に、いま一度あらためて新しい食べ物と飲み物を奉献するがよい。そのような〔聖者たるわたくし〕こそ、善行功徳《くどく》を積みたいと望む人にとって、種播くにふさわしい功徳田であるからである」

「それでは、ゴータマさま、いったいだれにわたくしは、このミルク炊きの粥を与えたらよいでしょうか」

「バラモンよ、わたくしは、神々をふくめ、魔神をふくめ、ブラフマ神をふくめ、沙門をもバラモンをもふくめたこの世間において、〔同一なる真理のままにさとる〕如来あるいは如来の弟子以外には、このミルク炊きの粥を食べて完全な栄養分になるような人を見ない。バラモンよ、それゆえにきみはそのミルク炊きの粥を草のあまり生えていないところへあけてしまうか、生き物のいない水中へ流してしまうかせよ」

そのように説かれたところで、農業を営むバラモンのバーラドヴァージャは、そのミルク炊きの粥を生き物のいない水中へ流してしまった。そうするとそのミルク炊きの粥は、水中に投げられてジュジューッという音をたてて湯気を出し、ジュッジューッという音をたてて湯煙を上げた。たとえば、犂の刃が日中〔の暑熱〕で熱せられてから、水中に浸《つ》けられるとジュジューッという音をたてて湯気を出し、ジュッジューッという音をたてて湯煙を上げるごとく、あたかもそのようにそのミルク炊きの粥は水中に投げられて、ジュジューッという音をたてて湯気を出し、ジュッジューッという音をたてて湯煙を上げた。そのとき農業を営むバラモンのバーラドヴァージャは、まったく驚愕《きょうがく》して全身の毛が逆立ったまま、世尊のいますところへとうやうやしく近づいた。うやうやしく近づいてから、世尊の御足《みあし》にひたいをつけて礼拝《らいはい》し、世尊につぎのように申し上げた。

「お見事です、ゴータマさま。お見事です、ゴータマさま。ゴータマさまよ、たとえば、倒れたひとを起き上がらせるように、ふたのしまった〔篋《はこ》〕を開けるように、迷っているひとに道を教えるように、『眼ある者はそこにある物を見るであろう』と暗闇にランプをかかげるように、そのようにゴータマさまはその場合その場合に、さまざまな教えによって仏教の真理を説法されました。いまここにわたくしは、世尊たるゴータマさまと仏教の真理と比丘たちの教団に帰依いたします。わたくしは、ゴータマさまを戒師として出家教団の一員になり、〔具足戒《ぐそくかい》を受戒して〕仏教教団の正式の修行者になりたいと思います」と。

かくして農業を営むバラモンのバーラドヴァージャは、世尊を戒師として出家教団の一員になり、〔具足戒を受戒して〕仏教教団の正式の修行者になった。そうしてさらに〔具足戒を受戒して〕仏教教団の正式の修行者となって、久しからずしてバーラドヴァージャ長老は、ただ一人で世間の欲望から離脱して、孜々《しし》と努め猛然と修行し専一に修行している間に、まったく久しからずして――そうなることを目的にして良家のひとびとが正式に家庭生活を捨てて一所不住の遊行生活へと出家していくところの――かの無上なる真理探求のための禁欲的修行の究極目標を、いまここの存在において自己自身で真知によって証知し体得して、修行しつづけていたのであった。「くり返し再生して輪廻的存在に生まれることは滅し尽きた。真理探求のための禁欲的修行生活は完了した。仏弟子としてなすべき諸修行は修行してしまった。もはやこれより以後この世間の輪廻的存在に退転することはない」と真知によって知ったのであった。そうしてバーラドヴァージャ長老は、〔古来の多数の修行を完成した阿羅漢《あらかん》につづいて〕いま一人の修行を完成した阿羅漢になったのであった。

第五経　チュンダ

八三　鍛冶《かじ》職人のカーストのチュンダが申し上げる。「かぎりなく豊かな智慧ある沈黙の聖者であり、〔正しい完全な菩提《さとり》を〕覚った覚者〔仏陀〕であり、あらゆる真理を自在に知る主宰者であり、いつまでも世間的存在でありつづけようとする深層の欲望がなくなり、二足の人間の最上者であり、人間を調御《じょうご》する最高者である方に、わたくしは問いを問います。この世間には、どれだけの種類の沙門とよばれる修行者がいるのでしょうか、どうかそのことを教えて下さい」

八四　世尊が説かれる。「チュンダよ、沙門とよばれる修行者は四種類であって、第五の種類はない。いま問われた問いに答えて、わたくしは、それら〔四種類の修行者〕をきみに説明することとしよう。〔一〕『修行道において〔あらゆる世間的存在を〕超克した勝利者』、〔二〕『修行道を説法する説法者』、〔三〕『修行道にしたがって修行生活する修行者』、〔四〕『修行道を腐敗させ堕落させる堕落者』」

八五　鍛冶職人のカーストのチュンダが申し上げる。「覚った覚者〔諸仏〕は、〔一〕『修行道において〔あらゆる世間的存在を〕超克した勝利者』を、どのようなひとであると説くのですか。どのようであることによって、〔二〕『修行道を説法する説法者』は比類なきものとなりますか。〔三〕『修行道にしたがって修行生活する修行者』についてお尋ねします。わたくしに教えて下さい。つぎに〔四〕『修行道を腐敗させ堕落させる堕落者』について、わたくしに説明して下さい」

八六〔世尊が説かれる。〕「覚った覚者〔諸仏〕が〔第一〕『修行道において〔あらゆる世間的存在を〕超克した勝利者』と説かれるのは、論難しては反論する論争を超克し、いつまでも世間的存在でありつづけようとする深層の欲望の矢を引き抜き、涅槃の静寂のよろこびを味わいつつも、それに味着することはなく、すべての神々などの世間的存在を導くリーダーであるところの〔いつどこにても同一なる〕如来である。

八七〔覚った覚者が〕比丘修行者たちの第二の種類『修行道を説法する説法者』と説かれるのは、最高なるものであると、この世間において最高なる〔涅槃の静寂〕を認識したうえで、この世間に対して〔仏教の〕真理を説法し説明するところの、〔自他の〕疑惑を断ちきって微動だにしない沈黙の聖者である。

八八〔覚った覚者が〕比丘修行者たちの第三の種類『修行道にしたがって修行生活する修行者』と説かれるのは、『仏教的真理の言葉（法句経）』に美しく説かれた修行道にしたがって、無過誤の修行項目を修行実践し、〔身心を正しく〕コントロールしながら、あるがままにいまここの存在を自覚しつつ修行生活するところの〔修行者〕である。

八九〔第四〕『修行道を腐敗させ堕落させる堕落者』とは、誓戒を堅固に守っているかのような外見をこしらえ、〔あやまった真理を〕断固として主張してほこらしげに誇示し、在家信者〔の信仰心〕を堕落させ、虚妄の言をなしたり、〔言葉を正しく〕抑制することなく、べらべらと放談したり、見せかけだけで修行実践するところの堕落者である。

九〇 もしも、在家信者が、よく仏教の教えを聴聞し、聖なる〔仏陀〕の仏弟子となって、さとりの智慧があり、これら〔四種類の沙門とよばれる修行者〕をそれぞれ完全に知っているならば、かくかく〔の第四『修行道を腐敗させ堕落させる堕落者』〕を見たとしても、かれの信仰心を喪失することはないであろう。すべて〔の沙門とよばれる修行者〕がそのようであるわけではないと知っているからである。というのは、〔そのような在家信者であれば〕どうして腐敗堕落した〔修行者〕とまったく腐敗堕落していない〔修行者〕を同一視したり、清浄なる〔修行者〕と清浄ならざる〔修行者〕を同一視したりすることがあろうか」

第六経　破滅するひと

つぎのようにわたくしは聞いた。

あるとき、世尊はサーヴァッティーの都城〔舎衛城《しゃえじょう》〕なる、ジェータ王子の森林の中のアナータピンディカ長者の〔寄進にかかる〕修行道場〔祇園精舎《ぎおんしょうじゃ》〕にとどまって修行しておられた。

さて、夜もきわめて更《ふ》けたところで、きわめて美しい顔色をかがやかせて、ある一格の神が、森林全体をくまぐままで照明しつつ、世尊のいますところへ、うやうやしくやって来た。うやうやしくやって来てから、世尊に礼拝し、一方の側に立った。一方の側に立ってから、かの神はガーター詩をうたって、世尊に申し上げた。

九一「破滅しようとしているひとについて、わたくしはゴータマさまに問いを問います。わたくしは、つぎのような問いを問いたいと思ってやって来ました――どういうことが破滅しようとしているひとの徴候でしょうか」

九二〔世尊が説かれる。〕「〔修行が〕完成しようとしているひとを認識することも容易であるし、破滅しようとしているひとを認識することも容易である。〔修行が〕完成しようとしているひとは、〔仏教の〕真理を愛好する。破滅しようとしているひとは、〔仏教の〕真理を憎悪する」

九三〔その神が申し上げる。〕「それは、たしかにそのとおりであると認識いたします。それは、第一の破滅しようとしているひとです。世尊よ、どうか第二〔の破滅しようとしているひと〕を教えて下さい。どういうことが破滅しようとしているひとの徴候でしょうか」

九四〔世尊が説かれる。〕「そのひとは、不善良なるひとびとが好きになって、善良なるひとびとに好意をもたない。不善良なるひとびとの宗教的真理をよろこぶ。これが破滅しようとしているひとの徴候である」

九五〔その神が申し上げる。〕「それは、たしかにそのとおりであると認識いたします。それは、第二の破滅しようとしているひとです。世尊よ、どうか第三〔の破滅しようとしているひと〕を教えて下さい。どういうことが破滅しようとしているひとの徴候でしょうか」

九六〔世尊が説かれる。〕「もしも、あるひとが、いつも惰眠をむさぼり、いつも社交ばかりしていて、自ら進んで修行に努めることなく、怠惰であり、怒りっぽいということで知られているならば、これが破滅しようとしているひとの徴候である」

九七〔その神が申し上げる。〕「それは、たしかにそのとおりであると認識いたします。それは、第三の破滅しようとしているひとです。世尊よ、どうか第四〔の破滅しようとしているひと〕を教えて下さい。どういうことが破滅しようとしているひとの徴候でしょうか」

九八〔世尊が説かれる。〕「もしも、あるひとが、年老いて体力のなくなった母親あるいは父親を、〔自らはそうするだけの〕能力があるにもかかわらず、養育しないとするならば、これが破滅しようとしているひとの徴候である」

九九〔その神が申し上げる。〕「それは、たしかにそのとおりであると認識いたします。それは、第四の破滅しようとしているひとです。世尊よ、どうか第五〔の破滅しようとしているひと〕を教えて下さい。どういうことが破滅しようとしているひとの徴候でしょうか」

一〇〇〔世尊が説かれる。〕「もしも、あるひとが、修行するバラモン、あるいは苦行する沙門、あるいはまた他の乞食《こつじき》する修行者を虚偽の言葉で欺瞞《ぎまん》するならば、これが破滅しようとしているひとの徴候である」

一〇一〔その神が申し上げる。〕「それは、たしかにそのとおりであると認識いたします。それは、第五の破滅しようとしているひとです。世尊よ、どうか第六〔の破滅しようとしているひと〕を教えて下さい。どういうことが破滅しようとしているひとの徴候でしょうか」

一〇二〔世尊が説かれる。〕「もしも、あるひとが、ありあまる財産があって、黄金もあり、食糧もあるにもかかわらず、〔自分だけで〕ただ一人、美味なるものを食べるとするならば、これが破滅しようとしているひとの徴候である」

一〇三〔その神が申し上げる。〕「それは、たしかにそのとおりであると認識いたします。それは、第六の破滅しようとしているひとです。世尊よ、どうか第七〔の破滅しようとしているひと〕を教えて下さい。どういうことが破滅しようとしているひとの徴候でしょうか」

一〇四〔世尊が説かれる。〕「もしも、あるひとが、生まれたカーストについて傲慢《ごうまん》になり、財産について傲慢になり、家系について傲慢になって、さらに自分自身の同族の親類に対してすらも、〔自分のほうがすぐれていると〕高慢になるとするならば、これが破滅しようとしているひとの徴候である」

一〇五〔その神が申し上げる。〕「それは、たしかにそのとおりであると認識いたします。それは、第七の破滅しようとしているひとです。世尊よ、どうか第八〔の破滅しようとしているひと〕を教えて下さい。どういうことが破滅しようとしているひとの徴候でしょうか」

一〇六〔世尊が説かれる。〕「もしも、あるひとが、女性に惑溺《わくでき》したり、酒に惑溺したり、賭博《とばく》に惑溺したりして、稼《かせ》いできた収入をつぎからつぎへと浪費するとするならば、これが破滅しようとしているひとの徴候である」

一〇七〔その神が申し上げる。〕「それは、たしかにそのとおりであると認識いたします。それは、第八の破滅しようとしているひとです。世尊よ、どうか第九〔の破滅しようとしているひと〕を教えて下さい。どういうことが破滅しようとしているひとの徴候でしょうか」

一〇八〔世尊が説かれる。〕「もしも、あるひとが、自分自身の妻だけで満足せずして、娼婦《しょうふ》のところに出入りしたり、他人の妻のところに出入りしたりするならば、これが破滅しようとしているひとの徴候である」

一〇九〔その神が申し上げる。〕「それは、たしかにそのとおりであると認識いたします。それは、第九の破滅しようとしているひとです。世尊よ、どうか第十〔の破滅しようとしているひと〕を教えて下さい。どういうことが破滅しようとしているひとの徴候でしょうか」

一一〇〔世尊が説かれる。〕「もしも、ある男が、壮年を過ぎて〔老境に入って〕いるにもかかわらず、ティンバル果のように乳房の盛り上がった女性を娶《めと》ってから、彼女を〔若い男に〕とられるかも知れないと嫉妬《しっと》にかられて安眠しないとするならば、これが破滅しようとしているひとの徴候である」

一二〔その神が申し上げる。〕「それは、たしかにそのとおりであると認識いたします。それは、第十の破滅しようとしているひとです。世尊よ、どうか第十一〔の破滅しようとしているひと〕を教えて下さい。どういうことが破滅しようとしているひとの徴候でしょうか」

一三〔世尊が説かれる。〕「もしも、あるひとが、あるいは女性を、あるいは酒乱者を、あるいは禁治産者を、あるいはそれと同類の人間を王位につけるとするならば、これが破滅しようとしているひとの徴候である」

一三〔その神が申し上げる。〕「それは、たしかにそのとおりであると認識いたします。それは、第十一の破滅しようとしているひとです。世尊よ、どうか第十二〔の破滅しようとしているひと〕を教えて下さい。どういうことが破滅しようとしているひとの徴候でしょうか」

一四〔世尊が説かれる。〕「もしも、あるひとが、クシャトリヤ（王族）階層の家系に生まれているにもかかわらず、自らのものなる資産が乏しく、はてしない深層の欲望にかられているならば、そのひとは、この世間において王位につきたいと願望する。これが破滅しようとしているひとの徴候である。

一五　以上のようなひとびとが、この世間において破滅するひとであると観察し思惟するならば、聖者にして賢明なるひとは、完全な叡知の直観を得て、吉祥なる世間的存在を体得することになる」

第七経　最下層カーストのひと

つぎのようにわたくしは聞いた。

あるとき、世尊はサーヴァッティーの都城なる、ジェータ王子の森林の中のアナータピンディカ長者の〔寄進にかかる〕修行道場にとどまって修行しておられた。

さて世尊は、早朝に内衣を整え、外衣をつけ、鉢を両手に持ってサーヴァッティーの都城へ托鉢に出かけた。そのときちょうど、祭火を祀《まつ》るバラモンのバーラドヴァージャの家では、祭火が燃え上がっていて、供物のミルクが献供されていた。

さて世尊は、〔ある家で〕布施を受けるやいなや、すぐつづいて〔つぎの家へ〕乞食《こつじき》するようにして修行し歩いて、祭火を祀るバラモンのバーラドヴァージャの住居のあるところへと近づいた。そこで祭火を祀るバラモンのバーラドヴァージャは、世尊が遠くから近づいて来るのを見て、世尊につぎのように語りかけた。

「剃髪《ていはつ》した修行者よ、そこのところで立ち止まれ。苦行する沙門よ、そこのところで立ち止まれ。最下層カーストのひとよ、そこのところで立ち止まって一歩も近寄るな」

そのように語りかけられたところで、世尊は、祭火を祀るバラモンのバーラドヴァージャに、つぎのように説かれた。

「バラモンよ、それではきみは、最下層カーストのひと、あるいは〔かれらをして〕最下層カーストのひとたらしめる宗教的行為を知っているか」

〔バーラドヴァージャが申し上げる。〕

「ゴータマさま、いいえ、わたくしは最下層カーストのひと、あるいは〔かれらをして〕最下層カーストのひとたらしめる宗教的行為を知りません。ゴータマさま、どうかあなたがわたくしに説法して下さい。そうすればわたくしは最下層カーストのひと、あるいは〔かれらをして〕最下層カーストのひとたらしめる宗教的行為を知るでありましょう」

〔世尊が説かれる。〕

「バラモンよ、それでは聴聞するがよい。正しく思惟するがよい。わたくしは説くこととしよう」

「どうか、そうして下さい」と祭火を祀るバラモンのバーラドヴァージャは答えた。世尊は、つぎのように説かれた。

一一六「もしも、あるひとが、いつも怒ってばかりいて、相手に対して敵愾心《てきがいしん》をつのらせ、〔自ら〕悪行をなすのみならず、他人の徳行を誹謗中傷し、あやまった宗教的ドグマに固執して、虚偽をでっちあげているならば、そのようなひとこそ、最下層カーストのひとであると知るがよい。

一二七 もしも、あるひとが、この世間にあって、一度目に生まれる〔胎生《たいしょう》などの〕生き物であれ、あるいは二度目に生まれる〔卵生《らんしょう》の〕生き物であれ、さまざまな生き物に暴力をふるって、生き物に憐愍《れんびん》の情をもつことがないならば、そのようなひとこそ、最下層カーストのひとであると知るがよい。

一二八 もしも、あるひとが、あまたの村落や都市のひとびとを殺戮《さつりく》して軍隊によって制圧し、専制君主だという悪評がひろがるならば、そのようなひとこそ、最下層カーストのひとであると知るがよい。

一二九 もしも、あるひとが、村落においてであれ、森林においてであれ、他のひとびとが私有しているものを、与えられていないにもかかわらず、盗んで所有するならば、そのようなひとこそ、最下層カーストのひとであると知るがよい。

一三〇 もしも、あるひとが、実際には債務を負っているにもかかわらず、督促されたとき『あなたに対してなど債務はない』と言って免《まぬが》れるならば、そのようなひとこそ、最下層カーストのひとであると知るがよい。

一三一 もしも、あるひとが、ほんのわずかばかりのものを欲望するゆえに、大道を行く旅人を殺して、わずかばかりのものを所有するならば、そのようなひとこそ、最下層カーストのひとであると知るがよい。

一二二 もしも、あるひとが、証人として喚問《かんもん》されたとき、自分のためであれ、他人のためであれ、〔自他の〕財産のためであれ、虚偽を供述するならば、そのようなひとこそ、最下層カーストのひとであると知るがよい。

一二三 もしも、あるひとが、無理強いによってであれ、不倫の愛によってであれ、親族あるいは友人の妻たちと交際するならば、そのようなひとこそ、最下層カーストのひとであると知るがよい。

一二四 もしも、あるひとが、富裕であるにもかかわらず、年老いて体力のなくなった母親あるいは父親を養育しないならば、そのようなひとこそ、最下層カーストのひとであると知るがよい。

一二五 もしも、あるひとが、母親あるいは父親、兄弟、姉妹、義母を打擲《ちょうちゃく》したり言葉で罵《ののし》ったりするならば、そのようなひとこそ、最下層カーストのひとであると知るがよい。

一二六 もしも、あるひとが、どうしたらよいかと助言を求められたにもかかわらず、不利益になることを教えたり、わけがわからないように隠蔽《いんぺい》して話したりするならば、そのようなひとこそ、最下層カーストのひとであると知るがよい。

一二七 もしも、あるひとが、罪過ある行為を行っておきながら、『わたくしだということが知られないように』と願望して、行為を隠蔽したままにするならば、そのようなひとこそ、最下層カーストのひとであると知るがよい。

一二八 もしも、あるひとが、他家へ出かけて御馳走《ごちそう》にあずかって来ながら、そのひとを迎えたときに対等に饗応しないならば、そのようなひとこそ、最下層カーストのひとであると知るがよい。

一二九 もしも、あるひとが、修行するバラモンや苦行する沙門や、あるいは他の遊行する乞食《こつじき》者を虚妄の言によって欺瞞するならば、そのようなひとこそ、最下層カーストのひとであると知るがよい。

一三〇 もしも、あるひとが、修行するバラモンや、あるいは苦行する沙門を、食事の時間になっているにもかかわらず、口ぎたなく罵って、布施しないならば、そのようなひとこそ、最下層カーストのひとであると知るがよい。

一三一 もしも、あるひとが、無知蒙昧で何もわからないままに、ほんのわずかのものを獲得したいばかりに、この世間にあって非真実なことを語るならば、そのようなひとこそ、最下層カーストのひとであると知るがよい。

一三二 もしも、あるひとが、自分はすぐれていると己惚《うぬぼ》れていて、他者を軽蔑《けいべつ》し、自分自身の慢心で低劣な人間になっているならば、そのようなひとこそ、最下層カーストのひとであると知るがよい。

一三三 口ぎたなく罵るばかりで、返礼することを知らず、悪行を行うことを意欲して、利己的であり、為善者であって、かつ自らに恥ずることもなく、他者に慚《は》ずることもないならば、そのようなひとこそ、最下層カーストのひとであると知るがよい。

一三四 もしも、あるひとが、仏陀たる覚者および仏弟子たる出家遊行者、あるいは在家信者を誹謗するならば、そのようなひとこそ、最下層カーストのひとであると知るがよい。

一三五 もしも、あるひとが、本当には礼拝供養さるべき阿羅漢でないにもかかわらず、礼拝供養さるべき阿羅漢だと自称して、ブラフマ神に至るまでの全世界にとっての盗人であるならば、そのようなひとこそ、最下層カーストのひとびとの中の最低者である。わたくしが、以上あなたに列挙したようなひとびとこそが、まことに最下層カーストのひとだといわれる。

一三六 生まれたカーストによって、最下層カーストのひとになるのではない。生まれたカーストによって、バラモン階層のひとになるのではない。実践している行為によってこそ、最下層カーストのひとになる。実践している行為によってこそ、バラモン階層のひとになる。

一三七 そのことは、つぎにわたくしが実例をもって説くごとくであると知るがよい。マータンガが最下層のチャンダーラ・カーストのひとであり、犬を調理して食べるような者であるということは、あまねく知られていた。

一三八 ところがそのマータンガが、〔苦行の力によって真実のバラモンであるという、いかなる階層のひとにとっても〕きわめて得難い名声を獲得するや、多勢のクシャトリヤ階層やバラモン階層のひとびとが、かれのもとへやって来て、うやうやしく教えを受けたのであった。

〔三九〕かれマータンガは、神々の往還する道を上昇していって、〔そのいよいよ深まりゆく禅定の〕大道によってやみくもの欲情から自由になり、さまざまな欲望の対象への欲望をすっかりふりきったとき、ブラフマ神の世界に生まれたのであった。かれの生まれたカーストは、かれがブラフマ神の世界に生まれることの障礙とはならなかった。

〔四〇〕バラモン階層のひとびとは、ヴェーダを学習・伝承する家系に生まれて、ヴェーダ聖典にもとづく親族関係をもっている。しかしかれらが〔犠牲獣を殺すなどの〕悪しき行為に従事していることは、しばしば見聞されるところである。

〔四一〕かくしてかれらは、現在世においてひとびとの非難の的となり、来世において劣悪な世間的存在に生まれることとなる。かれらの生まれたカーストは、劣悪な世間的存在に生まれることにも、非難の的になることにも、障礙とならないのである。

〔四二〕生まれたカーストによって、最下層カーストのひとになるのではない。生まれたカーストによって、バラモン階層のひとになるのではない。実践している行為によってこそ、最下層カーストのひとになる。実践している行為によってこそ、バラモン階層のひととなる」

以上のように説法されたところで、祭火を祀るバラモンのバーラドヴァージャは、世尊につぎのように申し上げた。

「お見事です、ゴータマさま。お見事です、ゴータマさま。ゴータマさまよ、たとえば、倒れたひとを起き上がらせるように、ふたのしまった〔篋《はこ》〕を開けるように、迷っているひとに道を教えるように、『眼ある者はそこにある物を見るであろう』と暗闇にランプをかかげるように、そのようにゴータマさまはその場合その場合に、さまざまな教えによって仏教の真理を説法されました。いまここにわたくしは、世尊たるゴータマさまと仏教の真理と比丘たちの教団に帰依いたします。ゴータマなるあなたさまには、わたくしが在家信者として、今日以後、一生の間、〔三宝《さんぼう》に〕帰依し奉《たてまつ》ることを、嘉納《かのう》したまわんことを」

第八経　慈しみの心

一四三　静寂のきわみなる真実在〔涅槃〕をいよいよ間近に体得したところで、仏教の真理の妙を知るひとが、必ずや修行しなくてはならないことがある。それを修行し得るには、ひたむきであって、脇目もふらずひたむきであり、やさしい言葉を話し、柔和であり、謙譲でなくてはならない。

一四四　少欲知足であって、身体を養うわずらいがない。もっとも質素な生活をしているから、煩瑣な雑事も少ない。静寂なるままに認識していて叡知がはたらいている。見栄《みえ》をはることなく、富裕な家々に媚《こ》びることもない。

一四五　他派の識者たちの批判を受けるような矮小《わいしょう》な行為は、いかなることも、なしてはならない。〔かくしてそのうえで〕「あらゆる生きとし生けるものが安楽であるように、平安であるように、心から安楽であるように。

一四六　いかなる生命も生き物も、動物であろうと植物であろうとあますところなく、細長いものも、あるいは巨大なものも、中くらいのものも、短小なものも、微細なものも、眼に見える大きさのものも、

一四七　いまここに現在いるものも、あるいはいないものも、遠くに、あるいは近くに住んでいるものも、過去に存在したものも、あるいは未来に存在しようとしているものも、あらゆる生きとし生けるものが、心から安楽であるように。

一四八　かれらが、いかなる場合にも、いかなる相手に対しても、お互いに、『相手が劣っている』とおとしめたり、『自分がすぐれている』と高慢になったりしないように。かれらがお互いに他者に対して苦悩を与えようと意図して危害を加えたり、憎悪の心をもつことのないように」と思惟しつつ、

一四九 あたかも母親がわが子のためとあらば命を捨ててでも一人息子を守護するように、そのようにすべての生き物に対して無量無辺にひろがる慈しみの心をもつように修行するがよい。

一五〇 あらゆる世間的存在に対して、無量無辺にひろがる慈しみの心をもつように修行するがよい。——上方に向かっても、下方に向かっても、四方八方に向かっても、いかなる限界もなく、いかなる障礙もなく、いかなる対立もないように。

一五一 立ち止まっているときにも、歩いているときにも、坐っているときにも、横になっているときにも、睡眠に落ちているのでない限りは、このように思惟しつつ、いまこの存在をあるがままに自覚するように一つに専注していくがよい。仏教の教えにおいては、それこそがブラフマンの真理を思惟する定《じょう》であると教えられている。

一五二 いかなる宗教的ドグマをもつこともなく、正しい戒律を守り、さとりの智慧の直観を完成させ、さまざまな欲望の対象への、深層の欲望から超脱するようにせよ。そうすれば、もはやふたたび母胎へ入って輪廻転生することはなくなるであろう。

第九経　雪山の山神《ヤクシヤ》

一五三 七岳《しちがく》の山神《ヤクシヤ》が言う。「さあ、今日は、月の十五日、厳粛《げんしゆく》にいとなまれる斎会《さいえ》の日だ。神神のあつまってくる夜も近づいた。さあ、それでは完全無欠なるひとの称号をもつゴータマ大師にお目にかかりに行こうではないか」

一五四 雪山《せっせん》の山神が問う。「かのひとは、生きとし生けるものに対していかなるとらわれもなく一如《いちにょ》なるままでありながら、しかも生きとし生けるものに慈しみ深くなろうと一心に念願しつづけているであろうか。これは好ましいものである、これは好ましくないものであるというような日常的判断を、かのひとは完全にコントロールしているであろうか」

一五五 七岳の山神が答える。「かのひとは、生きとし生けるものに対していかなるとらわれもなく一如なるままでありながら、しかも生きとし生けるものに慈しみ深くなろうと一心に念願しつづけている。これは好ましいものである、これは好ましくないものであるというような日常的判断を、かのひとは完全にコントロールしている」

一五六 雪山の山神が問う。「かのひとは、与えられもしないものをわが所有とすることはないであろうか。諸生物に対して暴力をふるうような行為を抑制しているであろうか。不精《ぶしょう》でだらしない日常生活はなくなっているであろうか。禅定の専一なる修行を放棄することはないであろうか」

一五七 七岳の山神が答える。「かのひとは、与えられもしないものをわが所有とすることはない。また諸生物に対して暴力をふるうような行為を抑制している。また不精でだらしない日常生活はなくなっているし、仏陀なる覚者が禅定の専一なる修行を放棄することはない」

一五八　雪山の山神が問う。「かのひとは、虚偽の言葉を語ることはないであろうか。きたない言葉で罵詈雑言《ばりぞうごん》することはないだろうか。対立抗争を引き起こすような言葉を語ることはないだろうか。前後脈絡のない無意味な言葉を語ることはないだろうか」

一五九　七岳の山神が答える。「かのひとは、虚偽の言葉を語ることはない。またきたない言葉で罵詈雑言することもなく、また対立抗争を引き起こすような言葉を語ることもない。かのひとはさとりの智慧によってさとっていて真実なる意味のある言葉をこそ話す」

一六〇　雪山の山神が問う。「かのひとは、欲望の対象が現れてきたときに愛好する気持を起こすことがないだろうか。心が瞋恚《しんに》などの気持で混濁していることはないだろうか。無知蒙昧を超越しているであろうか。宗教的真理をみる明眼《みようげん》をもっているであろうか」

一六一　七岳の山神が答える。「かのひとは、欲望の対象が現れてきたときに愛好する気持を起こすこともないし、また心が瞋恚などの気持で混濁していることもない。あらゆる無知蒙昧を超越していて、かの仏陀なる覚者は宗教的真理をみる明眼をもっている」

一六二　雪山の山神が問う。「かのひとは、バラモンたるにふさわしい聖知を完成させているであろうか。バラモンたるにふさわしい修行実践が完全に清浄になっているであろうか。かのひとの身体に無限の過去以来漏水してきた輪廻的存在は滅尽しているであろうか。もはやくり返し再生してそのまま生きていく輪廻的存在はなくなっているであろうか」

一六三 七岳の山神が答える。「かのひとは、バラモンたるにふさわしい聖知を完成させているし、またバラモンたるにふさわしい修行実践も完全に清浄になっている。かのひとの身体に無限の過去以来漏水してきた輪廻的存在は滅尽しているし、かのひとにはくり返し再生してそのまま生きていく輪廻的存在はなくなっている」

一六三A 雪山の山神が問う。「かの沈黙の聖者の心は、沈黙の聖者たるにふさわしい身体的行為と言語的行為とを完成させているし、バラモンたるにふさわしい聖知と修行実践を完成させているというように、宗教的真理の体得者として、あなたはかのひとを讃嘆するのであるか。

一六三B かの沈黙の聖者の心は、沈黙の聖者たるにふさわしい身体的行為と言語的行為とを完成させているし、バラモンたるにふさわしい聖知と修行実践を完成させているというように、宗教的真理の体得者として、あなたはかのひとを随喜するのであるか」

一六四 七岳の山神が答える。「そうだ、そうだ。かの沈黙の聖者の心は、沈黙の聖者たるにふさわしい身体的行為と言語的行為とを完成させているし、バラモンたるにふさわしい聖知と修行実践を完成させている。さあ、かのゴータマなる方にお目にかかりに行こうではないか」

一六五 雪山の山神が言う。「かの沈黙の聖者は、黒かもしかのような細く真っ直ぐにのびた御足あり、枯れきって痩身であり、叡知にみちている。ごく少量の食べ物を摂るだけで、あくなき貪欲はなくなり、森の中で禅定の瞑想《めいそう》に入っている。さあ、行こう。かのゴータマなる方にお目にかかりに行こう。

一六六 ライオンのように何者をも怖畏することなく、ひとり離れて修行し歩いて、さまざまな欲望の対象にひかれる関心もまったくなくなった竜象のような指導者のもとに至って礼拝し、どのようにして死神のわなから逃れて自由になるかをお尋ねしよう」

一六七 雪山・七岳の両山神が同時に言う。「説法者にして教化者、あらゆる存在を超越して彼岸に達した知者、戒律の破戒という怖畏すべき敵対者を超越しきっている仏陀なる覚者、ゴータマなる方に、われわれは問いを問おうではないか」

一六八 雪山の山神が問う。「何があるときに、衆生《しゅじょう》の世間的存在は生成するのであるか。何にもとづいて『わたくしは……』というように我見《がけん》をともなった社会関係をもつのであるか。何をそれ自身の存在根拠とすることによって衆生の世間的存在ということが言われるのであるか。何があることによって衆生の世間的存在が苦しい経験をするのであるか」

一六九 世尊が説かれる。「雪山より来た者よ、六種の存在があるときに、衆生の世間的存在が生成するのである。六種の存在にもとづいて『わたくしは……』というように我見をともなった社会関係をもつのである。まさしく六種の存在をそれ自身の存在根拠とすることによって衆生の世間的存在ということが言われるのである。六種の存在があることによって衆生の世間的存在は苦しい経験をするのである」

一七〇　雪山の山神が問う。「それがあることによって衆生の世間的存在が苦しい経験をするというときの、そのそれ自身の存在根拠となっているものとは何であるか。どのようにして超脱するかをお尋ねします。どうか教えて下さい。どのようにして苦悩する存在から解脱して自由になるのであるか」

一七一　世尊が説かれる。「衆生の世間的存在において〔眼に対する色形、耳に対する音声、鼻に対する香臭、舌に対する味覚、身体に対する感触という〕五種類の欲望の対象となる個別対象があり、第六のものは意に対する対象であると説かれている。それらにひかれる欲求をきれいに除去してしまうとき、そのようであるとき苦悩する存在から解脱して自由になるのである。

一七二　以上のごとくであるというように衆生の世間的存在からの超脱をば、わたくしは汝《なんじ》に真実なるがままに説法した。以上のことこそが、わたくしが汝に説法するところである。というのは以上のごとくであるならば、苦悩する存在から解脱して自由になるからである」

一七三　雪山の山神が問う。「いったい、いかなるひとであれば、ここなる世間的存在でありながら輪廻の洪水を渡っていくであろうか。いかなるひとであれば、ここなる存在にありながら輪廻の大海を渡っていくであろうか。いかなるひとであれば、沈んで底につくこともなく漂流物につかまることもなくして、深い深い大海において沈没することがないであろうか」

一七四　世尊が説かれる。「いかなるときにも持戒堅固にして完全無欠である、さとりの智慧によってさとっている、三昧に入っていて凝然として不動である、自己自身の内なる根源に向かって思惟している、あるがままにいまここの存在を自覚しつづけている、というようなひとであれば、渡ろうにも渡り難い輪廻の洪水を渡っていく。

一七五　欲望の対象を欲望の対象として概念構想するはたらきが止んでしまっている、禅定に入った世間的存在につなぎとめる縄を脱出している、くり返し再生してそのまま生きていく世間的存在でありつづけることをよろこび求める深層の欲望が完全に滅し尽きている、そのようなひとであれば、深い深い大海において沈没することがない」

一七六　雪山の山神が讃嘆する。「かぎりなく奥深いさとりの智慧があって玄妙なる真理をさとっている、あらゆる存在を放捨しきっていかなる所有もなくなっている、欲望の対象にも、くり返し再生してそのまま生きていく世間的存在にもつきまとい執着することがなくなっている、そのようにあらゆるところにおいて解脱して自由であって、神々の世界なる禅定界の道を自由自在に進みゆく大仙を見るがよい。

一七七　完全無欠なるひとの称号をもち、玄妙なる真理をさとっている、さとりの智慧をさとらしめようと修行し説法し、欲望の対象やなれ親しんだところにつきまとう執着がなくなっている、そのようにあらゆる真理をさとって深い叡知あり、聖者たちのふみゆく道を進みゆく大仙を見るがよい。

一七八 ああ、今日われわれが、うつくしい日輪のきよらかなる日の出を拝することができたとは、さいわいなるかな！ 輪廻の洪水を渡りきり、無限の過去以来漏水してきた輪廻的存在が滅尽してしまった完全な菩提《さとり》を覚った覚者たる仏にお目にかかって。

一七九 ここなる幾十百の山神・樹神・鬼神たちは、ふしぎな神変力もあり、よき名のあまねく聞こえた者たち。かれらすべてがあなたに帰依したてまつる。あなたこそ、われわれの無上なる大師。

一八〇 われわれ一人一人は、村から村へ、山から山へと遊行し歩いて、完全な菩提《さとり》を覚った覚者たる仏〔のいますところ〕、仏教の深い真理の説かれる〔ところ〕を礼拝していくこととしよう」

第一〇経　アーラヴァカという名の人喰い鬼神《ヤクシヤ》

つぎのようにわたくしは聞いた。

あるとき、世尊はアーラヴィ国のアーラヴァカという名の人喰い鬼神《ヤクシヤ》の住む宮に来て修行しておられた。

さて、アーラヴァカなる人喰い鬼神は、〔外から帰って来て〕世尊のいますところへうやうやしく近づいた。うやうやしく近づいてから、世尊に「苦行沙門よ、出て来て下さい」と言うと、「わが友よ、よろしい」と言って世尊は出て来られた。「苦行沙門よ、入って行って下さい」と言うと、「わが友よ、よろしい」と言って世尊は入って行かれた。
二度目にも、アーラヴァカなる人喰い鬼神が世尊に「苦行沙門よ、出て来て下さい」と言うと、「わが友よ、よろしい」と言って世尊は出て来られた。「苦行沙門よ、入って行って下さい」と言うと、「わが友よ、よろしい」と言って世尊は入って行かれた。
三度目にも、アーラヴァカなる人喰い鬼神は世尊に「苦行沙門よ、出て来て下さい」と言うと、「わが友よ、よろしい」と言って世尊は出て来られた。「苦行沙門よ、入って行って下さい」と言うと、「わが友よ、よろしい」と言って世尊は入って行かれた。
四度目にも、アーラヴァカなる人喰い鬼神は、世尊に「苦行沙門よ、出て来て下さい」と言うと、「わが友よ、わたくしは、もう出て行かない。というのは、きみは何かしたいことがあるのだろう。それをするがよいぞ」〔と世尊が説かれた。アーラヴァカなる人喰い鬼神が言った。〕
「苦行沙門よ、わたくしは、あなたに問いを問いたい。もしも、わたくしに答えられないのであれば、あなたの心を狂わせてしまいますぞ。あなたの心臓を千々に引き裂いてしまいますぞ。あるいはあなたの両足をひっつかんでガンジス河の彼岸へ抛《ほう》り投げてしまいますぞ」
〔世尊が説かれた。〕
「わが友よ、わたくしは、神々や死神やブラフマ神をはじめとするさまざまな世間的存在の中にも、苦行沙門や修行バラモンや神々や人間などの諸生物の中にも、わたくしの心を狂わせたり、わたくしの心臓を千々に引き裂いたり、わたくしの両足をつかんでガンジス河の彼岸へ抛り投げたりするようなものを見ない。しかしわが友よ、きみは願うがままに問いを問うがよいぞ」

そこでアーラヴァカなる人喰い鬼神は、ガーター詩をうたって世尊に問いかけた。

一八一「この世間において人間にとって、いったい何が最上なる財産であるか。いったい何を正しく修行するとき、〔それが〕安楽をもたらすか。いったい何がさまざまな味の中で、すぐれて甘味なるものであるか。どのように生きるひとの人生が最上であるといわれるか」

一八二〔世尊が説かれる。〕「この世間において人間にとって信心深さが最上の財産である。仏教の真理を正しく修行するとき、〔それが〕安楽をもたらす。誠実であることこそが、まことにさまざまな味の中で、すぐれて甘味なるものである。さとりの智慧をもって生きるひとの人生が最上であるといわれる」

一八三〔アーラヴァカなる人喰い鬼神が問う。〕「いったい、どのようにして輪廻の洪水を渡っていくか。いったい、どのようにして輪廻の大海を渡っていくか。いったい、どのようにして苦悩を超越していくか。いったい、どのようにして完全に清浄になるか」

一八四〔世尊が説かれる。〕「信心深いことによって、輪廻の洪水を渡っていく。孜々《しし》として修行することによって、輪廻の大海を渡っていく。勇猛に努力することによって、苦悩を超越していく。さとりの智慧があることによって、完全に清浄になる」

一八五〔アーラヴァカなる人喰い鬼神が問う。〕「いったい、どのようにしてさとりの智慧を体得するだろうか。いったい、どのようであれば、富財を蓄積するだろうか。いったい、どのようであれば、名声を獲得するだろうか。どのようであれば、友人たちと親しい友情を保持するだろうか。どのようであれば、この世間的存在から、かしこの世間の世間的存在へ死去した後に、悲嘆しないだろうか」

一八六〔世尊が説かれる。〕「あまたの最高の修行者たる阿羅漢たちが静寂の涅槃を体得するに至った仏教の真理を信心し、あくことなく聴聞しようとして孜々として努力し、明眼を得るとき、さとりの智慧を体得する。

一八七正しい職業に従事して堅忍不抜に努力し、あくことなく進んで努力するならば、富財を蓄積する。誠実であるならば、名声を獲得する。物惜しみなく与えるならば、友人たちとの親しい友情を保持する。

一八八もしも、家庭生活を追求しながらも、信心深くして誠実であり、仏教の真理を知り、堅忍不抜であり、物惜しみなく喜捨するという上述の四種の徳行があるならば、そのようなひとは、まことにこの世の世間的存在から死去していった後にも、悲嘆することがない。

一八九 いったい、誠実であって、仏教の真理を知り、物惜しみなく喜捨して、忍耐づよいというう四種の徳行以上の徳行が、ここなる世間的存在に存在するだろうか。されば、そのことを他学派の各人各様の苦行沙門や修行バラモンたちにも聞いてみるがよいぞ」

一九〇 〔アーラヴァカなる人喰い鬼神が申し上げる。〕「いったい、どうしてわたくしが、いまさら各人各様の苦行沙門や修行バラモンに聞いてみる必要があるだろうか。いまや、わたくしは、何が、つぎの世の世間的存在に至って悲嘆することのない真理であるか、ということを知りました。

一九一 ああ、わたくしの〔ような人喰い鬼神を教える〕ためにこそ、仏陀なる覚者は、アーラヴィ国へ来て修行しておられたのだ。わたくしは、いまにしてはじめて、ど〔の田畑〕に布施して〔功徳の種子を播《ま》けば〕大いなる果報が得られるかを知った。

一九二 わたくしは、村から村へ、町から町へと遊行し歩いて、完全な菩提《さとり》をさとった覚者たる仏〔のいますところ〕、仏教の深い真理の説かれる〔ところ〕を礼拝していくこととしよう」

第一一経　厭悪による超克

一九三 歩いていったり、あるいは立ち止まったり、坐ったり、あるいはまた横になったりしながら、〔身体や手足を〕曲げたり伸ばしたりする。そうすることが身体の動作である。

一九四　身体なるものは、骨と筋によって骨格が組まれ、内皮と肉によって壁塗りされ、皮膚によって完全に外装されているから、あるがままには外観されない。

一九五　しかし身体の内には、腸がつまっている。胃がつまっている。肝臓と膀胱《ぼうこう》と心臓と肺臓と腎臓と脾臓《ひぞう》とがつまり、

一九六　鼻汁と粘液と汗と脂肪と血液と関節の潤滑液と胆汁と膏とがつまっている。

一九七　またここなる身体の九つの孔《あな》からは、つねに不浄物が流出している。眼から目やに、耳からは耳くそが、

一九八　鼻からは鼻汁が流出し、口からはときどき胆汁や痰《たん》を吐《は》き出すことがあり、全身からは汗と垢が流出している。

一九九　またここなる身体の頭蓋骨の空洞の中には、脳みそがいっぱいにつまっている。凡愚者は、そのような真実を知らない無知にとらわれて、このような身体を浄潔であると思い込んでいる。

二〇〇　ところでもしも、その身体が死んでしまって墓場に遺棄され放置されているあいだに、青黒く膨れあがってくるならば、親類縁者すら、ふりむきもしなくなる。

二〇一　犬やジャッカルや狼や虫類が死体を噛みちぎって喰い、烏や鷲や他の生き物たちが死体をつついて喰っていく。

二〇二　比丘たるもの、仏陀の言葉を聴聞して、このような真実について叡知あるものとなるならば、かれは、ここなる身体を完全に知って放捨する。かれは如実なるままに観じているからである。

二〇三　いまここに〔生きているわたくしの身体〕も、かしこに〔死んで横たわっている身体〕もまったく同様〔に不浄〕だ、かしこに〔死んで横たわっている身体〕も、いまここに〔生きているわたくしの身体〕とまったく同様〔に不浄〕だ、と思惟しつつ、心の内においても、心の外においても身体にひかれる欲求にもとづいて愛好することから自由になるようにせよ。

二〇四　かく仏教の真理にもとづいてさとりの智慧ある乞食《こつじき》の比丘が、〔身体にひかれる〕欲求にもとづく欲望から離脱して自由になるとき、生命の甘露にして静寂であり、もはや死にゆくことのない涅槃の真実在を証得する。

二〇五　ここなる二足の人間の身体といえども、不浄であり悪臭を放ち、種々さまざまな五臓六腑がつまっていて、孔という孔からたれながしであることにかわりがないにもかかわらず、〔さまざまに飾りたてては〕うまくごまかしている。

二〇六　このような身体のことで、もしもあるひとが自我意識をもって高慢になったり、あるいは他人を軽蔑したりするならば、それは真実なるままに観じていないがゆえに他ならない。

第一二経　沈黙の聖者

二〇七〔他者を他者だとして自他相対的な〕社会関係をもつことから、〔相手を〕怖畏するということが生じてくる。定住処に止《とど》まることから、環境になずむ輪廻的存在が生じてくる。沈黙の聖者がさとられた真理は、このように定住処に止まることもなく、社会関係をもつこともないように修行することである。

二〇八 もしも、修行者が〔無限の過去以来〕生じてきた〔輪廻的存在〕を断ちきって、そのときそのときに生じてくる〔輪廻的存在〕を成長させないようにし、その〔現在の輪廻的存在〕につぎつぎに灌水《かんすい》して愛着しないようにするならば、そのような修行者こそ、ひとり離れて一処不住に遊行し歩く沈黙の聖者だといわれる。そのような大いなる聖仙は、静寂なる究極の真実在を直接的に体得しているのである。

二〇九 あらゆる〔過去・未来・現在にわたる〕輪廻的諸存在を真実なるままに思惟しつつ、〔それらの諸存在の〕可能存在を放捨していって、いまここなる〔輪廻的存在〕に愛着の水分を灌水しないとするならば、そのような沈黙の聖者こそ、〔さまざまな衆生の存在として〕生まれ〔て輪廻す〕ることの滅尽した究極の真実在を直接的に体得している。日常的思考を放捨してしまい、一つ二つと数えられる存在にかかわらないのである。

二二〇 かくかくだと断定されて固執されているあらゆる諸深層存在を究明して真知し、それらの中のいずれの存在をも、固執して欲望しつづけることがなくなるならば、そのような沈黙の聖者こそ、最深層の欲望が解消してしまって、やみくもに欲望することがなくなり、〔輪廻の洪水の中で〕あくせくと努力することもなくなっている。そのようなひとは、〔輪廻の洪水の〕彼岸に到達しているからである。

二二一 あらゆる存在を真知して最上の叡知あるひとは、あらゆる〔輪廻の洪水の荒波〕を超克していって、いかなる深層存在に付着されることもなく、すべてを放捨しきっていて、深層の欲望が滅尽したことによって解脱して自由だ。そのようなひともまた沈黙の聖者であると、叡知あるひとびとは教えている。

二二二 さとりの智慧の知力があって、かつ戒律を厳守し禁欲行を修行し、三昧の心統一に入っていて禅定をよろこび、あるがままにいまここの存在を自覚しつづけ、〔いかなる存在に〕なずむことからも解脱して自由であり、不毛なるところなく、いかなる輪廻的存在もなくなっている。そのようなひともまた沈黙の聖者であると、叡知あるひとびとは教えている。

二二三 沈黙の聖者は、ひとり離れて修行し歩いて、たゆみなく真剣に修行し、毀誉《きよ》褒貶《ほうへん》に心を煩《わずら》わすことなく、いかなる音声が聞こえて来ようとも、ライオンのごとくに怖畏することなく、いかなる網目にも風のごとくにかかることなく、いかなる汚水にも蓮の花のごとくに付着されることもなく、他のひとびとを指導するリーダーであって、いかなるひとに指導されることもない。そのようなひともまた沈黙の聖者であると、叡知あるひとびとは教えている。

二二四 他学派のひとびとが、いかなる主題について一方的な論争の議論をしかけて来ようとも、沐浴場の衣服かけの柱のように超然としてかかわらず、あらゆる欲望が消滅してしまって、あらゆる認識能力が三昧の内に統一されている。そのようなひともまた沈黙の聖者であると、叡知あるひとびとは教えている。

二二五 自己自身の精神のアートマンは一定不動なるままにして、織機の梭《ひ》のように真っ直ぐに直進し、悪業の習慣性にひっかからないようにコースを守り、個々別々なる身体存在と平等一如なる精神存在とのつながりを如実なるままに思惟している。そのようなひともまた沈黙の聖者であると、叡知あるひとびとは教えている。

二二六 自己自身の精神のアートマンを正しくコントロールしていて、悪業の行為をなさず、若いときにも、中年になってからも、沈黙の聖者として孜々《しし》として努力する精神をもちつづけ、いかなるものから苦悩を与えられることもなければ、いかなるものに苦悩を与えることもない。そのようなひともまた沈黙の聖者であると、叡知あるひとびとは教えている。

二二七 他者の施物によって生活しているのであるから、鉢に山盛りになるほど、あるいは中ほどまで、あるいはまだ余地があるほど、御飯の供養を受けようとも、〔相手や自分を〕りっぱだと称讃することも、〔なんだ、こんなものと〕みそくそにけなすこともあり得ない。そのようなひともまた沈黙の聖者であると、叡知あるひとびとは教えている。

二八　沈黙の聖者として修行し歩いて異性との交わりの欲望を断ちきっているし、若く美しかろうと、いかなるひとに対しても恋着する心をもつことなく、いい気になったり、だらしなくすることがなくなり、完全に解脱して自由である。そのようなひともまた沈黙の聖者であると、叡知あるひとびとは教えている。

二九　あらゆる世間的存在を如実なるままに究明して真知し、最高の真理を直々《じきじき》に見ていて、輪廻の洪水の大海を渡りきって、いついかなるところにおいても一如なるままにして、世間的存在につなぎとめる結び目を断ちきり、日常習慣にしたがうことなく、いかなる輪廻的存在もなくなっている。そのようなひともまた沈黙の聖者であると、叡知あるひとびとは教えている。

三〇　出家者と在家者との両者は区別があって同様ではないのであり、修行生活も日常生活もはるかに異なっている。在家者は妻子を養うし、禁欲行を行ずる〔出家者〕は「わたくしのもの」という所有をもたない。在家者は完全な抑制を守ってはいないから、他の生き物に暴力をふるうことになる。沈黙の聖者はつねに完全に抑制していることによって、諸生物の生命を保護しつづける。

三一　たとえば孔雀《くじやく》は美しくかがやく青い頸《くび》をもっていて空を飛ぶことができるといっても、

どうしたって〔野生の〕鵞鳥《がちょう》の速さの一分にも及ばないように、そのように在家者は、乞《こつ》食《じき》の修行生活をしながら、人里遠く離れ、森林で禅定に入っている沈黙の聖者の比ではない。

第二章　小さき章

第一経　宝

二二二 地上に住まうもの、天界に遊ぶもの、いずれでもよい。この場に集《つど》う神々、精霊《せいれい》のたぐいは、みな、心よろこばせよ。注意して聞け、わが言の葉を。

二二三 よいか。では聞くがよい。苦しみ喘《あえ》ぐ人間たちに同情を寄せよ。かれらは夜となく昼となく、おまえたちに供物《くもつ》をささげている。ぬかりなく守ってやれ。

二二四 現世、来世の財、天界の精妙な宝、それさえも、如来《にょらい》にはかなわぬ。これも、仏のうちにある精妙な宝。わたくしのこの*真実の言葉の力によって幸あれ。

二二五 釈迦《しゃか》族の聖者が、心を専一にして得たもうた、精妙なる、滅尽、離欲、不死。この真理にかなうものはない。これも、真理のうちにある精妙な宝。わたくしのこの真実の言葉の力によって幸あれ。

二二六 仏の長《おさ》が讃《ほ》めたもうた清らかなもの、人々が、「即座に果報をもたらす三昧《さんまい》（精神集中）」と叫ぶもの。その三昧にかなうものはない。これも、真理のうちにある精妙な宝。わたくしのこの真実の言葉の力によって幸あれ。

二二七　賢者が、口々に称讃したもう*八群の聖者は、四つの位に向かう人と、すでに到達した人の四対からなる。真に供養に値する、*しかとさとった人（善逝《ぜんぜい》）の弟子。布施すれば果報は絶大である。これも、教団のうちにある精妙な宝。わたくしのこの真実の言葉の力によって幸あれ。

二二八　ゴータマ（釈尊《しゃくそん》）の教えを体現せんと、鉄の意志をもってひたすら励み勤める人は、不死の境地にわが身を浸し、得るべきを得、涅槃《ねはん》を享受して*絶対の喜びを味わう。これも、教団のうちにある精妙な宝。わたくしのこの真実の言葉の力によって幸あれ。

二二九　城門の柱は地下深く埋めこまれ、四方の風にも揺らぐものではない。わたくしは断言する。尊い四つの真実（四聖諦《ししょうたい》）を理解し、まのあたりにする賢者はその柱に等しいと。これも、教団のうちにある精妙な宝。わたくしのこの真実の言葉の力によって幸あれ。

二三〇　深い叡知ある人が、みごとに説きたもう尊い真実をあきらかに知る人は、いかに*弛緩《しかん》した生活を送ることがあろうとも、八度生まれ変わるまでには涅槃に至る。これも、教団のうちにある精妙な宝。わたくしのこの真実の言葉の力によって幸あれ。

二三一　尊い真実を見抜く眼が完成するや、人は、我執《がしゅう》（有身見《うしんけん》）、迷い（*疑《ぎ》）、珍奇な修行法に執する心（*戒禁取《かいごんしゅ》）という三種のけがれをことごとく捨て、*四悪処《しあくしょ》に陥らず、*六つの重罪をなすことがあり得ない。これも、教団のうちにある精妙な宝。わたくしのこの真実の言葉の力によって幸あれ。

二三二 その、眼ある人が、よしんば、身体、言葉、あるいは心で悪業《あくごう》をなしても、それをひた隠しにすることはあり得ない。涅槃の境地をまのあたりにした人はそうなのだと、仏みずからお説きになったからである。これも、教団のうちにある精妙な宝。わたくしのこの真実の言葉の力によって幸あれ。

二三三 初夏、枝先に花房をつけた森の茂みのように香気馥郁《ふくいく》として、涅槃に導くみごとな教えを、あの方はお説きになった。われらに究極の利益をもたらそうと。これも、仏のうちにある精妙な宝。わたくしのこの真実の言葉の力によって幸あれ。

二三四 勝《すぐ》れたものを知り、勝れたものを与え、勝れたものをもたらす勝れた人、無上の人が、勝れた教えをお説きになった。これも、仏のうちにある精妙な宝。わたくしのこの真実の言葉の力によって幸あれ。

二三五 「過去の業《ごう》は絶えた。未来の業もあり得ない」と、賢者は、来世に執着せず、種子を絶やし、自己存在の芽を未来にまで伸ばしたいとの願いを捨て、油の切れた灯のようにふっと消えてしまう。これも、教団のうちにある精妙な宝。わたくしのこの真実の言葉の力によって幸あれ。

二三六 地上に住まうもの、天界に遊ぶもの、いずれにせよ、この場に集うわれら、神々、精霊のたぐいは、神も人もひとしく敬う、あるがままの仏に礼拝《らいはい》する。幸あれ。

二三七　地上に住まうもの、天界に遊ぶもの、いずれにせよ、この場に集うわれら、神々、精霊のたぐいは、神も人もひとしく敬う、あるがままの真理に礼拝する。幸あれ。

二三八　地上に住まうもの、天界に遊ぶもの、いずれにせよ、この場に集うわれら、神々、精霊のたぐいは、神も人もひとしく敬う、あるがままの教団に礼拝する。幸あれ。

第二経　生ぐさ

二三九*　〔ティッサ〕「志操堅固なものならば、隠遁者の規律に忠実に、あわ、ディングラカ*、チ*ーナカ、葉、球根、蔓草《つるくさ》を拾って食べる。うまいもの欲しさに、嘘《うそ》をついたりはせぬ。

二四〇　腕によりをかけて調理し、仕上げた、上質、美味な食物を、人にもらって食べるのみか、米の飯まで口にするとは。カッサパ、きみは立派に生ぐさをむさぼっているではないか。

二四一　薬味をきかせた鳥肉や、米の飯をむさぼりながら、口では、『生ぐさはわたくしに似合わぬ』などときみは言う。バラモンとは名ばかり。カッサパ、答えよ。きみの言う生ぐさとは何か」

二四二　〔カッサパ〕「殺す、殴《なぐ》る、切る、縛る、盗む、嘘をつく、裏切る、騙《だま》す、無益の学をなす、他人の妻と通じる、これが生ぐさ。肉食はそうではない。

二四三 欲しいものがあると居ても立ってもいられず、美味に目がなく、汚濁《おじょく》にまみれ、『業も、その報いもない』と固執し、平静を失い、度しがたい輩《やから》、これが生ぐさ。肉食はそうではない。

二四四 自暴自棄、冷酷、人前でへつらい、陰にまわって悪口を言う、友を裏切る、無慈悲、傲《ごう》慢《まん》、けちでだれにも物を与えぬ、これが生ぐさ。肉食はそうではない。

二四五 怒り、思い上がり、片意地、横柄、罪の塗り隠し、妬《ねた》み、大言壮語、高慢、卑劣漢とつきあう、これが生ぐさ。肉食はそうではない。

二四六 癖が悪く、借金を踏み倒し、中傷し、裁判で依怙《えこ》贔屓《ひいき》し、信義にもとる振舞いをなし、汚いまねをする下の下の輩、これが生ぐさ。肉食はそうではない。

二四七 情け容赦なく生き物を殺し、ひとの物をかすめ取り、傷害を重ね、習い悪しく、兇暴で、罵詈《ばり》雑言《ぞうごん》をあびせ、ひとに頭を下げぬ、これが生ぐさ。肉食はそうではない。

二四八 生き物に愛着するかと思えば背を向け、あるいは害し、悪業をやめず、死後、*陽の当たらぬところに生まれ変わるか、まっさかさまに地獄に落ちる者、これが生ぐさ。肉食はそうではない。

二四九 *魚肉を断ち、裸になり、髪を剃《そ》り、髪を結《ゆ》い、*垢《あか》をつけ、羊皮をまとい、火神を祭り、不死をめざしてさまざまに身をさいなんでも、ヴェーダ、護摩《ごま》、祭式、*季節ごとの荒行《あらぎょう》にすがっても、ついに清浄《しょうじょう》は得られない。内なる疑いを克服してはいないのだから。

二五〇 感官を制御し、感官の穴から流れ込む汚物（煩悩《ぼんのう》）を堰《せ》き止め、教えに依《よ》って毅然《きぜん》と立ち、実直、柔和《にゅうわ》を旨として修行の日々を送るがよい。執着を超え、苦しみを根絶した賢者は、見聞きした有限な対象に足を取られたりはせぬものだ」

二五一 世尊カッサパは、これを繰り返しお説きになった。バラモン・ティッサは、ヴェーダ*の奥義《おうぎ》に達し、その説を了解した。生ぐささを離れ、執着なく、追随しがたい沈黙の聖者（牟《む》尼《に》）が、多彩な詩節の中にお示しになったためである。

二五二 苦しみを根絶やしにし、生ぐさを離れたこの説を、仏がみごとに展開されるのを耳にするや、バラモン・ティッサは平身低頭、その如来を礼拝《らいはい》し、すぐさま出家《しゅつけ》を願い出たのである。

第三経　自省の念

二五三 自省の念なく、腹の中では「いやなやつ」と思いながら、「よう、兄弟」などと口では言い、やればできる用事を引き受けようとしない者、これを「友にあらず」と断ずるがよい。

二五四 聞こえはよいが実行の伴わぬ言葉を、仲間にかけて点数かせぎ。こんな手合を、知る人ぞ知る、口だけで何もせぬやつと。

二五五 絶交こわさに、ぬかりなく、わざとらしい世話などしながら、相手の粗《あら》しか目に入らぬ輩《やから》、これは友ではない。その人とつきあうと、父親の懐に抱かれて眠ってでもいるかのように思えてくる、そんな、決して他人に仲を裂かれぬ相手こそ、真の友である。

二五六 無上の果報を求める者は、雄々しく重荷を背負い、喜びを呼び、快く、称讃をもたらす、基盤を固めてゆく。

二五七 遠離の味、鎮静の味、法悦の味に喉《のど》を潤す人の、畏《おそ》れは消え、悪業は滅する。

第四経　幸福を呼ぶもの

つぎのようにわたくしは聞いた。

あるとき、世尊は、サーヴァッティー（舎衛城《しやえじよう》）近くの、ジェータ太子の森、富豪アナータピンディカの園（祇園《ぎおん》）におられた。そのとき、目にもうるわしいひとりの天人が、夜更けに、森を、すみずみに至るまで、あかあかと照らしつつ、世尊のもとに近づいた。近づいて、世尊に丁寧にあいさつし、一隅に立った。一隅に立って、その天人は、詩節をもって、世尊に語りかけた。

二五八「これまで、天人も人間も、あまたのものが、切に幸を求めては、いったい何が幸福を呼ぶのかを、いろいろ考えてまいりました。今日はあなたに、これはという極めつきのものをお説きいただきとう存じます」

二五九「愚者と交わらず、賢者と交わり、敬うべきを敬う、これが幸福を呼ぶ。

二六〇しかるべきところに住み、前世に功徳《くどく》を積み、厳しく自己を制御している、これが幸福を呼ぶ。

二六一博識、技術、礼儀、能弁、これが幸福を呼ぶ。

二六二父母に尽くし、妻子を養い、何をするにもそつがない、これが幸福を呼ぶ。

二六三施し、教えの実践、親類縁者の庇護《ひご》、後指《うしろゆび》さされぬ行為、これが幸福を呼ぶ。

二六四悪を離れ、酒を飲まず、教えを実現しようと邁進《まいしん》する、これが幸福を呼ぶ。

二六五尊敬、謙虚、無欲、義理堅さ、時に応じて法を聞く、これが幸福を呼ぶ。

二六六忍耐、温和、沙門《*しゃもん》にまみえる、時に応じて真理についての論議に花咲かす、これが幸福を呼ぶ。

二六七真の苦行、清浄な禁欲生活（梵行《ぼんぎょう》）、尊い真実（聖諦《しょうたい》）の直観、涅槃の体得、これが幸福を呼ぶ。

二六八苦楽、得失、毀誉《きよ》、褒貶《ほうへん》を被《こうむ》っても心が乱れず、嘆きなく、濁りなく、安閑としている、これが幸福を呼ぶ。

二六九　以上を実行し尽くせば、向かうところ敵なく、どこにあっても幸せを得る。これが幸福を呼ぶもののうちでも極めつきのものである」

第五経　スーチローマ夜叉《やしゃ》

つぎのようにわたくしは聞いた。

あるとき、世尊は、ガヤーのまちの郊外、*タンキタマンチャの、*スーチローマ夜叉《やしゃ》の住みかにおられた。さてそのとき、*カラ夜叉と、スーチローマ夜叉が、世尊の近くを通りかかった。カラ夜叉は、スーチローマ夜叉に言った。

「沙門だ」

「いや、えせ沙門だろう。が、まあいい。とりあえずこの眼で確かめてみよう」

そこで、スーチローマ夜叉は、世尊に近づいた。近づいて、世尊のほうに身を乗りだした。世尊は身を遠ざけられた。スーチローマ夜叉は言った。

「怖《こわ》いか、沙門」

「怖いものか。触れると具合が悪いだけだ」

「沙門、質問させよ。もし答えられねば、心を攪乱《かくらん》するか、心の臓を裂くか、両足をつかんで、ガンジスの向こう岸までほうり投げるか、望み通りにしてやろう」

「心配は御無用。沙門、バラモンを問わず、神、人間を問わず、この世で、わたしにそんな大それたことのできる者は、だれもいはしない。なんなりと質問するがよい」

そのとき、スーチローマ夜叉は、詩節をもって、世尊に語りかけた。

二七〇「貪欲《とんよく》と瞋恚《しんに》（怒り、憎《にく》しみ）は何が原因か。倦怠《けんたい》と愛好、身の毛のよだつ思いはどこから生ずるのか。雑念はどこから起こり、心をあらぬ方角に放っては弄《もてあそ》ぶのか。子供たちが紐《ひも》をつけた鳥を放って遊ぶように」

二七一「貪欲と瞋恚は自己が原因である。倦怠と愛好、身の毛のよだつ思いは自己から生ずる。雑念は自己から起こり、心をあらぬ方角に放っては弄ぶ。子供たちが紐をつけた鳥を放って遊ぶように。

二七二　その*けがれが、*愛着《スネーハ》によって芽を出し、自己から生え伸び、自己存在の構成要素《カンダ》（蘊《うん》）から萌《も》え出づるのは、*ニグローダ樹の若枝が、湿気《スネーハ》を得て芽を出し、ニグローダ樹自身から生え伸び、幹《カンダ》から萌え出づるのと同じであり、ありとあらゆる仕方で、欲望の対象に絡《から》みついて伸びてゆくのは、森の蔦葛《つたかずら》が、ありとあらゆる仕方で、木々に絡みついては伸びてゆくのと同じである。

二七三　聞け、夜叉。由来を知る人は、それを駆逐する人だ。初めて渡る、この超え難い輪廻《りんね》の激流を渡り、二度とこの世に生を受けぬ人だ」

第六経　教えの実践

二七四 二七五 教えの実践、清浄な禁欲生活、これを賢者は、無上の財と呼ぶ。たとえ出家していても、悪態をつき、好んで生類《しょうるい》を傷つける、犬畜生にも劣る輩《やから》ならば、悪業の塵《ちり》を積もらせるのみ。生きていてなんになろう。

二七六 好んで諍《あらそ》い、無知の闇に覆《おお》われた比丘《びく》は、仏の教えを説いてやっても聞く耳をもたない。

二七七 無知（無明《むみよう》）に駆《か》られ、練達の修行僧に迷惑をかけ、自己のけがらわしい性根《しようね》が、地獄への道だと気づかない。

二七八 そんな、できそこないの比丘は、死後、必ず苦汁《くじゆう》をなめる。母胎より、また次の母胎へ、闇黒より、また次の闇黒へと、苦難の境涯に堕《お》ちて。

二七九 年を経、汚物の溢《あふ》れた肥溜《こえだ》めよろしく、塵芥《ちりあくた》の溢れた汚濁の者が身を清めるのは、至難の業《わざ》である。

二八〇 二八一 もし比丘たちが、このように、在家生活に未練を残し、望みも思わくも、振舞いも行動範囲も低劣な輩を知っていたら、一致団結してそのできそこないを遠ざけよ。*籾殻《もみがら》を吹き払え。朽ち木を叩《たた》き出せ。

二六二 二六三 沙門でもないのに沙門のつもりの、籾殻どもを斥《しりぞ》けよ。望みも、振舞いも、行動範囲も低劣な輩を吹き払い、浄らかなもの同士、尊敬の念をもって共に励め。仲違《たが》いせず、叡知をもって、輪廻の苦に終止符を打て。

第七経　バ*ラモンの慣例

つぎのようにわたくしは聞いた。

あるとき、世尊は、サーヴァッティー近くの、ジェータ太子の森、富豪アナータピンディカの園におられた。そのとき、コーサラ国出身の、老い、長じ、齢《よわい》たけ、人生の長い道のりを旅し、老年に達した、大勢の、資産家のバラモンたちが、世尊の下に近づいた。近づいて、なごやかに、うちとけた口上を交わしたのち、一隅に坐した。一隅に坐した資産家のバラモンたちは、世尊につぎのように言った。

「ゴータマ、今のバラモンは、昔のバラモンの慣例を守っているでしょうか」

「残念ながらそうは申せません」

「もし差しつかえなければ、昔のバラモンの慣例をお説き下さいますまいか」

「では、バラモンがた、お聞き下さい。よろしいか。説くといたしましょう」

「わかりました」

資産家のバラモンたちは答えた。世尊はつぎのように説かれた。

二八四「往時の聖者たちは、心を統御し、修行に精出し、色形、音声、香り、味、体感という、五種の欲望の対象を捨て去り、おのが目的に向かって邁進した。

二八五 バラモンは、家畜も、黄金も、穀物も蓄えぬかわり、聖典の暗唱を財産とも穀物ともみなし、絶対原理ブラフマン（梵《ぼん》）をこよなく愛《め》でた。

二八六 人々は、バラモンのために食事を用意し、戸口に供えた。『施せば必ず果報があると信ずればこそ用意したこの食を、托鉢《たくはつ》のバラモンに捧げるのだ』と。

二八七 色とりどりに染めた衣、寝具を有り余るほど所有し、立派な住居を構えた、国や地方の人々は、こぞってバラモンに帰依した。

二八八 バラモンは神聖不可侵であって、殺すことも、うち負かすこともできなかったし、戸口に立てば、『入るな』と言われることは決してなかった。

二八九 昔のバラモンは、幼少より、四十八年間も身を慎み、ヴェーダの知識と正しい所作とを追求した。

二九〇 バラモンは、身を慎む学生期*を終え、家庭生活を送る段になっても、他身分の女に近づきはせず、金を積んで妻をあがなうこともなかった。愛情をもって身も心もひとつに融和させ、妻と一緒にいるだけで満足したのである。

二九一 妻が妊娠可能な時期という、しかるべき時以外、バラモンは、決して性の交わりをしなかった。

二九二 禁欲、戒律、実直、柔和、修練、温和、不殺生《ふせつしょう》、忍耐。これをバラモンは讃《ほ》め称《たた》えた。

二九三 その第一人者、梵天の異名をとった剛毅の人は、夢にも性の交わりをしなかった。

二九四 かれに倣《なら》った知者の一群は、禁欲、戒律、忍耐を称讃した。

二九五 また、正しい仕方で、稲、寝具、衣、ヨーグルト、胡麻《ごま》油を乞い、集めて、祭祀《さいし》をとり行った。祭祀を行うときにも、決して牛を殺しはしなかった。

二九六 牛は、父母兄弟、親類縁者に勝るとも劣らぬ、この上ない伴侶である。牛からは、薬*がとれもする。

二九七 牛はまた、食物、活力、美容、安楽の源である。バラモンたちが牛を殺さなかったのは、この事情をわきまえてのことであった。

二九八 四肢《しし》は柔軟、体軀《たいく》は堂々、容色は秀麗、名声は高いバラモンたちは、おのが慣例に則《のっと》って、さまざまな義務を、脇目も振らずに遂行した。かれらが世にある限り、生あるものは何不自由なく暮らした。

二九九 三〇〇 ところが、王者の栄耀栄華《えいようえいが》、飾りたてた女たち、駿馬《しゅんめ》を繋《つな》いだ車、みごとな縫《ぬ》い物、整然と区画された住居や家屋を見るにつけ、その考えが、次第次第に顚倒《てんとう》していった。

三〇一 牛は群れ、多くの美女にかしずかれる、そんな、莫大な人間の富が、バラモンたちは、無性《むしょう》に欲しくなった。
三〇二 かれらは望むところを手に入れようと、ヴェーダを編纂し、*オッカーカ（甘蔗《かんしょ》）王に近
づいて言った。『あなたの財貨、穀物は無尽蔵だ。祭祀をなさい。財産家でいらっしゃ
る。祭祀をなさい。資産家でいらっしゃる』
三〇三 そこで車兵の長たる王は、バラモンに勧められるままに、*馬の犠牲祭、人間の犠牲祭、
サンマーパーサ、ワーチャペーヤ、ニラッガラといった祭祀を行い、バラモンに財産を与
えた。
三〇四 三〇五 牛、寝具、衣、飾りたてた女たち、駿馬を繋いだ車、みごとな縫い物、整然と区画
された心地《ここち》よい住居、そこに満たした種々の穀物。こういった財産を、バラモンたちに与
えたのである。
三〇六 バラモンたちは、王から財産をせしめると、蓄財を愉《たの》しむようになった。こうして、い
ったん欲望に身を委《ゆだ》ねてしまうと、渇きにも似た欲心が、いやが上にも増殖してゆく。は
たしてかれらは、望むところを手に入れようと、ヴェーダを編纂し、またしてもオッカー
カ王に近づいて言った。
三〇七 『水、大地、黄金、財産、穀物と同じく、牛は、人間に奉仕する道具にすぎません。祭
祀をなさい。財産家でいらっしゃる。祭祀をなさい。資産家でいらっしゃる』
三〇八 車兵の長たる王は、バラモンに勧められるままに、何十万頭もの牛を、祭祀の場で屠殺《とさつ》

した。

三〇九 羊のようにおとなしく、乳を搾《しぼ》れば瓶《かめ》を満たし、決して脚や角で傷つけることのない牛たち。王は、その角をつかんで刃を振り下ろしたのだ。

三一〇 刃が牛の首に落ちるや、神々、祖霊、帝釈天《たいしゃくてん》、阿修羅《あしゅら》、羅刹《らせつ》たちは、思わず叫んだ。『非《ひ》道《ど》いことを！』と。

三一一 それまで、『わずらい』と言えば、欲望、飢《う》え、老いの三つのみであった。だが、動物の犠牲が始まると、九十八種もの『わずらい』が襲いかかってきた。

三一二 生類を害するこの非道が、その遠い昔に起こり、それ以来、罪もないものが殺傷され、祭祀を行うものは道を外れるようになった。

三一三 このような、古くからの非道は、知者たちの非難の的である。これを目にすれば、必ず人々は祭祀の主を非難する。

三一四 このように、バラモンの古き善き慣例が骨抜きとなるや、シュードラ（奴隷）とヴァイシャ（平民）の和合は崩れ、クシャトリヤ（王族）も互いに争い、妻は主人を蔑《さげす》むようになった。

三一五 クシャトリヤ、バラモン等、氏素姓《うじすじよう》が厳しく規制されているはずの人々も、生まれのいかんを問わず、欲望のとりこになってしまった」

世尊が説き終えると、資産家のバラモンたちはつぎのように言った。

「ゴータマどの、おみごと。ゴータマどの、あっぱれ。あたかも倒れたものを起こし、隠れたものを暴《あば》き、迷うものに道を示し、『眼あれば見よう』とばかりに闇夜に灯火をかざすように、ゴータマどのは手をかえ品をかえ、真理を明らかにされた。かくなるうえは、私どもも、世尊ゴータマどの（仏）と、真理（法）と、教団（僧）に帰依いたしましょう。世尊ゴータマどのは、われわれ一同、今日より末期《まつご》に至るまで心変わりなく帰依する在家信者とお心得下さいますよう」

第八経　輪廻の激流を渡る舟

三六　真理を聞き知ることができる人にのみ仕えよ。神々が、帝釈天に仕えるように。礼を尽くしさえすれば、その博学の士は心なごませて、真理を説き明かしてくれよう。

三七　素質のある者が、そのような博学の士に熱心に仕え、心準備をしたうえで真理を聞き、聞いた真理に則した実践を積めば、知者、明知の人、叡知ある人となる。

三八　しかし、ものの本質をわきまえず、弟子にまで嫉妬《しっと》するような、愚かな小人《しょうじん》に仕えるならば、とりかえしのつかぬこの一期《いちご》のうちに真理をさとることもできず、胸のつかえを晴らさぬまま、死を迎えねばならない。

三一九 水かさ高く、激流轟々《ごうごう》たる河に落ち、流れのままに運ばれてゆく、そんな者が、どうしてひとを渡し得よう。

三二〇 それと同じく、真理をさとらず、学識ある人からものの道理を聞き知ることもなく、そもそもおのれ自身が、無知で、胸のつかえを晴らしていない、そんな者が、どうしてひとを説得できよう。

三二一 舟を自在にあやつり、熟練し、智慧にもたけた船頭《せんどう》が、頑丈な舟に乗りこみ、舵《かじ》と櫂《かい》を手にすれば、幾人でもひとを渡すことができよう。

三二二 それと同じく、ヴェーダの奥義を究め、心を修め、学識あり、いかなることがあっても動揺せぬ人ならば、そもそもみずからがさとっているのであるから、一心に耳をそばだてて聞く人々を、納得させることができる。

三二三 だから、くれぐれも言っておこう。叡知にたけ、学識ある賢者に仕えよ。ものの道理を究め、それを実践に移し、真理を体得した人は、絶対の安楽を得るであろう。

第九経　習　慣

三二四 〔長老サーリプッタ〕「どんな習慣（戒）を身につけ、どう振舞い、どんな行為に勤めれば、人は正しく自己を確立し、最上の目的を成就し得ましょうか」

三二五* 〔世尊〕「知徳にたけた人を敬い、嫉妬するな。師にまみえるに、しかるべき時をわきまえよ。法話がなされるなら、この時こそと思い、恭《うやうや》しく、そのみごとな説を聞け。

三二六 片意地張らず、腰を低くして、良い頃合いに師の下に行け。自己の目的、真理、感官の制御、清浄な禁欲生活を、たえず心にかけては実践せよ。

三二七 真理を欣《よろこ》び、真理を愉しみ、真理に依って毅然と立ち、真理を確立し、真理を汚すたわごとにかかわらず、そらごとならぬ善説によってのみ時を過ごせ。

三二八 高笑い、無駄口、悲嘆の声、瞋恚《しんに》、欺《あざむ》き、詐欺《さぎ》、強欲《ごうよく》、高慢、嫌《いや》がらせ、粗暴、心のけがれ、忘我、高ぶり。このすべてを退け、泰然として修行の日々を送れ。

三二九 みごとな説法は、理解してこそ生かされる。聞き、理解したことは、精神統一の中で体得してこそ生かされる。軽はずみで、熱意のない者は、叡知も、学識も萎《しぼ》んだままだ。

三三〇 聖者が洞察した真理を喜びとする者は、言葉、心、振舞い、すべてにわたって比類なき人である。冷静、温和、精神統一によって自己を確立し、学識、叡知を真に生かさんことを」

第一〇経　奮起

三三一 奮起せよ。三昧《さんまい》の座に着け。眠りこけてどうする。愛欲の矢が突きささり、もがき苦しみながら輪廻の世をさまよう傷病者が、惰眠をむさぼってどうする。

三三二 奮起せよ。三昧の座に着け。絶対の寂静めざして、しっかりと修練を積め。気の緩みを見透かして、死神がおまえたちを、ほしいままに翻弄《ほんろう》するようなことがあってはならぬ。

三三三 好ましい対象にからみつくような愛執《あいしゅう》は、神々、人々をあやつって、見るもの聞くものを求めさせ、しがみつかせる。その愛執を克服せよ。いっときも無駄にするな。その大事な機会を逃がしたものが、地獄に堕ちてから泣き事を連ねてももう遅い。

三三四 気の緩みはいわば塵芥《ちりあくた》だ。油断している間に、悪業の塵芥が次々と積もってゆく。気を引き締め、さとりの智慧によって矢を抜き去れ。

第一一経　ラーフラ

三三五〔世尊〕「おまえは、いつも側《そば》にいる気安さの余り、賢者を軽く見ることはあるまいな。松明《たいまつ》をかざし、道を示してくれる人を、敬っているだろうな」

三三六〔ラーフラ〕「いつも側にいる気安さの余り、賢者を軽く見るなどとんでもない。松明をかざし、道を示してくれる人を、いつも敬っております」

以上、導入の詩節。

三三七「好ましい姿で心を誘う、五種*の欲望の対象を捨て、報いあるを信じて出家したからには、是が非でも、輪廻の苦しみを終わらせるのだ。
三三八 よき友とのみ交われ。人里離れ、人気《ひとけ》なく、雑音の少ないところで寝起きせよ。食物の適量を知れ。
三三九 衣、托鉢の食、薬、坐臥具を、必要以上に望むな。二度と輪廻の世に舞いもどってはならぬ。
三四〇 戒律に身を固め、五官を防御し、たえず身体に注意を向けて、その醜さを思い知れ。厭《いと》い離れる心に満ちてあれ。
三四一 感官の対象の、好ましい見かけの姿を、脳裏から払拭《ふつしょく》せよ。貪《むさぼ》りの心がつきまとうからである。精神を集中し、よく統一して、身体は醜いものとの思いを、繰り返し修得せよ。
三四二 身体ほどたよりにならぬものはないとの思いを、繰り返し修得せよ。我執の根を断て。我執を洞察し尽くしたならば、何わずらうこともなく、日々を送ることができよう」

こうして、世尊は、尊者ラーフラを、以上の詩節によってたえず教えさとされた。

第一二経　ヴ*ァンギーサ

つぎのようにわたくしは聞いた。

あるとき、世尊は、*アーラヴィーなる、*アッガーラヴァの聖地におられた。尊者ヴァンギーサの師、ニグローダ・カッパ長老が、アッガーラヴァの聖地で入滅（般涅槃）して間もなくのことである。さて、尊者ヴァンギーサが、ひとり瞑想をしていると、ふと、こんな疑念が頭をもたげてきた。「わたくしの師匠は入滅されたのかどうか」と。そこで、尊者ヴァンギーサは、朝のうちに、瞑想から醒《さ》めて、世尊に近づいた。近づいて、世尊に丁寧にあいさつし、一隅に坐した。一隅に坐して、尊者ヴァンギーサは、世尊につぎのように言った。
「大徳、今しがた、わたくしがひとり瞑想をしておりますと、ふと、こんな疑念が頭をもたげてまいりました。『わたくしの師匠は入滅されたのかどうか』と」
次いで、尊者ヴァンギーサは、座より起《た》ち、右肩を露わにして、世尊の方に合掌礼拝し、詩節をもって語りかけた。

三四三「智慧広大で、*まのあたりに疑念を晴らす師にお尋ねいたします。だれ知らぬものなく、誉れ高く、心平静なあの比丘は、アッガーラヴァで亡くなったのですか。

三四四 世尊、あなたは、ニグローダ樹下にさとりをひらいたあのバラモンを、ニグローダ・カッパと名づけられました。あの人は努力を重ね、あなたを敬愛し、解脱《げだつ》をめざして修行の日々を送ってきました。絶対の境地を見る人よ。

三四五 釈迦族の人、あなたの眼の届かぬところはないはず。みな、あの仏弟子のことが知りたくて、一心に聞き耳をたてています。あなたはわれらの師、無上の人。

二四六 豊かな叡知ある人、このもやもやを晴らして下さい。お聞かせ下さい。わが師が入滅したのなら入滅したと、そうおっしゃって下さい。あまねく届く眼ある人、われらが取り巻く中、お言葉を給《たま》わらんことを。神々が取り巻く中、千の目のある帝釈天がそうするように。

二四七 この世の煩悩の束縛は、みな、愚昧《ぐまい》に導き、無知に引きずりこみ、惑いをもたらします。しかし、それも如来の手にかかると雲散霧消してしまいます。如来は、人々のうちにあって、最高の〈眼〉とも言えるからです。

二四八 そもそも、煩悩のけがれを、風が叢雲《むらくも》を散らすように払う人が絶えてなかったなら、この世はあまねく閉塞《へいそく》し、暗闇そのもの。叡知の閃《ひらめ》きある人も、本来の輝きを発揮できますまい。

二四九 しかし、まことの賢者は、暗闇をものともせずに灯をかざすのです。雄々しい人、あなたこそまさにその方。われらは、何もかも見通され、わきまえられた方の下にやって来たつもりです。この大衆の前で、わが師カッパの身の上をお明かし下さい。

二五〇 早くその美しいお声をお聞かせ下さい。白鳥が首を伸ばして静かに鳴くように、まろやかな、張りのある響きで。ひとり残らず、一心に、あなたのお言葉に耳を傾けましょう。

二五一 生まれ変わり死に変わる輪廻の世を、余すところなくお捨てになった方におすがりして、純白の真理を説いていただくまでは引き下がれますものか。思わくの叶《かな》わぬは凡夫《ぼんぶ》の常。しかし、如来ならば、充分吟味したうえでなさる事が、遂げられぬはずはありません。

三五二 透徹した叡知あるあなたの胸の内には、完璧な答えが、しかと用意されてあるはず。二つ折れの合掌礼拝は、これを限りとさせて下さい。広大な智慧ある方、知っておられながら、われらを惑わしたもうな。

三五三 あなたは尊い真理をすみずみまで理解しておられる。大精進《だいしょうじん》を重ねる方、知っておられながら、惑わしたもうな。酷暑に苦しむ者が水を求めるように、お言葉を渇望いたします。どうか、われらの耳に恵みの雨を。

三五四 わが師カッパーヤナは、修行に精出したその目的を、あやまたず手中にしたのでしょうか。涅槃に入ったのでしょうか。あるいは、輪廻の余燼《よじん》をくすぶらせているのでしょうか。わが師が解脱したありさまをお聞かせ下さい」

三五五 世尊が答える。「汝《なんじ》の師カッパは、この個体存在への愛執、無限の過去から心の奥底に潜んでいた、死神のあやつる流れを断ち切り、生まれ変わり死に変わる輪廻を、余すところなく超越したのだ」。*五つの生存界の長、世尊は、こう説かれた。

三五六「無上の聖者、お言葉をお聞きして心はなごみ、澄みわたる思い。*真のバラモンたるあなたの、期待に違《たが》わぬお答えぶり、お尋ねした甲斐《かい》がありました。

三五七 わが師は、言行一致の仏弟子でした。われらを惑わす死神の、広く張りめぐらした強靭《きょうじん》な網を、微塵《みじん》に破ったのですね。

三五八 カッピヤは、輪廻を持続させる〈燃料（取《しゅ》）〉の根源を見たのですね。世尊。カッパーヤナは、超え難い、死神の領土を超えたのですね」

第一三経　遊行者

三五九「叡知あふれ、輪廻の激流の彼岸に渡り、涅槃に達し、心ゆるがぬ沈黙の聖者にお尋ねいたします。欲望の対象に背を向けて出家した比丘は、どのようであれば、汚濁《おじょく》の世にも染まらぬ、まっとうな遊行者《ゆぎょうしゃ》と申せましょうか」

三六〇* 世尊が答える。「禍福吉凶を論ぜず、天変地異、夢、手相人相の占《うらな》いをせぬ、そんな、吉凶判断の科《とが》なき比丘ならば、汚濁の世に染まらぬ、まっとうな遊行者だ。

三六一 比丘が、人間界、天界の物欲にふける心を制し、真理を究めて、迷いの生存を超克するならば、汚濁の世に染まらぬ、まっとうな遊行者だ。

三六二 比丘が、中傷せず、忿怒《ふんぬ》、ものおしみを捨て、好悪の感情を脱するならば、汚濁の世に染まらぬ、まっとうな遊行者だ。

三六三 気に入った、入らぬの次元を超え、世俗のけがれを取りこまず、愛執にも謬見《びゅうけん》にも身を預けず、心の束縛から自由ならば、汚濁の世に染まらぬ、まっとうな遊行者だ。

三六四 迷いの生存のあらゆる構成要素を、本質的、固定的なものと見ず、愚者どもが取りこもうとする対象への貪りをおさえ、他者に依らず、他者に動かされぬならば、汚濁の世に染まらぬ、まっとうな遊行者だ。

三六五 言葉、心によっても、肉体的行為によっても対立抗争せず、真理をしかと見究め、涅槃の境地を追求しているならば、汚濁の世に染まらぬ、まっとうな遊行者だ。

三六六 敬われても高ぶらず、糞味噌《くそみそ》にけなされても根にもたず、供養の食を受けても傲《おご》らぬ比丘ならば、汚濁の世に染まらぬ、まっとうな遊行者だ。

三六七 貪りも、迷いの生存もうち捨て、生あるものを傷つけず、捕えず、疑念を晴らし、愛欲*の矢を抜き去った比丘ならば、汚濁の世に染まらぬ、まっとうな遊行者だ。

三六八 自らにふさわしい生活態度をわきまえ、ありのままに真理をさとって、この世のだれをも傷つけぬ比丘ならば、汚濁の世に染まらぬ、まっとうな遊行者だ。

三六九 なんらの潜在煩悩をも残さず、過去に植えてしまった不健全な根を抜き、何を望むこともなく、求めもしないならば、汚濁の世に染まらぬ、まっとうな遊行者だ。

三七〇 外部から漏れこむ煩悩や業のけがれを滅ぼし、思い上がらず、貪りの支配する領域を超え、自己を制御し、涅槃に至り、心動じぬものならば、汚濁の世に染まらぬ、まっとうな遊行者だ。

三七一 仏法を深く信じ、学を積み、必ず涅槃に導く道を見出し、反目しあう人々の中にあって孤高を貫き、貪欲・瞋恚・憎悪を制する賢者ならば、汚濁の世に染まらぬ、まっとうな遊行者だ。

三七二 清浄なる勝利者、煩悩の覆いを開き、真理を自在に究め尽くし、絶対の境地に渡り着き、揺るがず、有為《うい》転変《てんぺん》きわまりない存在の消滅をよく見究めた者ならば、汚濁の世に染まらぬ、まっとうな遊行者だ。

三七三『前世《ぜんせ》ではああだった。来世《らいせ》ではこうだろう』という思わくを超克し、どこまでも澄みわたった叡知あり、感官とその対象すべてから自由な者ならば、汚濁の世に染まらぬ、まっとうな遊行者だ。

三七四 絶対の境地を体得し、真理を究め、外部から漏れこむ煩悩や業のけがれの終末を明らかに見て、迷いの生存の構成要素を滅ぼすならば、汚濁の世に染まらぬ、まっとうな遊行者だ」

三七五「世尊、なるほどその通りです。比丘が、あなたのおおせの通りに修行の日々を送り、自己を制し、心を束縛するものすべてを克服するならば、汚濁の世にも染まらぬ、まっとうな遊行者と申せましょう」

第一四経 ダンミカ

つぎのようにわたくしは聞いた。
あるとき、世尊は、サーヴァッティー近くの、ジェータ太子の森、富豪アナータピンディカの園におられた。さて、在家信者ダンミカは、同じく在家信者五百人と共に、世尊の下に近づいた。近づいて、世尊に丁寧にあいさつし、一隅に坐した。一隅に坐した在家信者ダンミカは、世尊に詩節をもって語りかけた。

三七六「叡知あふれるゴータマ、お答え下さい。出家者であれ、在家信者であれ、あなたの信奉者は、どのように振舞えばよいのでしょうか。

三七七 あなたは、天の神々をはじめとする、生きとし生けるもののよるべ、よりどころを知り抜いておられます。奥深い、ものの道理を知ることにかけては、あなたの右に出る者はありません。人々が、勝れた仏と呼ぶくらいですから。

三七八 生類に深い同情を寄せ、智慧と真理を残りなく理解し、説き明かされました。覆いを開き、眼の届かぬところはない人です。けがれなく、全世界を照らす人です。

三七九 *象王エーラーヴァナは、勝利者と聞き知って、みもとにはせ参じました。問答を重ね、お言葉を聞くうち、得心し、『みごと』と叫んで喜びました。

三八〇 *クヴェーラも、究極の真理を問いただそうと、御前に進み寄りました。賢者、問われてあなたがお答えになると、かれもまた、聞いて満足しました。

三八一 アージーヴィカの徒であれ、ニガンタの徒であれ、論争を事とする異教徒どもはことごとく、叡知にかけて、あなたを凌《しの》ぐことはできません。動かぬものが、早足のものを凌げぬように。

三八二 論争にあけくれるバラモン、年長のバラモン、また、論客と自負する者たちも、こぞって、どうお答えになるかと注目しております。

三八三 世尊、みごとに説かれる教えは奥深く、至福をもたらします。みなが聞きたいのはそれのみ。勝れた仏、お説き下さい。

三八四 比丘も、在家信者も、およそ、お言葉を聞こうと、集い、座を占めた者すべてが、けがれを離れた仏のおさとりになった真理を聞かんことを。神々が、帝釈天の巧みな弁舌を聞くように」

三八五「それでは、比丘たちが聞け。まず、おまえたちに純白の真理を語ろう。しかと身につけよ。ものの本質を見究め、理知をもって、出家者にふさわしい立居振舞いをなせ。

三八六 比丘は、午後に食を求めて出歩いてはならぬ。しかるべき時にのみ、人里へ托鉢に出よ。時ならぬのに出歩く者には、煩悩がまとわり付いて、拭《ぬぐ》っても拭いきれなくなってしまう。諸仏が時ならぬのに托鉢されないのはこのためである。

三八七 生きとし生けるものを酔わせる、色形、音声、味、香り、体感。この、感官の対象への欲望を制し、比丘は、托鉢のために人里に入れ。

三八八 しかるべき時に食を得たなら、比丘は、ひとり坐より戻り、ひそかに瞑想せよ。自己を支配下に置き、内に思いを凝《こ》らし、心を外に向かわせるな。

三八九 たとえ、守るべき沈黙を破り、わが教えの信奉者、あるいは異教徒、在家者など、さらには比丘と談話を交わすようなことがあっても、精妙な真理のみを宣《の》べ、中傷、他者への非難を口にするな。

三九〇 論*争の場で、互いに反目して特定の立場を絶対視する者がある。唾棄《だき》すべき浅智慧の輩だ。そんな手合には、論争への執着が、ますますまとわり付いてゆく。その場にいると、執着のために、魂がわが身を離れ、あらぬ方角へ飛んでいってしまうからだ。

三九一 勝れた智慧ある、わが教えの信奉者は、しかとさとった人の示す教えを聞き、托鉢の食、住居、坐臥具、サ*ンガーティ（大衣《だいえ》）のよごれを取る水を、省察しつつ用いよ。

三九二 そうすれば、比丘は、托鉢の食、坐臥具、サンガーティのよごれを取る水のために心けがれることはあり得ない。蓮*が、水滴をはじいてけがれないように。

三九三 さてこんどは、わが教えの信奉者が、どのように振舞えばよいか、もっぱら在家者について説こう。というのも、財産をもって生活する俗人が、無一物の比丘の守るべき規律を、一から十まで守りきることは所詮無理だからだ。

三九四 生き物を害するな、害させるな、人が害するのを許すな。動かぬものも、動くものも、この世の、すべての命あるものに暴虐を加えるな。

三九五　わが教えの信奉者は、どんな物でも、どんな場所でも、『これは他人の物だ』と心得て、もらいもせぬ物を取るな。取らせるな。人が取るのを許すな。とにかく盗みと名の付くものを払拭せよ。

三九六　賢者は、性行為を一切遠ざけよ。炭火の燃えさかる炉のように。もっとも、そこまではとても、というなら、おのが妻とのみ交われ。

三九七　議場にあっても、集会にあっても、だれも、だれにも嘘を言うな。言わせるな。人が言うのを許すな。嘘いつわりと名の付くものは、すべて斥けよ。

三九八　わが教えを喜びとする在家者ならば、酒は、結局人を狂わせるものとさとって、飲むな。飲ませるな。人が飲むのを許すな。

三九九　愚か者の哀《かな》しき性《さが》、酔えばみずから悪事を働くのみか、粗忽者《そこつもの》の他人までをも同じ道に引きずりこむ。こんな、災厄《わざわい》の源、酒を断て。愚か者の気には入るが、人を狂わせ、腑抜《ふぬ》けにするものだから。

四〇〇　〔一〕生き物を害するな。〔二〕もらいもせぬ物を盗るな。〔三〕嘘を口にするな。〔四〕酒を飲むな。〔五〕性行為を断て。〔六〕夜だけでなく、昼にも、時*ならぬ食事をとるな。

四〇一　〔七〕花飾りを着けるな。香を使うな。〔八〕地上に広げた寝床にのみ横たわれ。——これを人々は、苦を乗り超えた仏が明かした、八つの斎戒《さいかい》と呼ぶ。

四〇二　半月の第八、十四、十五日と、*パーティハーリヤの半月に、穏やかに澄んだ心で、八斎

戒をぬかりなく行い、

四〇三　斎戒あけの朝のうちに、知者は、その、穏やかに澄み、感謝に満ちた心のまま、できる範囲で、飲食を僧団にささげよ。

四〇四　おのが本分に従って父母を養い、*人のみちに違わぬ商いに精を出せ。以上のべ来たった徳行を怠らず完遂すれば、その在家者は、〈*おのずと光を放つ〉という名の天界に生ずるであろう」

第三章　大いなる章

第一経　出　家

四〇五 眼力《がんりき》のすぐれた方（ブッダ）がどのようにして出家されたか、どれほど考え抜いた末に出家する気になられたか、その出家のさまを語ろう。

四〇六 世間における在家の生活は何かと障《さわ》りがあり、塵《ちり》も積もる場である。しかし、出家生活は、空中を飛ぶように何の妨げもない。このことに気がついて出家された。

四〇七 出家された後は身体的な悪行もやめ、悪しき言葉も口にせず、清らかな生活を送られた。

四〇八 たぐいまれな種々の特徴を身体一面に備えたブッダは、マガダ国の、山々に囲まれた都城、ラージャガハ（王舎城《おうしゃじょう》）を訪れ、城内に托鉢《たくはつ》に赴かれた。

四〇九 宮殿の楼閣《ろうかく》に登ってマガダ国王のビンビサーラはこの方《かた》を見た。そして、たぐいまれな特徴を身に帯びているのに気がついて、王は家臣にこう言った。

四一〇「きみたち、あの方をごらん。容姿端麗で体格もよく、皮膚につやがあり、歩きぶりも立派で、足もとのすぐ前に目をやり、

四一一 目を伏せ心して歩んでいる。あの方は低い身分の出ではなかろう。王の使いとして急ぎ後を追いなさい。あの托鉢の修行《しゅぎょう》者（比丘《びく》）はどこに行くのか」

四一二 このようにして王の使者が遣《つか》わされ、かれらはこの方の後をつけて行った。「托鉢の修行者はどこへ行くのか、どこで泊まるのか」と考えながら。

四一三 外界との接触の門である感覚器官を管理し、よく制御し、はっきりと意識し、心して歩みながら家ごとに托鉢すると、鉢はすぐ一杯になった。

四一四 この沈黙の聖者（牟尼《むに》）は托鉢を終えると都城を出て、ラージャガハをとり囲む山々のひとつ、パンダヴァ山に足を運んだ。

「ここで一夜を明かすのであろう」と、

四一五 使者たちは、托鉢の修行者が今夜を過ごす場所に至ったと判断し、そこで腰を下ろした。そして、一人の使者が引き返して王に向かって報告した。

四一六「大王さま、あの托鉢の修行者はパンダヴァ山の東斜面に坐っております。虎や牡牛《おうし》や洞窟の中のライオンといった百獣の王さながらの堂々とした姿で坐っております」

四一七 使者の報告を聞くやいなや、王は立派な車に乗ってパンダヴァ山を目ざして急ぎ出発した。

四一八　王は、車の通れる所は車で進んで後、車から降り、歩いてブッダに近づき、腰を下ろした。

四一九　王は、腰を下ろすと、喜ばしげで和やかな挨拶の言葉を交わし、それを済ませると、つぎのように語った。

四二〇「あなたは、若々しく人生の序の口にある、年若い青年です。容姿・体格ともにすぐれ、身分の高いクシャトリヤ（王族）階級の出のようです。

四二一　あなたの望むものならなんでも差し上げましょう。象軍の先頭に立ち、全軍の陣頭を飾りつつ、享楽を味わって下さい。お尋ねします、出自をお聞かせ下さい」

四二二「王さま、いまわたくしが歩んで来た方角を逆にまっすぐ辿《たど》るとヒマラヤ山の中腹に至ります。そこに、コーサラ国に服属してはおりますが、とても裕福で、勇敢な人々が住んでおります。

四二三　その氏族名は釈迦《しやか》と申し、その先祖は太陽神だと伝えられております。王さま、わたくしはそのような家系に生まれ、出家いたしました。世の人々の欲望をかき立てるものを求める気にならなかったからです。

四二四　わたくしは、人々の欲望の対象となるものの中に災《わざわ》いが潜んでいることに気づき、出離こそ安らぎであるとさとりました。これから修行に励むべく邁進《まいしん》するつもりです。この修行はわたくしの心にかなっております」

第二経　奮闘

四二五 その後、ネーランジャラー川の岸辺で、解脱《げだつ》の安らぎを得るために自己を奮い立たせ、瞑想《めいそう》しつつ、修行に励んでいた*このブッダに、

四二六 悪魔*ナムチはやさしい言葉をかけながら近寄って来た。「あなたはやせ細って顔色も悪い。あなたは死の間近にいる。

四二七 いまのあなたにとって、生きのびる度合は死ぬ度合の千分の一にすぎない。きみ、生きるのです。死んではいけません。生きているほうがよいに決まっています。生きていてこそ幸福をもたらす功徳《くどく》を積むことができるのです。

四二八 禁欲的な生活（梵行《ぼんぎょう》）を送り、朝夕、祭火に牛乳を供える儀式を行えば、あなたはあまたの功徳を積むことになります。修行に励んでなんになりましょう。

四二九 修行に励む道は、進みがたく、なしがたく、極めがたい」。悪魔は、このような詩を琵《び》琶《わ》を奏《かな》でて吟じつつ、ブッダの近くに立った。

四三〇 このように語る悪魔に向かって、世尊はつぎのように答えた。「うつつを抜かすものたちの族《やから》よ、悪しきものよ、おまえは、わたくしのためを思っているような口ぶりだが、実は、*自らの利益のためにここにやって来たのだ。

四三一 おまえの言う功徳などわたくしはほんの少しも求めはしない。悪魔なら功徳を求める人人に語りかけるがよい。

四三二 わたくしは、確信していて、勇敢であり、智慧も備えている。このように自己を奮い立たせて修行しているわたくしに、なぜ余命のことなど尋ねるのか。

四三三 わたくしの気の威力は、川の流れすら干上《ひあ》がらせてしまうほどだ。まして、自己を奮い立たせて修行しているわたくしの血液が干上がらないことがどうしてあろうか。

四三四 血液が涸《か》れると胆汁《たんじゅう》も痰《たん》も涸れる。こうして、筋肉が衰えるにつれて、心はいっそう清らかになる。そして、留意力や智慧や精神統一がわたくしの中でいっそう確固としたものとなる。

四三五 このような修行によって極度の苦痛を受けているにもかかわらず、そのようなとき、通常の人間が欲しがるようなものをわたくしの心は求めない。わたくしの心の清らかさを見よ。

四三六 おまえの第一軍は欲望であり、第二軍は嫌悪《けんお》と呼ばれる。第三軍は飢渇《きかつ》であり、第四軍は渇望と呼ばれる。

四三七 第五軍は沈鬱《ちんうつ》と眠気であり、第六軍は恐怖と呼ばれる。第七軍は惑いであり、第八軍は汚辱と頑固さである。

四三八 さらに、利得や名声や尊敬や邪《よこしま》に得た名誉、また、思い上がって他人を見下すこと、

四三九 ナムチよ、これらが暗黒なるおまえの軍勢であり、人々を害するものである。勇者でなければこれにうち勝つことはできない。しかし、これにうち勝てば安楽を手に入れることができる。

四四〇 わたくしはムンジャ草を腰にまとっておまえを追い払うぞ。この生命がなんだというのだ。降参して生き永らえるくらいなら戦って死んだほうがましだ。

四四一 ある沙門《しゃもん》（出家の修行者）やバラモンたちは、おまえの軍勢の中に埋没して消えてしまった。かれらは、正しく誓戒を守る人々の歩む道を知らない。

四四二 四方一面に軍旗を立て、いきり立った悪魔*とその軍勢を目にしたうえは、迎え撃つべく戦うぞ。わたくしをこの場から引きずり下ろすな。

四四三 世の人々も神々もおまえの軍勢をうち負かすことができないが、わたくしは智慧によっておまえの軍勢をうち破る。炉で焼く前の土器を水*でうがつように。

四四四 心の思いを制し、何事にもよく気をつけて、わたくしの教えを聞くものたちを広く教化しながら国から国へと行脚《あんぎゃ》しよう。

四四五 わたくしの説く教えを実践し、たゆみなく自己を奮い立たせて修行するものたちは、そこに至れば憂いがなくなる境地に達するであろう。おまえにとっては残念なことではあろうが」

四四六 悪魔は言った。「わたくしは七年間、世尊にぴったりと付きまとってきたが、さとりきって注意深いあなたに取り付く隙《すき》を見つけることができなかった。
四四七 脂肪の塊《かたまり》のような岩のまわりを烏どもが飛び回って、『われわれはここで柔らかな食べ物を口にできるだろう。美味《うま》いものもあるだろう』と考えた。
四四八 しかし、美味いものはそこでは得られず、烏どもはそこから飛び去ってしまった。岩をつついたこの烏のように、われわれもうんざりしてゴータマ（ブッダ）から手を引く」
四四九 この悲嘆にくれた悪魔の脇の下から琵琶がするりと落ちた。こうして、この夜叉《やしゃ》は意気消沈してその場から消えてしまった。

第三経 よい言葉

つぎのようにわたくしは聞いた。

あるとき、世尊はサーヴァッティー（舎衛城《しゃえじょう》）のジェータヴァナのアナータピンディカの園（祇園精舎《ぎおんしょうじゃ》）におられた。そのとき、世尊は比丘たちに「比丘たちよ」と語りかけた。比丘たちは、「はい、先生」と世尊に答えた。そこで世尊はこう語った。

「比丘たちよ、つぎにあげる四つの条件を兼ね備えた言葉がよい言葉であり、悪しき言葉ではなく、知者たちが聞いても非のうち所のない、申し分なき言葉である。その四条件とは何かと言うと、比丘たちよ、このわたくしの教えに従って、比丘はよい言葉のみを語り、悪しき言葉は口にしない。道理のみを語り、道理に反することは口にしない。心地《ここち》よいことのみを語り、不快なことは口にしない。真実のみを語り、虚偽は口にしない。比丘たちよ、以上の四条件を兼ね備えた言葉がよい言葉であり、悪しき言葉ではなく、知者たちにとって非のうち所のない、申し分なき言葉である」

世尊はこのように説いた。正しく歩んだ方（善逝《ぜんぜい》）はこう説いてから、さらに師としてつぎのように語った。

四五〇「よい言葉が最上であると立派な人々は語る。道理を語れ、道理に反することは口にするな、これが第二である。心地よいことを語れ、不快なことは口にするな、これが第三である。真実を語れ、虚偽は口にするな、これが第四である」

すると、ヴァンギーサ*尊者が座から立ち上がり、左肩に上衣《じょうえ》をかけ、右肩を露わにして、世尊に合掌敬礼《きょうらい》してこう語った。

「正しく歩んだ方よ、わたくしの心にある思いが浮かびます」

「ヴァンギーサよ、心に思い浮かぶままにしなさい」と世尊は答えた。そこで、ヴァンギーサ尊者はその場にふさわしい詩で、世尊を面前から称《たた》えた。

四五一「自己を苦しめず、他人を傷つけない言葉のみを語れ。これこそがよい言葉である。

四五二 相手が嫌悪することには触れず、相手に喜ばれる心地よい言葉のみを語れ。

四五三 真実は不滅の言葉であり、永遠の道理である。真実と有益さと道理とに立脚して立派な人々は言葉を語る。

四五四 苦しみを終わらせ、涅槃《ねはん》を達成するためにブッダが語る安らかな言葉こそ最高の言葉である」

第四経　スンダリカ・バーラドヴァージャ

つぎのようにわたくしは聞いた。

あるとき、世尊はコーサラ国のスンダリカー川の岸辺におられた。そのとき、スンダリカ・バーラドヴァージャという名のバラモンが、スンダリカー川の岸辺で火に供物を献じ、牛乳をうやうやしく火に献じていた。スンダリカ・バーラドヴァージャは、火に供物を献じ、牛乳をうやうやしく火に献じ終わると、座から立ち上がり、四方を見回して「この供物の残りをだれに食べてもらおうか」と考えた。そのとき、近くの木の下で頭まで衣をかぶって坐っている世尊が、スンダリカ・バーラドヴァージャの目にはいった。この方を見て、かれは左手で供物の残りを持ち、右手に水瓶《みずがめ》を携えて世尊に近づいた。世尊はスンダリカ・バーラドヴァージャの足音に気づいて頭の覆《おお》いをはずした。すると、スンダリカ・バーラドヴァージャは、「この人は剃髪者《ていはつしゃ》だ、この人は坊主頭だ」と言ってその場から引き返そうとした。しかし、そこでスンダリカ・バーラドヴァージャは考え直した。「世間には、頭を剃《そ》ったバラモンもいる。よし、近寄って身分を尋ねてみよう」と。そこで、スンダリカ・バーラドヴァージャは世尊に近寄った。近寄って世尊にこう尋ねた。

「きみの身分は何ですか」

そこで、世尊はスンダリカ・バーラドヴァージャに詩で語りかけた。

四五五「わたくしは、バラモンでもなく、王家の一員でもなく、ヴァイシャ（平民）でもなく、その他の何ものでもない。凡人たちの属する家系とやらがなんたるかを知りつくし、それを捨て、何ものも所有することなく、心して世の中を行脚している。

四五六 僧衣をまとい、家に住むことなく、髪を下ろし、穏やかで、世の人々とつきあうことなく行脚するわたくしに対して、あなたは家系を尋ねた。バラモンよ、それはお門《かど》違いだ」

四五七〔スンダリカ〕「バラモンがバラモンと出会えば『きみはバラモンではないか』と尋ねるものなのです」

〔ブッダ〕「あなたが『わたくしはバラモンであり、きみはバラモンではない』と言うならば、わたくしはあなたにバラモンの聖典に含まれる三句二十四音節の*サーヴィッティー讃歌のことを尋ねてみたい」

四五八〔これを聞いて、ブッダがバラモンの聖典に通じていることを知ったスンダリカ・バーラドヴァージャはブッダに問い返した。〕「聖仙やクシャトリヤやバラモンをはじめとする人々は、いったい何にすがって、それぞれ種々にこの世で神々に祭祀《さいし》を行ったのですか」
〔ブッダ〕「わたくしに言わせれば、ヴェーダの権威であり、果てを極めた人が、祭祀の際に、祭主の供物の残りを受けてはじめて、祭主にとってその祭祀はよき果報をもたらす、というこの道理にかれらはすがっていたことになる」

四五九 バラモンは言った。「あなたのようなヴェーダの権威に出会ったので、このわたくしの献供《けんく》はよき果報を生むであろう。あなたのような方に出会わなければ、他の人々が供物の餅（祭餅《さいへい》）を食べてしまいますから」

四六〇〔ブッダ〕「そうであるからには、バラモンよ、あなたは、自分のためを願うなら、ここに来てわたくしに問うてみなさい。このわたくしが、もの静かで、煙のない火のような者で、心はかき乱されることなく、欲求もなく、すぐれた智慧者であるとわかるはずです」

四六一〔スンダリカ〕「わたくしは祭祀を好み、祭祀を行いたいのですが、ゴータマ君、どうかわたくしに教えて下さい。わからないことがあるのです。だれに供物の残りを捧げれば、よき果報が得られるのですか。これをわたくしに語って下さい」
〔ブッダ〕「では、バラモンよ、耳を傾けなさい。あなたにものの道理を説いてあげよう。

四六二　身分を問うな、行為を問え。棒切れから火がおきる。下賤な家柄の出であっても、毅然《きぜん》とした沈黙の聖者は、廉恥《れんち》を重んじ身を慎む貴種の人にほかならない。

四六三　誠実さをもって自己を調え、自制力があり、聖典を極め、禁欲修行（梵行）を実践した人、このような人に供物の残りを適切な時に捧げるがよい、功徳を見こして祭祀を行うバラモンならば。

四六四　欲望の対象となるものを振り捨て、出家して行脚し、よく自制して梭《ひ》のように真っ直ぐに生きる人、このような人々に供物の残りを適切な時に捧げるがよい、功徳を見こして祭祀を行うバラモンならば。

四六五　熱望を離れ、感官をよく統御し、月食をおこす悪魔ラーフ*から解放された月のように解脱した人、このような人々に供物の残りを適切な時に捧げるがよい、功徳を見こして祭祀を行うバラモンならば。

四六六　わがものとして愛着されているものを捨て、世に執着することなく、常に心して諸方を行脚する人、このような人々に供物の残りを適切な時に捧げるがよい、功徳を見こして祭祀を行うバラモンならば。

四六七　欲望の対象となるものを捨て、それらを制しつつ過ごし、生死の果てにある生死を越えた境地をさとり、波静かな湖のように、安らかそのものであり、冷静である人、このような境地に至った人が祭餅を受けるにふさわしい。

四六八　とこしえに全《まった》きものたちと等しく、ゆがんだものどもからは離れ、このような境地にありつつ限りなき智慧を備え、しかもこの世にもあの世にも執着しない人、このような境地に至った人が祭餅を受けるにふさわしい。

四六九　欺瞞《ぎまん》や高慢が心に巣くうことなく、貪欲を離れ、我執《がしゆう》もなければ欲求もなく、怒りを心から除き、心安らかなる人は真のバラモンであり、憂いという心の汚れを捨て去っている。このような境地に至った人が祭餅を受けるにふさわしい。

四七〇　心からその執着心を除き、何ものも所有することなく、この世のものでもあの世のものでも取り込んで執着することのない人、このような境地に至った人が祭餅を受けるにふさわしい。

四七一　精神を統一し、輪廻《りんね》の洪水を渡り、さとりの世界である彼岸に至り、真理を最高の観察力でさとり、煩悩や業《ごう》が心に漏《も》れ込むことなく、もう二度と生まれ変わることのない人、このような境地に至った人が祭餅を受けるにふさわしい。

四七二　生に望みをかけたり、逆に辛辣《しんらつ》な言葉を語ること、この両者とも振りのけ、消滅させ、無からしめて、聖典に通暁《つうぎよう》し、あらゆる点にわたって解脱した人、このような境地に至った人が祭餅を受けるにふさわしい。

四七三　執着を乗り越え、執着することなく、慢心をもちつづけている人々の中にあって慢心をもつことなく、苦しみとその基とを見極めることによって、それらから自由になった人、このような境地に至った人が祭餅を受けるにふさわしい。

四七四　欲求に身をゆだねることなく、迷いのこの世とは別な世界をまのあたりにし、他の人々が説くドグマを超越し、なんらすがりつくものを必要としない人、このような境地に至った人が祭餅を受けるにふさわしい。

四七五　何から何まであらゆる事物の本質を会得したうえで、それらが振り払われ、消滅し、存在しなくなり、したがって当人は寂静《じゃくじょう》そのものとなり、何ものも取り込んで執着することなく、解脱しきった人、このような境地に至った人が祭餅を受けるにふさわしい。

四七六　人々の未来を束縛するものが消滅し、二度と生まれ変わることがないという境地をまのあたりにし、熱望の巣となるものを余す所なくうち除き、清らかで咎《とが》もなく、けがれもなければ汚点もない人、このような境地に至った人が祭餅を受けるにふさわしい。

四七七　自我にとらわれて自己を見ることなく、精神を統一して、実直で、気丈で、心が動揺することもなければ、頑《かたく》なになることもなく、惑うことなき人、このような境地に至った人が祭餅を受けるにふさわしい。

四七八　心に迷妄が忍び込む隙は全くなく、一切のものを知ってまのあたりにし、二度と生まれ変わることなく、吉祥なる無上のさとりに達すること、これこそが、供物を受けるにふさわしい人が備えるべき清らかさである。このような境地に至った人が祭餅を受けるにふさわしい」

四七九 〔スンダリカ〕「あなたのようなヴェーダの権威者を得たのだから、わたくしの供物は真実の供物となってくれ。わたくしの眼前に現れた梵天《ぼんてん》、世尊は、わたくしの祭餅を受けて下さい、食べて下さい」

四八〇 〔ブッダ〕「わたくしは詩句で説法をした以上、この詩句を唱えかけた供物を食べることはできない。バラモンよ、正しくものを見る人々にとって、こんな供物を食べることは道にはずれているのだ。さとった人々（諸仏）は、詩句を唱えかけたものはうちやる。バラモンよ、これこそが道理であり、道にかなった行いである。

四八一 したがって、完全者であり、偉大な聖仙であり、不作法をなさず、そのために後悔することもなく、煩悩や業が心に漏れ込むことのない人には、あらためて他の食べ物や飲み物を捧げなさい。功徳を目あてにする人々にとって、良田のように必ず果報を生み出してくれる人であるから」

四八二 〔スンダリカ〕「あなたの説法をもう受けてしまった以上は、この祭祀の時にあたって、わたくしのようなものの布施を食べてもらうべき人として、あなた以外の人を探さなければならないということでしたら、世尊よ、だれがよいでしょうか、どうか教えて下さい」

四八三 〔ブッダ〕「激することなく、心清らかで、欲望の対象となるものから自由になり、沈鬱さを払いのけ、

四八四 限界をとり除き、生死を究め、沈黙の聖者として完全な人、そのような人が祭祀に来あ

わせれば、

四六五 眉《まゆ》をひそめることなく、合掌して礼拝《らいはい》せよ。食べ物や飲み物を供えるがよい。このような布施こそが果報を生む」

四六六 〔スンダリカ〕「あなたは、さとった人（仏陀）であり、供物の祭餅を受けるにふさわしい最上の良田のような人で、すべての人々の布施を受けるべき人です。あなたに施されたものは、大いなる果報を生み出す」

そこで、スンダリカ・バーラドヴァージャは世尊に言った。

「すばらしいことです、ゴータマ君。すばらしいことです、ゴータマ君。ちょうど、うつぶせのものを仰向けにするように、覆われているものを顕《あら》わにするように、迷った人に道を教えるように、『眼のあるものは色形を見ることができるだろう』と考えて、暗闇で灯火をかざすように、このようにゴータマ君は種々な仕方で教えを説かれた。このわたくしは、ゴータマ君に帰依いたします。ゴータマ君の教えとそれを聞く比丘の教団にも帰依いたします。わたくしはゴータマ君のもとで出家し、弟子として入門したく思います」

こうして、スンダリカ・バーラドヴァージャは、世尊のもとで出家し、弟子として入門した。入門するやいなや、スンダリカ・バーラドヴァージャは、ただひとりで、他人から遠ざかり、たゆみなく、熱心に、自己を奮い立たせて修行し、まもなく、在家者*の出家の目的である、かの最上の禁欲修行の完成を現世において自ら知り、まのあたりにさとり、体得しつつ過ごすようになった。このとき、「もう生まれ変わることはない。禁欲修行は実践し終えた。なすべきことは果たした。もう二度とこのような迷いの存在に戻ることはない」と自覚した。こうして、スンダリカ・バーラドヴァージャというバラモンは、阿羅漢《あらかん》という聖者の一員となった。

第五経　マーガ

つぎのようにわたくしは聞いた。

あるとき、世尊は、ラージャガハのギッジャクータ山（霊鷲山《りょうじゅせん》）におられた。そのとき、マーガという名のバラモン青年が世尊を訪ねた。かれは、近寄って、世尊と喜ばしげで和やかな挨拶の言葉を交わし、それを終えると一方のすみに坐った。一方のすみに坐ると、マーガは世尊に語った。

「ゴータマ君、わたくしは、頼まれればいやと言えない性分で、気前よく人に布施する施主です。わたくしは、まず道にかなった方法で財を求めます。こうして、道にかなった方法で財を求め、道にかなった方法で得られ獲得した財によって、一人に布施し、二人に布施し、三人に布施し、四人に布施し、五人に布施し、六人に布施し、七人に布施し、八人に布施し、九人に布施し、十人に布施し、二十人に布施し、三十人に布施し、四十人に布施し、百人に布施し、これ以上の人にも布施します。ゴータマ君、わたくしがこのように布施をし、祭祀を行えば、多くの功徳を生み出すことができるでしょうか」

〔ブッダ〕「バラモン青年よ、そのように布施をし、祭祀を行っているからには、あなたは多くの功徳を生み出している。バラモン青年よ、頼まれればいやと言えない性分で、気前よく人に布施する施主は、まず道にかなった方法で財を求めると、道にかなった方法で得られ獲得した財によって、一人に布施し、二人に布施し、三人に布施し、四人に布施し、五人に布施し、六人に布施し、七人に布施し、八人に布施し、九人に布施し、十人に布施し、二十人に布施し、三十人に布施し、四十人に布施し、百人に布施し、これ以上の人にも布施する。こんな人は多くの功徳を生み出すことができる」

そこで、マーガは世尊に詩で語りかけた。

四六七　マーガは言った。「袈裟《けさ》を着け、出家して行脚する親切なゴータマ君にお尋ねしたい。頼まれればいやと言えない性分で、功徳を求め、功徳を見こして、この世の人々に食べ物や飲み物を布施しつつ、祭祀を行う在家の施主、すなわち祭主の供物は、だれに捧げれば、清浄なものとなって、よき果報を生むのですか」

四六八　世尊は答えた。「マーガよ、頼まれればいやと言えない性分で、功徳を求め、功徳を見こして、この世の人々に食べ物や飲み物を布施しつつ、祭祀を行う在家の施主、このような人は、布施を受けるにふさわしい人々を施物で満足させて、その果報をつかむようにしなさい」

四八九 マーガは尋ねる。「世尊よ、頼まれればいやと言えない性分で、功徳を求め、功徳を見こして、この世の人々に食べ物や飲み物を布施しつつ、祭祀を行う在家の施主であるわたくしに、布施を受けるにふさわしい人々のことを語って下さい」

四九〇 〔ブッダ〕「執着することなく世の諸方を行脚し、何ものも所有することなく、自制して、修行の完成した人、このような人々に供物を適切な時に捧げるがよい、功徳を見こして祭祀を行うバラモンならば。

四九一 一切の束縛を断ち切り、自由自在ではあるが自己を制し、心がかき乱されることなく、欲求もない、このような人々に供物を適切な時に捧げるがよい、功徳を見こして祭祀を行うバラモンならば。

四九二 一切の拘束から解き放たれ、自由自在ではあるが自己を制し、心がかき乱されることなく、欲求もない、このような人々に供物を適切な時に捧げるがよい、功徳を見こして祭祀を行うバラモンならば。

四九三 熱望や憎悪や迷妄をうち捨て、煩悩や業が心に漏れ込むことなく、禁欲修行を実践した人、このような人々に供物を適切な時に捧げるがよい、功徳を見こして祭祀を行うバラモンならば。

四九四　欺瞞や高慢が心に巣くうことなく、貪欲を離れ、我執もなければ、欲求もない人、このような人々に供物を適切な時に捧げるがよい、功徳を見こして祭祀を行うバラモンならば。

四九五　渇望に身をゆだねることなく、輪廻の洪水を渡り、我執なく世を行脚する人、このような人々に供物を適切な時に捧げるがよい、功徳を見こして祭祀を行うバラモンならば。

四九六　この世であろうと、あの世であろうと、次々と生まれ変わって行く、いかなる世間のいかなるあり方に対しても渇望をさらさらいだかない人、このような人々に供物を適切な時に捧げるがよい、功徳を見こして祭祀を行うバラモンならば。

四九七　欲望の対象となるものを振り捨て、出家して行脚し、よく自制して梭《ひ》のように真っ直ぐに生きる人、このような人々に供物を適切な時に捧げるがよい、功徳を見こして祭祀を行うバラモンならば。

四九八　熱望を離れ、感官をよく統御し、月食をおこす悪魔ラーフから解放された月のように解脱した人、このような人々に供物を適切な時に捧げるがよい、功徳を見こして祭祀を行うバラモンならば。

四九九　寂静そのものとなり、熱望を離れ、怒ることなく、この世の修行の結果として死後の再生から離脱し、二度と生まれ変わることがない人、このような人々に供物を適切な時に捧げるがよい、功徳を見こして祭祀を行うバラモンならば。

五〇〇　余す所なく生死を捨て去り、どうだこうだという惑いの状態を完全に超越してしまった人、このような人々に供物を適切な時に捧げるがよい、功徳を見こして祭祀を行うバラモンならば。

五〇一　自己を拠《よ》り所として何ものも所有することなく、あらゆる点で解脱し世の中を行脚する人、このような人々に供物を適切な時に捧げるがよい、功徳を見こして祭祀を行うバラモンならば。

五〇二　自分自身に関して、『この世がわたくしにとって輪廻の終わりに他ならない。もう二度と生まれ変わることはない』と、あるがままに正しく自覚している人、このような人々に供物を適切な時に捧げるがよい、功徳を見こして祭祀を行うバラモンならば。

五〇三　聖典に通じ、瞑想を好み、何事にもよく気をつけ、かくて完全なさとりに達して多くの人々に帰依される人、このような人に供物を適切な時に捧げるがよい、功徳を見こして祭祀を行うバラモンならば」

五〇四〔マーガ〕「本当にわたくしは質問のしがいがありました。世尊よ、あなたは、布施を受けるにふさわしい人々のことをわたくしに語って下さった。今、ここでおっしゃったことをあなたはあるがままに正しく知っておられます。なぜなら、あなたは以上の道理をわきまえておられるからです」

五〇五　マーガはまた尋ねた。「頼まれればいやと言えない性分で、功徳を求め、功徳を見こして、この世の人々に食べ物や飲み物を布施しつつ、祭祀を行う在家の施主であるわたくしに、完璧な祭祀とはどんなものか教えて下さい、世尊」

五〇六　世尊は答えた。「マーガよ、祭祀を行うときには、あらゆる場合において祭主は心を清らかにしなさい。祭主は祭祀にすがり、祭祀を拠り所として自己の罪悪を払い捨てることができる。

五〇七　このような祭主は、熱望を離れ、憎悪を除去し、限りなき慈しみの心をおこし、日夜、間断なくたゆみない。かくて、この限りなき慈しみの心をあらゆる方向に充満させる」

五〇八〔マーガ〕「だれが浄化され、だれが解脱し、だれが束縛されるのですか。いかにして人は自ら梵天の世界へ赴くのですか。沈黙の聖者よ、わたくしはわからないのです。どうかわたくしが尋ねることに答えて下さい。世尊よ、わたくしは、今、梵天をまのあたりにすることができました。なぜなら、あなたは、わたくしにとって梵天同様の方だからです。これはまことのことです。光輝ある方よ、どうすれば梵天の世界に生まれ変わることができるのですか」

五〇九　世尊は答えた。「わたくしに言わせれば、マーガよ、三*つの条件をみたす完璧な祭祀を行う人、このような人は布施を受けるにふさわしい人々を施物で満足させて、その果報をつかむであろう。このように、頼まれればいやと言えない性分で、正しく祭祀をなせば、梵天の世界に生まれ変わることができる」

このように世尊が説くと、マーガは世尊に言った。

「すばらしいことです、ゴータマ君。すばらしいことです、ゴータマ君。ちょうど、うつぶせのものを仰向けにするように、覆われているものを顕わにするように、迷った人に道を教えるように、『眼のあるものは色形を見ることができるだろう』と考えて、暗闇で灯火をかざすように、このようにゴータマ君は種々な仕方で教えを説かれた。このわたくしは、ゴータマ君に帰依いたします。ゴータマ君の教えとそれを聞く比丘の教団にも帰依いたします。今日より以後、一生涯帰依いたしますので、わたくしを在家信者として認めて下さい」

第六経　サビヤ

つぎのようにわたくしは聞いた。

あるとき、世尊は、ラージャガハのヴェールヴァナ（竹林）にあるカランダカニヴァーパという所におられた。ちょうどそのころ、諸国を行脚するサビヤという名の修行者がおり、このサビヤに、ある神がいくつかの問いを示しつつ語りかけた。この神は、過去世においてサビヤの血縁であった。

「サビヤよ、沙門であろうとバラモンであろうと、あなたがこれらの問いを出した時に、それに答えることができる人のもとで禁欲修行を行うがよい」

そこで、サビヤは、沙門やバラモンを訪ね、その神から親しく聞きとったことを尋ねた。かれが訪ねた人々とは、教団を組織し、衆徒を率い、衆徒の師匠であり、著名で、名声があり、多くの人々がこぞって聖者だと崇めている教祖たちのすべてであった。それらの教祖たちの名前は、*プーラナ・カッサパ、マッカリ・ゴーサーラ、アジタ・ケーサカンバリン、パクダ・カッチャーヤナ、サンジャヤ・ベーラッティプッタ、ニガンタ・ナータプッタといった。ところが、かれらは、サビヤの問いに満足に答えることができず、そればかりか、怒りや憎しみや不満を顔に出し、そのうえ、同じことを他ならぬこのサビヤに問い返した。そこで、サビヤは考えた。

「沙門やバラモンであり、教団を組織し、衆徒を率い、衆徒の師匠であり、著名で、名声があり、多くの人々がこぞって聖者だと崇めている教祖たちのすべて、すなわち、プーラナ・カッサパ、マッカリ・ゴーサーラ、アジタ・ケーサカンバリン、パクダ・カッチャーヤナ、サンジャヤ・ベーラッティプッタ、ニガンタ・ナータプッタ、以上の人々は、わたくしの問いに満足に答えることができず、そればかりか、怒りや憎しみや不満を顔に出し、そのうえ、同じことを他ならぬこのわたくしに問い返した。いっそ、世俗の生活に戻って、欲望の対象となるものを享受しようか」

ここで、サビヤは考え直した。「あのゴータマも、沙門であり、教団を組織し、衆徒を率い、衆徒の師匠であり、著名で、名声があり、多くの人々がこぞって聖者だと崇めている教祖に違いない。よし、沙門ゴータマを訪ねて、これらの問いを発してみよう」

しかし、サビヤは、ここでまた考え直した。「沙門やバラモンたちの中でも、老いて、年が長《た》け、高齢で、齢《よわい》を重ね、老齢に達し、長老であり、年の功があり、出家してから久しく、しかも、教団を組織し、衆徒を率い、衆徒の師匠であり、著名で、名声があり、多くの人々がこぞって聖者だと崇めている教祖たちのすべて、すなわち、プーラナ・カッサパ、マッカリ・ゴーサーラ、アジタ・ケーサカンバリン、パクダ・カッチャーヤナ、サンジャヤ・ベーラッティプッタ、ニガンタ・ナータプッタ、以上の人々ですら、わたくしの問いに満足に答えることができず、それればかりか、怒りや憎しみや不満を顔に出し、そのうえ、同じことをほかならぬこのわたくしに問い返した。ましてや、沙門ゴータマは、わたくしがこれらのことを問うても答えることはできまい。なぜなら、沙門ゴータマは年も若いし、それのみならず、まだ出家してからまもないからだ」

ここで、サビヤは、またもや考え直した。「沙門は、若いからといって見下したり、侮《あなど》ったりすべきではない。若くても沙門である以上、かれは偉大な神通力《じんずうりき》をもち、偉大な力をもっている。よし、沙門ゴータマを訪ねて、これらの問いを発してみよう」

そこで、サビヤは、ラージャガハに向かって行脚の旅に出た。旅して行くと、やがて、ラージャガハのヴェールヴァナにあるカランダカニヴァーパという所におられた世尊のもとにたどり着いた。近寄って、世尊と喜ばしげで和やかな挨拶の言葉を交わし、それを終えると一方のすみに坐った。一方のすみに坐ると、サビヤは世尊に詩で語りかけた。

五一〇 サビヤ「疑問があり、惑いをいやしてほしいと願ってまいりました。ぜひともお尋ねしたいことがあるのです。わたくしのために、これらの問いに答えを与えて下さい。わたくしが尋ねることに、順序正しく、道理にかなったように答えて下さい」

五一一 世尊は答えた。「サビヤよ、あなたは、尋ねたいことがあって、はるばる遠方からやって来ました。あなたのために、それらの問いに答えてあげましょう。あなたが尋ねる問いに、順序正しく、道理にかなったように答えを出しましょう。

五一二 サビヤよ、あなたの胸中に疑問があれば、なんなりとわたくしに尋ねてみなさい。わたくしは、一つ一つそれに答えてあげましょう」

このとき、サビヤは思った。「実に稀有《けう》なことだ、実に驚くべきことだ。他の沙門やバラモンたちの間では許可すら得られなかったのに、沙門ゴータマはその許しを与えてくれた」。こう思って、心奪われんばかりに喜び、上機嫌に満悦して、世尊にこう尋ねた。

五二三　サビヤ「何に達した人が真の托鉢の修行者と言われるのですか。何をもって真にやさしい人と言われるのですか。どうすれば、真に自制ある人と言われるのですか。どのような人が真にさとった人と呼ばれるのですか。世尊よ、わたくしが尋ねたことに答えて下さい」

五二四　世尊は答えた。「サビヤよ、みずから托鉢修行の道を歩み、完全な涅槃《ねはん》に達し、疑惑を超越し、生も滅も放下《ほうげ》して、修行を実践し終えて自在の境地に達し、二度と生まれ変わることのない人、この人こそが真の托鉢の修行者である。

五二五　何があっても平静で、あらゆることに気を配り、世界中の何ものも傷つけず、世俗を超越し、それに汚されることのない沙門であり、心高ぶることのない人、この人こそが真にやさしい人である。

五二六　もろもろの感官を、内的にも外的にも、世界中の何に対しても正しくはたらかせ、現世も来世も洞察し、修養して死の時を待つ人、この人こそが真に自制ある人である。

五二七　宇宙の生成・消滅の過程や、人々が生まれ変わり死に変わりする輪廻のさまをあまねく知り、心にけがれなく、汚れなく、清浄で、二度と生まれ変わることのない人、この人こそが真にさとった人と言われる」

サビヤは、世尊の説法に喝采《かっさい》し、随喜し、心奪われんばかりに喜び、上機嫌に満悦して、世尊にまた尋ねた。

五一八 サビヤ「何に達した人が真のバラモンと言われるのですか。何をもって真の沙門と言われるのですか。どのような人が真の沐浴者《もくよくしゃ》（修行の完成者）と呼ばれるのですか。どのような人が竜や象のような真の偉人と呼ばれるのですか。世尊よ、わたくしが尋ねたことに答えて下さい」

五一九 世尊は答えた。「サビヤよ、あらゆる罪を自己から除き*、汚れなく、よく精神を統一し、気丈であり、輪廻を越え、修行が完成して、何ものにもとらわれることのない人、そのような人こそが真のバラモンと呼ばれる。

五二〇 冷静で、功徳も罪悪もすべて捨て、けがれなく、現世も来世も知り、生死を超越した人、そのような人はこれらのことゆえに真の沙門と呼ばれる。

五二一 内的な罪であろうと、外的な罪であろうと、世界中の一切のものに対するあらゆる罪を洗い清め、神々であるとか、人間であるとかというように、判別できるものどもの中にあって、何ものであるとも規定できない人、その人こそが真の沐浴者と言われる。

五二二 世の中の何ものに対しても決して罪を犯さず、あらゆる世俗的な人間関係や束縛を振り捨て、何ものにも執着せず、解脱している人、そのような人はこれらのことゆえに竜や象のような真の偉人と呼ばれる」

サビヤは、世尊の説法に喝采し、随喜し、心奪われんばかりに喜び、上機嫌に満悦して、世尊にまた尋ねた。

五二三 サビヤ「さとった人々は、真に地に精通した人とはだれのことだと説くのですか。何をもって真に巧《たく》みな人と言われるのですか。どのような人が真の賢者と呼ばれるのですか。どのような人が真の沈黙の聖者と呼ばれるのですか。世尊よ、わたくしが尋ねたことに答えて下さい」

五二四 世尊は答えた。「サビヤよ、一切の地、すなわち神々の地や人間の地や梵天の地に精通し、あらゆる地に潜む根本的な束縛から解脱した人、そのような人はこれらのことゆえに真に地に精通した人と呼ばれる。

五二五 人々を閉じ込めるあらゆる覆い、すなわち神々の覆いや人間の覆いや梵天の覆い*を取り除き、あらゆる覆いがもつ根本的な束縛から解脱した人、そのような人はこれらのことゆえに真に巧みな人と呼ばれる。

五二六 二様の白きもの*、すなわち内的な白きものと外的な白きものを考察して、清浄な智慧を備え、黒（悪）も白（善）も超越した人、そのような人はこれらのことゆえに真の賢者と呼ばれる。

五二七 内的であれ、外的であれ、世界中の悪しきものどもの性質も、善きものどもの性質もすべて知り、神々や人間に敬われつつ、執着という網を突き破った人、この人こそが真の沈黙の聖者である」

サビヤは、世尊の説法に喝采し、随喜し、心奪われんばかりに喜び、上機嫌に満悦して、世尊にまた尋ねた。

五二八 サビヤ「何を得た人が真に聖典に通じた人と言われるのですか。何をもって物事を看破する人と言われるのですか。どのような人が真に勇敢な人と呼ばれるのですか。高貴な血筋の人とはどんな人ですか。世尊よ、わたくしが尋ねたことに答えて下さい」

五二九 世尊は答えた。「サビヤよ、沙門たちやバラモンたちが伝える聖典をすべて考察し、聖典はことごとく極めつくしており、他方、何を*感受しようと、決して熱望をもつことのない人、この人こそが真に聖典に通じた人である。

五三〇 名称や形態を備え、言葉で表現することができたり、人を迷わしたりするものは、内的なものであれ、外的なものであれ、病の根本であると看破し、あらゆる病がもつ根本的な束縛から解脱した人、そのような人はこれらのことゆえに物事を看破する人と呼ばれる。

五三一 この世のあらゆる罪を犯さず、したがって、来世において地獄で苦しみを受けることもなく、奮起して努力の生活を送る勇者、そのような人はこれらのことゆえに真に勇敢な人と呼ばれる。

五三二 血統の良い駿馬《しゆんめ》というものは綱を切ったりはしないものであろうが、人間の場合、執着の根本である束縛を、内的なものであれ、外的なものであれ、すべて断ち切り、あらゆる執着がもつ根本的な束縛から解脱した人、そのような人はこれらのことゆえに高貴な血筋の人と呼ばれる。

サビヤは、世尊の説法に喝采し、随喜し、心奪われんばかりに喜び、上機嫌に満悦して、世尊にまた尋ねた。

五三三 サビヤ「何に達した人が真に聖典を学び終えた人と言われるのですか。何をもって真の聖者と言われるのですか。どのような人が真の修行者と呼ばれるのですか。真の行脚の修行者とはどんな人のことですか。世尊よ、わたくしが尋ねたことに答えて下さい」

五三四 世尊は答えた。「サビヤよ、世の中のものはすべて、これは過《とが》あるもの、これは過なきものというように学び、知り、そのうえでそれらを自在に支配し、何事に関してもどうだこうだと惑うことなく、解脱して心がかき乱されることのない人、このような人が真に聖典を学び終えた人と言われる。

五三五 心に漏れ込む煩悩や業の流れも執着も断ち切り、来世において母胎に生をうけることなく、泥のような三種*の想いをうち除き、言葉で規定しようのない知者、そのような人が真の聖者と言われる。

五三六　この世における実践項目に関して、到達すべき目標に達し、巧みで、常に道理をわきまえており、何ものにも執着せず、何ものからも解脱し、何ものにも敵対心をもたない人、このような人が真の修行者である。

五三七　上方であれ、下方であれ、東西南北の方向であれ、中央であれ、報いとして苦しみをもたらす行為ならなんであれ、さらに欺瞞の心や慢心や貪欲の心や怒りの心に至るまでそれらのものからことごとく遠ざかり、それらの本質を知りつくすことにより、それらを捨て去り、名称や形態を備えた存在として生まれ変わることがなく、到達すべき目標に達した人、このような人が真の行脚の修行者と言われる」

サビヤは、世尊の説法に喝采し、随喜し、心奪われんばかりに喜び、上機嫌に満悦して、座から立ちあがり、左肩に上衣をかけ、右肩は露わにして、世尊に向かって合掌敬礼《きょうらい》した。そして、その場にふさわしい詩で、世尊を面前から称えた。

五三八「幅広い智慧をもつ方よ、世間では、沙門たちの論争に基づき、名辞や表象にとらわれて、六十三*もの邪教がはびこっているが、あなたはそれらの邪教を追い払って、真っ黒な輪廻の洪水を渡った方です。

五三九　あなたは、苦しみを終わらせ、超克し、正しく完全にさとった、崇拝に値する方です。あなたは、煩悩や業が心に漏れ込むことのない方だと思います。威光を備え、思慮深く、広範な智慧をもつあなたは、わたくしを救って下さった。苦しみを滅ぼす方よ。

五四〇　わたくしが疑問に思い、解決したいと願っていたことをあなたは知っておられ、あなたの教えを聞いてわたくしは惑いを乗り越えることができました。ありがとうございました。沈黙の聖者としての道を歩み、到達すべき目標に達した方よ、頑なではない方よ、太陽神の血をひく方よ、あなたはやさしい方です。

五四一　眼力すぐれたあなたは、わたくしが以前にいだいていた疑問に答えを与えて下さった。あなたは完全なさとりを得られた沈黙の聖者です。あなたにはなんら障りとなるものはありません。

五四二　あなたは、一切の煩悶をぐらぐらにして引き抜き、木端《こっぱ》微塵《みじん》にしている。あなたは煩悩の火に焼かれることなく清涼であり、自制を体得し、毅然として、本当に力強い方です。

五四三　竜や象のごとき偉大な人々の中でも最もすぐれた方であり、偉大な勇者であるあなたが語られることに、*ナーラダ仙やパッバタ仙をはじめとして、神々はすべて随喜しております。

五四四　人々の中で最も高貴な方よ、あなたに帰依いたします。人々の中で最高の方よ、あなたに帰依いたします。神々の世界も含めて、あなたに匹敵するようなものはだれもおりません。

五四五 あなたはさとった方です。あなたは指導者です。あなたは悪魔をうち破る沈黙の聖者です。あなたは煩悩の根を断ち切って、自ら輪廻を越え、この世の人々を輪廻から救う。

五四六 あなたは所有物に対する執着を越え、業や煩悩として心に漏れ込むものを断ち切っている。あなたは、業を引き込んだり、ものに愛着することがなく、恐怖心も恐ろしいものもないライオンのような方です。

五四七 人の心をひきつける美しい蓮に水が付着することはないように、あなたは功徳と罪悪のいずれにもかかわらない。勇者よ、組まれている両足を伸ばして下さい。サビヤが師の御《み》足《あし》を拝めますように」

サビヤは、世尊の両足に頭をつけて礼拝し、そしてこう言った。

「すばらしいことです、先生。すばらしいことです、先生。ちょうど、うつぶせのものを仰向けにするように、覆われているものを顕わにするように、迷った人に道を教えるように、『眼のあるものは色形を見ることができるだろう』と考えて、暗闇で灯火をかざすように、このように尊者は種々な仕方で教えを説かれた。このわたくしは、先生、尊者に帰依いたします。尊者の教えとそれを聞く比丘の教団にも帰依いたします。わたくしは、先生、尊者のもとで出家し、弟子として入門したく存じます」

世尊は答えた。

「サビヤよ、かつては異教徒だった人が、このわたくしの教えと規律のもとで出家し、入門しようと望むなら、四ヵ月間、仮入門する。四ヵ月たち、もう十分だと他の比丘たちが思ったならば、出家させ、入門式を行い、比丘と認める。ただ、この点に関しては、人によって違いがあることはわたくしも承知している」

サビヤは言った。

「先生、もし、かつては異教徒だった人々が、この先生の教えと規律のもとで出家し、入門しようと望むなら、四ヵ月間、仮入門し、四ヵ月たち、もう十分だと思った他の比丘たちがかれらを出家させ、入門させ、比丘と認めるということでしたら、わたくしも、四ヵ月間、仮入門し、四ヵ月たって、もう十分だと思った比丘たちに出家させてもらい、入門させてもらって、比丘となりましょう」

こうして、サビヤは世尊のもとで出家し、弟子として入門した。入門するやいなや、サビヤは、ただひとりで、他人から遠ざかり、たゆみなく、熱心に、自己を奮い立たせて修行し、まもなく、在家者の出家の目的である、かの最上の禁欲修行の完成を現世において自ら知り、まのあたりにさとり、体得しつつ過ごすようになった。このとき、「もう生まれ変わることはない。禁欲修行は実践し終えた。なすべきことは果たした。もう二度とこのような迷いの存在に戻ることはない」と自覚した。こうして、サビヤ尊者は阿羅漢という聖者の一員となった。

第七経　セーラ

つぎのようにわたくしは聞いた。

あるとき、世尊は、千二百五十人の大比丘衆とともに*アングッタラーパ地方を行脚していて、市が立ち並ぶアーパナという町にはいった。

さて、そのころ、ケーニヤというもつれ髪の修行者がおり、あるとき、つぎのような話を聞いた。

「ケーニヤ君、釈迦族の一員であるゴータマが釈迦族のある家門から出家し、修行者となり、千二百五十人の大比丘衆とともにアングッタラーパ地方を行脚して、市が立ち並ぶアーパナという町に到着した。このゴータマ君に次のような名声がわきおこっている。

『このような理由であの世尊は、尊敬に値する方で、正しく完全にさとり、明知と修行がよく備わり、正しく歩んだ方で、世間をよく知り、最上の方で、御者のように調御すべき人々を導き、神々や人々の師匠で、さとりを得た世尊である。かれは、神々や悪魔や梵天も含めたこの世界全体、さらに、沙門やバラモンや神々や人々を含めた生きとし生けるものたちすべてを、自らよく知り、まのあたりにしたうえで、説法を行う。かれは、初めよく、中間もよく、終わりもよい、内容・表現ともにすぐれた教えを説き、完全無欠で、全く清浄な禁欲修行を説き明かしている』と。

この方のような尊敬に値する人々に会うときっとよいことがあるぞ」

そこで、ケーニヤは世尊を訪ねた。近寄って、世尊と喜ばしげで和やかな挨拶の言葉を交わしたケーニヤは、一方のすみに坐った。すると、世尊は、法話でもってケーニヤの心の目を開かせ、励まし、心を奮い立たせ、喜ばせた。こうして、心の目を開き、励まされ、心奮い立ち、喜んだケーニヤは世尊にこう語った。

「あす、ゴータマ君と比丘衆を食事にお招きすることをお許し下さい」

この申し出に対して世尊はつぎのように答えた。

「ケーニヤよ、比丘衆は大勢で千二百五十人もいる。そのうえ、あなたはバラモンたちに対して信心をいだいているではないか」

そこで、再びケーニヤは世尊に語った。

「ゴータマ君、比丘衆は大勢で千二百五十人おり、わたくしはバラモンたちに信心をいだいております。確かにそうではありますが、あす、ゴータマ君と比丘衆を食事にお招きすることをお許し下さい」

世尊は、またもやケーニヤにこう答えた。

「ケーニヤよ、比丘衆は大勢で千二百五十人もいる。そのうえ、あなたはバラモンたちに対して信心をいだいているではないか」

そこで、ケーニヤは三たび世尊に語った。

「ゴータマ君、比丘衆は大勢で千二百五十人おり、わたくしはバラモンたちに信心をいだいております。確かにそうではありますが、あす、ゴータマ君と比丘衆を食事にお招きすることをどうかお許し下さい」

今度は、世尊も黙って承諾した。

そこで、世尊が承諾してくれたと知り、ケーニヤは、座から立ち上がって、自分の庵《いおり》に帰った。そして、友人や仲間や親類や一族のものに話しかけた。

「友人、仲間、親類、一族の皆さん、わたくしの話すことを聞いて下さい。わたくしは、あす、沙門ゴータマとその比丘衆とを食事に招待します。ですから、わたくしの手伝いをして下さい」

「承知しました」とケーニヤの友人や仲間や親類や一族のものたちは答えた。そこで、あるものたちは炉を掘り、あるものたちは薪《まき》を割り、あるものたちは食器を洗い、あるものたちは水瓶を備えつけ、あるものたちは座をしつらえていた。一方、ケーニヤ自身は、丸い小屋を用意していた。

そのころ、セーラという名のバラモンがアーパナの町に滞在していた。かれは、三種*のヴエーダ聖典や語彙《ごい》学・祭式学・音韻《おんいん》学・語源学や第五として古伝説、以上の諸方面にわたる権威であり、語句の分析や文法学にも通じ、論争術や偉人の観相も修め、三百人の弟子たちにヴェーダを教えていた。そして、ケーニヤもこのセーラというバラモンを信頼していた。

ときに、セーラは、三百人の弟子たちに取りまかれながら、足の赴くままに散歩していて、ケーニヤの庵に至った。そこで、セーラは、ケーニヤの庵に住む結髪の修行者たちが、炉を掘ったり、薪を割ったり、食器を洗ったり、水瓶を備えつけたり、座をしつらえたりしており、ケーニヤ自身は丸い小屋を用意しているのを見た。これを見てセーラはケーニヤに言った。

「ケーニヤ君のお宅ではお嫁さんをもらうのですか。あるいはだれかを嫁にやるのですか。それとも大きな祭祀をとり行うのですか。はたまた、マガダ国のセーニヤ・ビンビサーラ王とその軍隊を、あす、招待するのですか」

ケーニヤは、「いいえ、セーラ君、わたくしの家に嫁をもらうわけではなく、家から嫁にやるわけでもなく、マガダ国のセーニヤ・ビンビサーラ王とその軍隊を、あす、招待するわけでもありません。わたくしは大きな祭祀をとり行うのです。釈迦族の一員であるゴータマが釈迦族のある家門から出家して、修行者となり、アングッタラーパ地方を千二百五十人の大比丘衆とともに行脚しつつ、アーパナの町に着きました。このゴータマ君に次のような名声がわきおこっています。

『このような理由であの世尊は、尊敬に値する方で、正しく完全にさとり、明知と修行がよく備わり、正しく歩んだ方で、世間をよく知り、最上の方で、御者のように調御すべき人々を導き、神々や人々の師匠で、さとりを得た世尊である』と。

そのゴータマ君と比丘衆を、あす、わたくしは招待します」と答えた。

「はい、セーラ君、さとった人と言いました」

「ケーニヤ君、あなたはさとった人と言いましたね」

「はい、セーラ君、さとった人と言いました」

このとき、セーラはこう思った。

「さとった人というものは、その呼び名すら世の中で耳にすることはまずない。ところで、われわれの聖典には、三十二の偉人相*が伝えられており、これらをすべて備えた偉人は、つぎの二通りの道のいずれか一方を必ずとる。まず、もし在家の生活を送るなら、全世界を支配し、道理によって治め、道理を司《つかさど》る王として、四方をすみずみまで支配する。そして、国土の安定・秩序を保ち、七つの宝をすべて備える。この王にはつぎの七宝が完備されているのである。すなわち、輪（自然に動き、動くに従って人々を平定する超自然的な輪）という宝、象という宝、馬という宝、宝石という宝、美女という宝、大蔵大臣という宝、将軍という宝、以上の七宝である。さらに、かれには千人以上の王子が誕生し、皆、勇ましく、相手の軍隊を粉砕する勇者となる。この王は、この大地を海岸に至るまで、刑罰によらず、武器によらず、道理によって征服して支配する。

他方、この三十二相を備えた人がもし出家するとすれば、かれは尊敬に値する正しく完全にさとった人として世に名声が知れわたるだろう」

そこで、セーラは尋ねた。

「では、ケーニヤ君、その尊敬に値し、正しく完全にさとった方であるゴータマ君は、いま、どこにおられるのか」

こう尋ねられたケーニヤは、右手をさし伸べて、セーラに答えた。

「あの青々とした林のほうです」

そこで、セーラは、三百人の弟子たちとともに世尊を訪ねた。そのとき、セーラは弟子たちにつぎのように言った。

「きみたちは、足音をたてず、抜き足さし足でついてきなさい。なぜなら、一頭だけで歩むライオンのように、尊者たちというものは、なかなか近寄りがたいからだ。また、わたくしが沙門ゴータマ君と話をしている間は、決して口をはさむではない。話が終わるまで待ちなさい」

こうして、セーラは世尊に近寄った。近づいて、世尊と喜ばしげで和やかな挨拶の言葉を交わしたのち、セーラは一方のすみに坐った。それから、セーラは、世尊の身体に三十二の偉人相があるかどうか探した。すると、セーラは、ただ二相を除いて、三十二相の大半を見つけることができた。この二相というのは、男根が馬のように覆いに収められていて外から見えないことと、舌が広大であることの二相である。セーラは、この二相が世尊に備わっているかどうか疑問に思い、惑い、確定できず、そのため世尊が三十二相を備えていると信じきれないでいた。

そのとき、世尊はこう思った。

「セーラというこのバラモンは、ただ二相を除いて、三十二の偉人相の大半を見つけたが、残りの二相、すなわち、馬のように覆いに収められていて外から見えない男根と、広大な舌の二相に関して疑問に思い、惑い、確定できず、そのためわたくしが三十二相を備えていることを信じきれないでいる」

そこで、世尊は、セーラが馬のように覆いに収められた世尊の男根を見ることができるように神通力をはたらかせた。また、世尊は、舌を伸ばして両方の耳の孔《あな》に沿って、入口から奥へ、奥から入口へとなめまわし、両方の鼻の孔に沿って、入口から奥へ、奥から入口へとなめまわし、額《ひたい》をすみずみまで舌で覆った。

そこで、セーラは考えた。

「沙門ゴータマは、三十二の偉人相をすべて備えていて、欠ける所がない。しかし、かれが本当にさとった人なのかどうかはまだわからない。ところで、わたくしは、老いて、年をとった師匠や、そのまた師匠たちがつぎのように語りあうのを聞いたことがある。『尊敬に値する正しく完全にさとった人々は、すべて、自分たちが称えられれば、自らがさとっていることを顕わにするものだ』と。よし、沙門ゴータマを面前から適当な詩でもって称えてみよう」

こうして、セーラは、世尊を面前から適当な詩でもって称えた。

五四八「あなたのお身体《からだ》は、完璧で、金色をしており、すばらしい輝きがあり、姿麗《うるわ》しく、歯は真っ白で、勇敢さがみなぎっている。きっと、あなたは高貴な生まれの世尊に違いありません。

五四九 なぜなら、高貴な生まれの人々が備えるしるしである偉人相が、すべて、あなたの身体に認められるからです。

五五〇 目は澄み、顔は麗しく、背はすらりと高く、しゃんとしており、身体全体が光輝を発し、沙門たちの中心にあって、太陽のように輝きわたっている。

五五一 肌は黄金のようで、すばらしいお姿をした托鉢の修行者です。このように、この上ない容姿を備えておられるあなたが、沙門になどなってどうするのですか。

五五二 牡牛のように力強い勇者であるあなたは、全世界を平定する大王として、四方を征服し、インド大陸の支配者となるにふさわしい方です。

五五三　クシャトリヤや諸侯や王たちもあなたに従うでしょう。ゴータマよ、王中の王、人々の帝王として王権を行使して下さい」

五五四　世尊は答えた。「セーラよ、わたくしは王である。最高の、道理の王である。道理によって、後戻りすることのない輪を転ずる」

五五五　セーラが言った。「あなたは、自らが完全にさとった者であると認められました。ゴータマよ、あなたは『わたくしは最高の、道理の王である。道理によって輪を転ずる』と語られたからです。

五五六　あなたの弟子として、師の跡を継いで、教団の指導者となるのはだれですか。あなたが転じはじめた道理の輪を、だれがひきつづいて転じていくのですか」

五五七　世尊は答えた。「セーラよ、わたくしが転じはじめた、最高の道理の輪をひきつづいて転じていくのは、如来の跡継ぎであるサーリプッタ（舎利《しゃり》弗《ほつ》）だ。

五五八　知るべきことは知り、修めるべきことは修め、捨てるべきことは捨てた。バラモンよ、だからこそ、わたくしはさとった者である。

五五九　バラモンよ、わたくしに対する疑いは振り捨てよ、意を決しなさい。完全にさとった人々と繰り返し会うことは難しい。

五六〇　バラモンよ、この世であなたがたの目前に繰り返し出現することが難しい者、すなわち、わたくしがその完全にさとった者である。わたくしは、人の心に突きささった矢尻を断ち切る最高の医者である。
五六一 わたくしは、梵天さながら、無比の存在であり、悪魔の軍勢をうち破り、あらゆる敵を服従させ、何ものも恐れることなく、喜びの日々を送っている」
五六二〔セーラは弟子たちに語った。〕「森の中でライオンがほえるように、人の心に突きささった矢尻を断ち切る、眼力すぐれた偉大な勇者の語る言葉を、きみたち、よく聞きなさい。
五六三 梵天さながら、無比の存在であり、悪魔の軍勢をうち破る方に出会って、だれが信頼しないであろうか、たとえ、下賤のものであろうとも。
五六四 わたくしに付き従いたいものは、付き従いなさい。付き従いたくないものは去りなさい。わたくしは、最高の智慧を備えたこの方のもとで出家するつもりだ」
五六五〔弟子たちは答えた。〕「正しく完全にさとった方のこの教えが先生の気にいる教えでしたら、わたくしたちもまた、最高の智慧を備えたこの方のもとで出家したいと存じます」
五六六〔セーラは言った。〕「ここにおります三百人のバラモンは合掌してお願いいたします。世尊よ、あなたのもとでわたくしたちは禁欲修行を実践したく存じます」
五六七 世尊は答えた。「禁欲修行というものは、正しく教えられた場合には、時を隔てることなく、まのあたりに効果を生む。それゆえ、たゆみなく修行に励む人にとって、出家の甲《か》斐《い》がないなどということはありえない」

こうして、セーラは、弟子たちとともに世尊のもとで出家し、入門した。

一方、ケーニヤのほうは、その夜が明けると、自らの庵に硬軟さまざまのすばらしい食べ物を用意させて、世尊に時を知らせた。

「ゴータマ君、お時間です、お食事の用意ができました」

そこで、世尊は、その日の朝、衣をつけ、鉢を手にとり、上衣をまとって、ケーニヤの庵を訪れた。そして、しつらえてあった座につき、比丘たちとともに坐った。すると、ケーニヤは、硬軟さまざまのすばらしい食べ物を世尊をはじめ比丘たちに手ずから給仕し、かれらを満足させ、喜ばせた。世尊が食事を済ませ、鉢から手を離すと、ケーニヤは下座の一ヵ所につき、一方のすみに坐った。一方のすみに坐ったケーニヤに、世尊は感謝の意を表すべく、つぎの詩を唱えた。

五六八「祭祀の中では、朝夕、祭火に牛乳を捧げる儀式が最上である。ヴェーダ聖典の詩の中では、サーヴィッティー讃歌が最上である。人々の間では王が最上である。流水の中では海が最も広大である。

五六九　星々の中では月が最高である。輝くものの中では太陽が最高である。しかし、功徳を求め祭祀の供養をする人々にとっては、わたくしの教団が最上である」

世尊はこの詩によって感謝の意を表すると、座から立ち上がって、去って行った。

一方、セーラ尊者とその弟子たちは、ただひとりで、他人から遠ざかり、たゆみなく、熱心に、自己を奮い立たせて修行し、まもなく、在家者の出家の目的である、かの最上の禁欲修行の完成を現世において自ら知り、まのあたりにさとり、体得しつつ過ごすようになった。このとき、「もう生まれ変わることはない。禁欲修行は実践し終えた。なすべきことは果たした。もう二度とこのような迷いの存在に戻ることはない」と自覚した。こうして、セーラ尊者とその弟子たちは、阿羅漢という聖者の一員となった。

そこで、セーラ尊者とその弟子たちは世尊のもとを訪れた。そして、左肩に上衣をかけ、右肩は露わにして、世尊に向かって合掌敬礼し、世尊に詩で語りかけた。

五七〇「眼力すぐれた方よ、今日から八日目（七日前）にあなたに帰依したのですから、世尊よ、わたくしたちは、あなたの教えに従って七夜修行しただけで心を調えることができたわけです。

五七一 あなたはさとった方です。あなたは指導者です。あなたは悪魔をうち破る沈黙の聖者です。あなたは煩悩の根を断ち切って、自ら輪廻を越え、この世の人々を輪廻から救う。

五七二 あなたは所有物に対する執着を越え、業や煩悩として心に漏れ込むものを断ち切っている。あなたは、業を引き込んだり、ものに愛着することがなく、恐怖心も恐ろしいものもないライオンのような方です。

五七三 この三百人の比丘たちは、合掌して、ひかえております。勇者よ、組まれている両足を伸ばして下さい。竜や象のようにすぐれたこの比丘たちが師の御足を拝めますように」

第八経　矢　尻

五七四 この世の人々の生涯は、これといって一定のさまがあるわけではなく、人知では測りがたいものである。労苦に満ち、短く、苦しみとともにある。

五七五 生まれた以上は、死なずに済む手だてなどあるわけがなく、老いに至れば死が迫る。これが生きとし生けるものたちのならいである。

五七六 果実は、熟すると、今朝落ちるか、明朝落ちるかと、常におびえねばならない。人々も同様に、生をうければ、常に死におびえねばならない。

五七七 陶師《とうし》の作る陶器は、すべて、終《つい》にはこわれる運命にある。人々の寿命もこれと同様である。

五七八 若者も老人も、愚者も賢者も、すべて死の力に屈して行く。あらゆる人々は、ひたすら、死に向かって進んでいる。

五七九 死に征服されたこれらの人々がこの世からあの世へと去って行く際に、父親も息子を救うことはできず、親族もその親族を救うことはできない。

五八〇 見よ、看取《み》っていた親族たちがそれぞれの思いで泣きくずれている中を、死出の旅につく人々は、一人一人、これから殺される牛のように連れ去られて行く。

五八一 このように、世の人々は老いと死によって苦しめられている。知者たるものは世の中のこのような流転《るてん》のさまをわきまえており、それゆえに悲しんだりはしない。

五八二 あなたは、来し方も知らず、行く末も知らず、過去も未来もいずれも垣間《かいま》見ることなく、ただ、いたずらに嘆き悲しんでいる。

五八三 愚かにも自己を責め、嘆き悲しむことによって、なんらかの効果を引き出すことができるなら、眼力すぐれた人もそうするであろう。

五八四 泣いても、悲しんでも、心の安らぎは得られない。それればかりか、いっそう苦しみがわきおこり、身体をこわすこととなる。

五八五 自分で自分を責めて、やせ細り、顔色を悪くしたところで、死者にはなんの役にも立たない。嘆き悲しむのは無駄である。

五八六 悲しみを捨てきれず、死者のことでいつまでも泣きわめいて、悲嘆にくれている人々は、いっそう苦しみを味わうこととなる。

五八七 網にかかった魚のように、死神の手中に飛び込んでのたうち回りながら、自己の業に応じて生まれ変わって行くこの世の人々を見なさい。

五八八　世の中のものは、なんであれ、人々が思い込んでいたものとは違ったものとなる。このようにして別の存在に変化する。世の中の流転のさまを見なさい。

五八九　百年あるいはそれ以上長生きできたとしても、いずれは親族と別れ、この生命を失わねばならない。

五九〇　ゆえに、尊敬に値する人々の教えをよく聞き、死者を見れば、「この死者をわたくしはどうすることもできない」と観念して、嘆きを振り捨てなさい。

五九一　家屋に火がつけば水で消すように、智慧があり、巧みで、賢明な知者は、悲しみがわきおこればすぐに振り払う。風が綿を吹き払うように。

五九二　自己の幸福を求める人ならば、自己の心に突きささっている矢尻を抜き取るがよい。自ら嘆いたり、無理なことを望んだり、憂いをいだいたりするという矢尻を。

五九三　この矢尻を引き抜けば、何ものにもとらわれることなく、心の平安を得て、一切の悲しみを乗り越え、悲嘆なく安らかとなる。

第九経　ヴァーセッタ

つぎのようにわたくしは聞いた。

あるとき、世尊は、コーサラ国のイッチャーナンガラ村のイッチャーナンガラ森におられた。そのころ、多数の令名高いバラモンの資産家たちが、このイッチャーナンガラ村に滞在していた。そのバラモンたちは、名前をそれぞれ、チャンキン、タールッカ、ポッカラサーティ、ジャーヌッソーニ、トーデッヤ等々といった。

さて、このバラモンたちの弟子の中に、ヴァーセッタとバーラドヴァージャという二人のバラモン青年がいた。あるとき、二人は、足の赴くままに散歩をしていて議論を始めた。

「きみ、どのような人が真のバラモンと言えるだろうか」

このうち、バーラドヴァージャはつぎのように語った。

「母親、父親の双方とも素姓《すじよう》正しいバラモンであり、貞女の母胎から生まれ、七代前の先祖に至るまで、素姓に関して軽蔑《けいべつ》されたり、非難されたりしたことがない。以上の条件が備わった人が真のバラモンである」

ヴァーセッタは、これに対してつぎのように語った。

「正しい生活習慣をもち、戒めを守るという、この二条件を備えた人が真のバラモンだ」

バーラドヴァージャはヴァーセッタを納得させることができず、ヴァーセッタもバーラドヴァージャを納得させることができなかった。そこで、ヴァーセッタはバーラドヴァージャにつぎのように提案した。

「バーラドヴァージャ君、釈迦族の一員であるゴータマが、釈迦族のある家門から出家し、修行者となり、イッチャーナンガラ村のイッチャーナンガラ森におられる。このゴータマ君につぎのような名声がわきおこっている。

『このような理由であの世尊は、尊敬に値する方で、正しく完全にさとり、明知と修行がよく備わり、正しく歩んだ方で、世間をよく知り、最上の方で、御者のように調御すべき人々を導き、神々や人々の師匠で、さとりを得た世尊である』と。

さあ、バーラドヴァージャ君、沙門ゴータマの所へ行こう。行って、沙門ゴータマにこのことを尋ねてみよう。そして、沙門ゴータマがわれわれに解き明かしてくれる通りに、決着をつけよう」

「そうしよう」とバーラドヴァージャはヴァーセッタに答えた。そこで、ヴァーセッタとバーラドヴァージャは世尊のもとを訪れた。近寄って、世尊と喜ばしげで和やかな挨拶の言葉を交わしたのち、二人は一方のすみに坐った。一方のすみに坐ったヴァーセッタは、世尊に詩でもって語りかけた。

五九四「わたくしたち二人は、三ヴェーダに通暁したものであると師匠に認定され、またそう自認しています。わたくしはポッカラサーティの弟子で、このものはタールッカの弟子です。

五九五 三ヴェーダの中に説かれていることについて、わたくしたち二人はすべてを知っており、語句の分析や文法学にも通じ、ヴェーダを唱えるにあたっては師匠に引けをとりません。

五九六　ゴータマよ、そのわたくしたちに、生まれに関する議論がおこりました。バーラドヴァージャは、『真のバラモンとは素姓によって決まる』と言い張り、わたくしは、『真のバラモンとは行為によって決まる』と主張します。眼力すぐれた方よ、まず、このようにご承知おき下さい。

五九七　こういうわけで、わたくしたち二人は、互いに相手を納得させることができません。そこで、完全にさとった人としてよく知られているあなたにお伺《うかが》いするためにやってまいりました。

五九八　新月を過ぎ、満ちていく月のほうに進み出て、人々が合掌し、礼拝するように、この世の人々はゴータマを礼拝しております。

五九九　世の人々の眼として現れ出たゴータマにわたくしたちはお尋ねしたい。真のバラモンとは素姓によって決まるのですか。それとも行為によって決まるのですか。わたくしたちはわからないのです。わたくしたちが真のバラモンをそれと知ることができるように、どうか教えて下さい」

六〇〇　世尊は答えた。「ヴァーセッタよ、生きとし生けるものたちが素姓（種《しゅ》）によってどのように区別されるかを、順序正しく、あるがままに、あなたたちに説明してあげよう。実に、生き物は互いに種を異にしている。

六〇一 草や木のことを考えてみなさい。それらは、自らそう語りはしないが、種に基づいた特徴を備えている。実に、それらは互いに種を異にしている。

六〇二 また、蛆虫《うじむし》や蛾《が》や蟻《あり》に至るまで、種に基づいた特徴を備えている。実に、それらは互いに種を異にしている。

六〇三 大小の四足動物のことを考えてみなさい。それらの動物には、種に応じて、それに基づく特徴が備わっている。実に、それらは互いに種を異にしている。

六〇四 腹ばいに進み、ひょろ長い蛇のことを考えてみなさい。それらには、種に応じて、それに基づく特徴が備わっている。実に、それらは互いに種を異にしている。

六〇五 水中に生まれ、水にすむ魚のことを考えてみなさい。それらには、種に応じて、それに基づく特徴が備わっている。実に、それらは互いに種を異にしている。

六〇六 翼で空を飛ぶ鳥のことを考えてみなさい。それらには、種に応じて、それに基づく特徴が備わっている。実に、それらは互いに種を異にしている。

六〇七 これらの種々の生き物の場合には、種に応じて、それに基づく特徴はそれぞれ異なっている。しかし、人間の場合、そのように、種に基づいてそれぞれ特徴が異なることはない。

六〇八 髪の毛、頭、耳、眼、口、鼻、唇、眉《まゆ》、

六〇九 首、肩、腹、背、尻、胸、性器*、

六二〇 手、足、指、爪、脛《すね》、腿《もも》、色、声、以上のいずれをとってみても、異なった種類の生き物の間にあるような、種に基づく特徴の差異は存在しない。

六二一 人間は、それぞれ、独自の身体をしているが、種を異にするような差異はそこに存在しない。ただ、通称によって、人々の間の区別が語られる。

六二二 人々のうちで、牧牛によって生活するものは、農夫と呼ばれ、バラモンではない。このように理解しなさい、ヴァーセッタよ。

六二三 人々のうちで、技能によって生活するものは、職人と呼ばれ、バラモンではない。このように理解しなさい、ヴァーセッタよ。

六二四 人々のうちで、商売によって生活するものは、商人と呼ばれ、バラモンではない。このように理解しなさい、ヴァーセッタよ。

六二五 人々のうちで、他人に仕えて生活するものは、雇い人と呼ばれ、バラモンではない。このように理解しなさい、ヴァーセッタよ。

六二六 人々のうちで、他人の物を盗んで生活するものは、盗人《ぬすびと》と呼ばれ、バラモンではない。このように理解しなさい、ヴァーセッタよ。

六二七 人々のうちで、武器によって生活するものは、軍人と呼ばれ、バラモンではない。このように理解しなさい、ヴァーセッタよ。

六二八 人々のうちで、儀式を司って生活するものは、祭官と呼ばれ、バラモンではない。このように理解しなさい、ヴァーセッタよ。

六二九 人々のうちで、村や国を領有しているものは、王と呼ばれ、バラモンではない。このように理解しなさい、ヴァーセッタよ。

六三〇 ただ、バラモンの母胎から生まれただけであり、自分の所有物に執着するようなものを、わたくしは真のバラモンと呼ばない。かれは、『*きみと呼びかける人』と名づけるべきである。何ものも所有せず、何ものも取り込まない人こそ真のバラモンとわたくしは呼ぶ。

六三一 あらゆる束縛を断ち切り、何ものに対しても恐れおののくことなく、執着を離れ、とらわれることのない人、この人こそ真のバラモンとわたくしは呼ぶ。

六三二 馬が革紐《かわひも》や革緒《かわお》や綱を次々に断ち切り、閂《かんぬき》を払いのけるように、もろもろの束縛を断ち切り、さとりに至った人、この人こそ真のバラモンとわたくしは呼ぶ。

六三三 どなられても、ぶたれても、縛られても、怒らず耐え忍び、強い軍隊のように、忍耐力を備えた人、この人こそ真のバラモンとわたくしは呼ぶ。

六三四 怒《おこ》りっぽくはなく、自ら決意した修行を実践し、戒めを守り、心が高ぶったり、かき乱されたりすることなく、自己をよく調え、輪廻から脱し、もはや二度と生まれ変わることのない人、この人こそ真のバラモンとわたくしは呼ぶ。

六三五 蓮の葉に水が付着しないように、錐《きり》の先に芥子《けし》粒がとどまらないように、人々の欲望の対象となるものに執着しない人、この人こそ真のバラモンとわたくしは呼ぶ。

六二六 他ならぬこの世において、自己の苦しみの消滅を知り、重荷を下ろし、何ものにもとらわれることのない人、この人こそ真のバラモンとわたくしは呼ぶ。

六二七 賢く、深遠な智慧があり、正しい道とそうでない道を弁別することに巧みで、最高の目標に達した人、この人こそ真のバラモンとわたくしは呼ぶ。

六二八 在家のものであろうと、出家のものであろうと、いずれのものとも交わらず、*家の中で眠ることなく、少欲な人、この人こそ真のバラモンとわたくしは呼ぶ。

六二九 動物であろうと、植物であろうと、いかなる生き物をも傷つけず、自ら殺生《せっしょう》することもなければ、他人に命じて殺生させることもない人、この人こそ真のバラモンとわたくしは呼ぶ。

六三〇 いがみ合う人々の中にあって、他人といがみ合うことなく、暴力に訴えようとする人々の中にあって、穏やかな態度を保ち、わがものとしてなんでも取り込もうとする人々の中にあって、なんら取り込むことのない人、この人こそ真のバラモンとわたくしは呼ぶ。

六三一 錐の先から芥子粒が落ちるように、熱望や憎悪や慢心や人を汚辱する心が抜け落ちた人、この人こそ真のバラモンとわたくしは呼ぶ。

六三二 話をするときには、粗野にならず、内容をきちんと伝え、真実を語り、相手の気にさわるようなことは一言も言わない人、この人こそ真のバラモンとわたくしは呼ぶ。

六三三　長かろうが、短かろうが、小さかろうが、大きかろうが、美しかろうが、醜《みにく》かろうが、世の中のものは、与えられたものでなければ何ものも取り込まない人、この人こそ真のバラモンとわたくしは呼ぶ。

六三四　現世に対しても、来世に対しても、欲望が全然なく、無欲で、何ものにもとらわれることのない人、この人こそ真のバラモンとわたくしは呼ぶ。

六三五　執着がなく、さとりの智慧をもっており、どうだこうだと惑うことなく、不死という安住の地を得た人、この人こそ真のバラモンとわたくしは呼ぶ。

六三六　いまここで、功徳であろうが、罪であろうが、執着の対象であるいずれをも越え、悲しむこともなければ、愛着などに染まることもなく、全く清浄な人、この人こそ真のバラモンとわたくしは呼ぶ。

六三七　雲が全くかかっていない月のように、汚れなく、清浄で、澄みわたり、濁りなく、快楽もなく、それによって生まれ変わることもない人、この人こそ真のバラモンとわたくしは呼ぶ。

六三八　進みがたい障害である、この輪廻*の洪水を越え、対岸に渡ることによって完成に達し、瞑想に励みつつ、何ものにも心かき乱されることなく、どうだこうだと思い惑うこともなく、わがものとしてなんら取り込むこともなく、穏やかな人、この人こそ真のバラモンとわたくしは呼ぶ。

六三九 世の欲望の対象となるものを振り捨て、いずこにも定住のすまいをもつことなく行脚の生活を送り、欲望もなく、それによって生まれ変わることもない人、この人こそ真のバラモンとわたくしは呼ぶ。

六四〇 世の渇望を振り捨て、いずこにも定住のすまいをもつことなく行脚の生活を送り、渇望もなく、それによって生まれ変わることもない人、この人こそ真のバラモンとわたくしは呼ぶ。

六四一 人間界において人々を縛りつけているものを捨て、天上界にあって人々を縛りつけるものをも越え、一切の束縛から解放された人、この人こそ真のバラモンとわたくしは呼ぶ。

六四二 快も不快も共に捨て、煩悩の火に焼かれることなく、清涼で、所有物に執着せず、世界中のだれよりも勝《すぐ》れた勇者、この人こそ真のバラモンとわたくしは呼ぶ。

六四三 生きとし生けるものたちが、執着をもって、生まれ変わり死に変わりするさまをことごとく知り、執着なく、正しく歩んでさとりを得た人、この人こそ真のバラモンとわたくしは呼ぶ。

六四四 神々も伎楽神（ガンダッバ）も人間もその人の死後の行方《ゆくえ》を知らず、煩悩や業が心に漏れ込むことなく、尊敬に値する人、この人こそ真のバラモンとわたくしは呼ぶ。

六四五 過去にも未来にも現在にもなんら所有することなく、無所有で、何ものも取り込まない人、この人こそ真のバラモンとわたくしは呼ぶ。

六四六　牡牛のようにずば抜けた勇者であり、偉大な聖仙であり、征服者であり、何ものにも心かき乱されることなく、真の沐浴者として修行が完成し、清浄となり、さとりを得た人、この人こそ真のバラモンとわたくしは呼ぶ。

六四七　前世の生涯を知り、天界と地獄をまのあたりに見て、二度と生まれ変わらない境地に至った人、この人こそ真のバラモンとわたくしは呼ぶ。

六四八　この世においてつけられる名称や姓名は、単に通称にすぎず、人々の合意のもとに場合場合に応じてつけられ、生み出されるものであるが、

六四九　このことを知らない人々は、長い年月の間につぎのような誤った考えをいだくようになる。すなわち、『素姓によってバラモンと呼ばれる』と愚か者たちは語るのである。

六五〇　素姓によってバラモンと呼ばれるのではなく、また素姓によってバラモンではないと言われるのでもない。行為によってバラモンと呼ばれるのであり、行為によってバラモンではないと言われるのである。

六五一　行為によって農夫と呼ばれ、行為によって職人と呼ばれ、行為によって商人と呼ばれ、行為によって雇い人と呼ばれる。

六五二　行為によって盗人と呼ばれ、行為によって軍人と呼ばれ、行為によって祭官と呼ばれ、行為によって王と呼ばれる。

六五三　このように、人々の行為をあるがままに正しく見る賢者は、因果の理（縁起《えんぎ》）をさと

り、行為（業）とその報いをわきまえている。

六五四　世界は業に従って動いている。生きとし生けるものたちは業に従って生きている。車が進んで行くとき、車輪はくさびで固定されている。そのように、生きとし生けるものたちは業というくさびに縛られて生きて行く。

六五五　苦行と禁欲修行と自制と自律とが備わってはじめて真のバラモンと言える。これが最高のバラモンとしてのあり方である。

六五六　三種の知が完璧に備わり、心安らかで、二度と生まれ変わることのない人は、識者の目から見れば、梵天や帝釈天《たいしゃくてん》にも等しい存在である。このように理解しなさい、ヴァーセッタよ」

このように教えを受けて、二人のバラモン青年、ヴァーセッタとバーラドヴァージャは世尊につぎのように語った。

「すばらしいことです、ゴータマ君。すばらしいことです、ゴータマ君。ちょうど、うつぶせのものを仰向けにするように、覆われているものを顕わにするように、迷った人に道を教えるように、『眼のあるものは色形を見ることができるだろう』と考えて、暗闇で灯火をかざすように、このようにゴータマ君は種々な仕方で教えを説かれた。このわたくしたちは、ゴータマ君に帰依いたします。ゴータマ君の教えとそれを聞く比丘の教団にも帰依いたします。わたくしたちはゴータマ君のもとで出家し、弟子として入門したく思います。今日より以後、一生涯帰依いたしますので、わたくしたちを在家信者として認めて下さい」

第一〇経　コーカーリヤ

つぎのようにわたくしは聞いた。

あるとき、世尊は、サーヴァッティーのジェータヴァナのアナータピンディカの園におられた。そのとき、コーカーリヤという比丘が世尊に近寄り、それから挨拶して、一方のすみに坐った。一方のすみに坐ると、世尊にこう語った。

「先生、サーリプッタ（舎利弗《しゃりほつ》）とモッガッラーナ（目連《もくれん》）の二人は、邪悪な望みをいだき、邪悪な望みのとりこになっております」

こう言われて、世尊はコーカーリヤにつぎのように答えた。

「コーカーリヤよ、そんなことを言ってはいけない。コーカーリヤよ、そんなことを言ってはいけない。コーカーリヤよ、サーリプッタとモッガッラーナを信じなさい。サーリプッタもモッガッラーナも温厚な人物だ」

再び、コーカーリヤは世尊に語った。

「先生、世尊は、わたくしにとって、確信し信頼するに値する方ですが、やはりサーリプッタとモッガッラーナの二人は、邪悪な望みをいだき、邪悪な望みのとりこになっております」

再び、世尊はコーカーリヤに答えた。

「コーカーリヤよ、そんなことを言ってはいけない。コーカーリヤよ、そんなことを言ってはいけない。コーカーリヤよ、サーリプッタとモッガッラーナを信じなさい。サーリプッタもモッガッラーナも温厚な人物だ」

三たび、コーカーリヤは世尊に語った。

「先生、世尊は、わたくしにとって、確信し信頼するに値する方ですが、やはりサーリプッタとモッガッラーナの二人は、邪悪な望みをいだき、邪悪な望みのとりこになっております」

三たび、世尊はコーカーリヤに答えた。

「コーカーリヤよ、そんなことを言ってはいけない。コーカーリヤよ、そんなことを言ってはいけない。コーカーリヤよ、サーリプッタとモッガッラーナを信じなさい。サーリプッタもモッガッラーナも温厚な人物だ」

そこで、コーカーリヤは、座から立ち上がり、世尊に挨拶し、右回りの礼をして立ち去った。立ち去るやいなや、コーカーリヤの身体全体に芥子《けし》粒ほどの腫物《はれもの》が吹き出てきた。その芥子粒ほどの腫物はどんどん大きくなり、まず小豆《あずき》ほどの大きさになった。小豆ほどの大きさになると、ついで大豆《だいず》ほどの大きさになった。大豆ほどの大きさになると、ついでナツメの核ほどの大きさになった。ナツメの核ほどの大きさになると、ついでナツメの実ほどの大きさになった。ナツメの実ほどの大きさになると、ついでアンマロク*の実ほどの大きさになった。アンマロクの実ほどの大きさになると、ついでベル*の未成熟な実ほどの大きさになった。ベルの未成熟の実ほどの大きさになると、ついでベルの完熟した実ほどの大きさになった。ベルの完熟した実ほどの大きさになると、ついにその腫物は、裂けて、膿《うみ》や血を流し出した。こうして、ほかならぬこの病のためにコーカーリヤは死んでしまった。死後、コーカーリヤは、サーリプッタとモッガッラーナに対して憎悪の心をいだいていたために、パドゥマ地獄に生まれ変わった。

さて、夜が明けるころになって、この世の創造主と言われる梵天が、ずば抜けてすばらしい容姿をして、ジェータヴァナ全体をくまなく照らしつつ世尊に近づいた。そして、挨拶を済ませて一方のすみに坐った。一方のすみに坐ると、世尊につぎのように語った。

「先生、コーカーリヤ比丘が死にました。コーカーリヤ比丘は、サーリプッタとモッガッラーナに対して憎悪の心をいだいていたために、死後、パドゥマ地獄に生まれ変わりました」

このように、この世の創造主と言われる梵天は語った。こう語ると、梵天は、世尊に挨拶し、右回りの礼をして、まさにその場で姿を消してしまった。

さて、その夜が明けると、世尊は比丘たちに語りかけた。

「比丘たちよ、昨夜の夜明けごろ、この世の創造主と言われる梵天が、ずば抜けてすばらしい容姿をして、ジェータヴァナ全体をくまなく照らしつつわたくしに近づいた。そして、挨拶を済ませて一方のすみに坐った。一方のすみに坐ると、わたくしにつぎのように語った。

『先生、コーカーリヤ比丘が死にました。コーカーリヤ比丘は、サーリプッタとモッガッラーナに対して憎悪の心をいだいていたために、死後、パドゥマ地獄に生まれ変わりました』と。このように、この世の創造主と言われる梵天は語った。こう語ると、梵天は、わたくしに挨拶し、右回りの礼をして、まさにその場で姿を消した」

世尊がこう語ると、ある比丘が世尊に尋ねた。

「先生、パドゥマ地獄に生まれたものの寿命はどれくらいの長さなのですか」
〔ブッダ〕「比丘よ、パドゥマ地獄に生まれたものたちの寿命はとても長い。何年とか、何百年とか、何千年とか、何十万年とかというように簡単に数えることはできない」
〔比丘〕「先生、では、何かに喩《たと》えることはできないでしょうか」

「それならできる」と答え、世尊はつづけた。

「比丘よ、コーサラ国の枡目《ますめ》で量って二十カーリカの胡麻《ごま》＊の積み荷があるとしよう。そこから、人が百年たつごとに一粒ずつ胡麻を取り出すとしよう。比丘よ、こういう仕方によって、コーサラ国の枡目で量って二十カーリカの胡麻の積み荷が消失してしまったとしても、アッブダ地獄に生まれたものの寿命は尽きない。比丘よ、このアッブダ地獄における寿命の二十倍がニラッブダ地獄における寿命だ。比丘よ、このニラッブダ地獄における寿命を二十倍したものがアババ地獄における寿命だ。比丘よ、このアババ地獄における寿命を二十倍したものがアハハ地獄における寿命だ。比丘よ、このアハハ地獄における寿命を二十倍したものがアタタ地獄における寿命だ。比丘よ、このアタタ地獄における寿命を二十倍したものがクムダ地獄における寿命だ。比丘よ、このクムダ地獄における寿命を二十倍したものがソーガンディカ地獄における寿命だ。比丘よ、このソーガンディカ地獄における寿命を二十倍したものがウッパラカ地獄における寿命だ。比丘よ、このウッパラカ地獄における寿命を二十倍したものがプンダリーカ地獄における寿命だ。比丘よ、このプンダリーカ地獄における寿命を二十倍したものこそがパドゥマ地獄における寿命なのである。比丘よ、あのコーカーリヤ比丘は、サーリプッタとモッガッラーナに対して憎悪の心をいだいたために、このパドゥマ地獄に生まれ変わったのだ」

　世尊はこのように答えた。正しく歩んだ方はこう答えてから、師匠としてさらにつぎのように説いた。

六五七「人は、生まれると、口に斧《おの》がはえる。愚か者は、悪口を放っては、それでもって自分自身を切る。

六五八　非難すべき人を称え、称えるべき人を非難する人は、口のために不運な目に遭《あ》う。この不運のために幸福を手にすることができない。

六五九　賭博《とばく》によって財産をなくし、一切を失い、自分自身をも破滅させることになろうとも、この不運はささいなものである。というのは、正しく歩んだ人々に悪意をいだくならば、その罪による不運はくらべものにならないほど甚大なものとなるからである。

六六〇 悪口を放ち、悪意を向けてそのような聖者をそしるものは、十万ニラッブダとさらに三十六ニラッブダ、そのうえ五アッブダ年間地獄に落ちることとなる。

六六一 ありもしないことを語る人は地獄へ落ちる。してておきながら、『していない』と言い張るものも地獄に落ちる。このように卑劣なことをする人々は、いずれも、死後、来世で同じ運命をたどる。

六六二 清らかで、汚れなく、罪もない人をくさすと、その当人に罪が舞い戻って来る。ちょうど、風に逆らって細かな塵をまくようなものだ。

六六三 人々の貪欲の対象となるものに溺《おぼ》れる人は、言葉でもって他人をそしり、確信がなく、けちで、不親切で、我利我利亡者《がりがりもうじゃ》で、中傷を事とする。

六六四 口が悪く、うそつきで、いやしく、胎児殺しで、悪人で、悪事をなし、最低の人間で、極悪人である不肖《ふしょう》の弟子よ。ここで、やいやい言うでない。地獄に落ちるぞ。

六六五 立派な人々をそしって罪をつくり、塵をばらまいては、結局それが自分に舞い戻って来て不幸に至る。このように、おまえは、数々の悪事をはたらいたからには、地獄の坑《あな》に落ちて、そこに久しく留まることとなろう。

六六六 およそ、業というものは、だれの業であろうと、決して消滅することはなく、当人に舞い戻って来て、かれはその業を背負っていかねばならない。ゆえに、愚鈍なものには、罪をつくっては来世で身に苦しみを味わう。

六六七　鉄の串《くし》で身体じゅうを突かれる場所に至り、鋭い刃の鉄の槍を身にうける。そして、犯した業にふさわしく、熱した鉄の団子《だんご》のようなものを食べさせられる。

六六八　地獄の獄卒たちは、ものを言う際にもやさしい言葉はかけず、助けを求めても、かけつけて救ってくれることはない。人々は炭火をしきつめた所に横たえられ、あまねく燃え上がっている火の中にはいって行く。

六六九　さらに、網でがんじがらめにされては、鉄の槌《つち》でぶたれ、霧のようにあたり一面に広がった真っ暗闇の中にはいって行く。

六七〇　さらに、火が一面に燃えさかっている銅製の釜《かま》に入れられ、火が一面に燃えさかっているその釜の中で、浮き沈みしながら久しく煮《に》られる。

六七一　罪を犯して地獄に生まれ変わったものは、さらに、膿と血のまじりあった釜の中で煮られる。どの方向へ逃げても、膿や血がまとわりつき、それにさいなまれる。

六七二　罪を犯して地獄に落ちたものは、さらに、蛆虫《うじむし》の住まう液の中で煮られる。そこには、外へ抜け出すための縁《ふち》もない。なぜなら、全体が一様に球形になった釜だからだ。

六七三　さらに、鋭い剣が木々の葉となっている森にはいり、その葉のために身体全体がバラバラに切断される。また、舌を鉤《かぎ》でつかまれ、さんざんに引っ張られて、痛めつけられる。

六七四 さらに、鋭いかみそりの刃のような激流が走る、渡りがたいヴェータラニー*川に至る。悪事を犯した罪人たちは、愚かにも、自らその川の中に飛び込んで行く。

六七五 地獄では、また、きわめて貪欲な黒犬や、ぶち犬や、大烏や、山犬の群れが泣き叫ぶ人にかみつき、鷹や烏は人々を啄《ついば》む。

六七六 罪を犯した人が味わうこの地獄の生活は実につらいものである。ゆえに、この世の残りの人生において、人は、なすべきことをなし、ゆめゆめ怠らないようにしなさい。

六七七 知者たちは、パドゥマ地獄に落ちたものたちの寿命が、荷車に満載した胡麻粒の数に相当すると計算した。すなわち、五ナフタ・コーティ*と千二百コーティの年数である。

六七八 以上説いてきた凄惨《せいさん》な地獄に、その苦しみがつづく限り住まねばならない。ゆえに、清らかで、温厚で、よい性質をもった人々に対しては、言葉も心も常に慎むべきである」

第一一経 ナーラカ

六七九 清らかな衣を着た神々が三十人集まり、思いかなって喜びがわきおこり、衣を手にして、帝釈天を奉じつつ、何かを大いに称えている光景を、暑気をさけて日中を過ごす場所でアシタ仙が目にした。

六八〇 心喜び、うきうきしている神々を見、そこでアシタ仙はうやうやしく語りかけた。「どうして神々は、このようにとても上機嫌な様子で集《つど》っておられるのですか。どんな思いがかなったために、このように衣を手にして、うち振っておいでなのですか。

六八一　*阿修羅《あしゅら》たちとの戦いで、神々が勝ち、阿修羅たちが敗れた時でさえ、このように身の毛を逆立てるほどの大喜びはしなかった。いったい、どんなすばらしいことを目にして神々は喜び、

六八二　叫び、歌い、楽器をかなで、手をたたき、踊っておられるのか。*須弥山《しゅみせん》の頂に住むあなたがたにお尋ねしたい。尊い方々よ、わたくしの疑問をたちどころに振り払って下さい」

六八三　〔神々〕「最上の宝石のごとく、たぐいまれな人であり、将来、仏陀となる菩薩《ぼさつ》が、人の世の幸福のために釈迦族の国のルンビニー村で誕生された。それで、わたくしたちは、うれしく、とても上機嫌なのです。

六八四　その菩薩は、生きとし生けるもののすべての中で最高の方、この上なき人、牡牛のように力強い人で、一切の生きものの中で最上であり、イシ（聖仙）という名の森の中で、将来、教えの輪を転じる。百獣の王である力強いライオンがほえるように、力強い説法を行う」

六八五　この言葉を聞くと、アシタ仙はすぐさま下界へ降り、そしてその菩薩の父であるスッドーダナ（浄飯《じょうぼん》）王の館を訪れた。館にはいって腰を下ろすと、アシタ仙は釈迦族の人々にこう尋ねた。「王子はどこにおいでですか。わたくしもお目にかかりたい」

六八六 そこで、釈迦族の人々は王子をアシタ仙に見せた。この王子は、名人が炉の口で熱して付着物をこすり落とした黄金のように、威光によって燦然《さんぜん》と輝き、この上ない容貌をしていた。

六八七 王子が、めらめらと燃える火のように光り輝き、空を行く月のように清らかで、雲におおわれていた秋の太陽が姿を現したように照りわたっているのを見て、アシタ仙は、心に喜びがわきおこり、大いなる歓喜を味わった。

六八八 神々は、骨があまたあり、円蓋《えんがい》が何千も重なっている日傘（天蓋《てんがい》）を空中にかざし、黄金の柄のついた〔虫を払う〕払子《ほっす》を上下に振った。しかし、払子や日傘を持つ神々の姿は人々の目には見えなかった。

六八九 黄金の飾りのように身をくるむ毛布を黄赤色に染め、その頭上では白い日傘をかざされている王子を見て、別名をカンハシリ*というこの結髪の聖仙アシタは、心喜び、うきうきして、この子を抱き上げた。

六九〇 こうして、牡牛のように釈迦族の英雄となるはずの王子を抱き上げると、観相とヴェーダに秀《ひい》でたアシタ仙は、王子が身体に特相を備えているかを調べてみた。すると、アシタ仙は、いっそう心喜んで、歓声を上げた。「この王子はこの上なき方だ。人々の中で最高の方だ」

六九一 しかし、この王子がさとりを開く前に、自らはこの世を去らねばならないことを思い出して、アシタ仙は悲しそうに涙を流した。釈迦族の人々は、聖仙が泣いているのを見て尋ねた、「もしや、この王子に何か障りがあるのでは」と。

六九二 聖仙は心配気な釈迦族の人々を見て、こう答えた。「わたくしは、今、ある事を思い出したのですが、それは王子の凶相のことではありません。また、この王子にはなんの障りもありません。この王子は凡庸《ぼんよう》の人ではありません。どうぞ安心して下さい。

六九三 この王子は、完全な最高のさとりを自ら体得するでしょう。そして、最上の清浄な境地をまのあたりにし、多くの人々をあわれみ、人々のためを思って、教えという輪を転じて説法するでしょう。この方の禁欲修行は四方にあまねく広まるでしょう。

六九四 しかし、わたくしのこの世における余命は幾ばくもありません。そして、この王子がさとりを開く前にわたくしは死なねばなりません。このわたくしは、比類なき人の教えを聞くことができないのです。それで、わたくしは、悩み、落胆し、苦しんでいるのです」

六九五 禁欲修行を実践しているアシタ仙は、釈迦族のものたちに大いなる喜びをわきおこしたのち、宮廷から立ち去った。かれは、自分の妹の子であるナーラカのためを思って、比類なき人であるこの王子の教えを体得するようにすすめた。

六九六〔アシタ仙〕「完全なさとりに達した覚者が最高の理法を説いている*という評判をひとから聞いたならば、そこへ訪ねて行って、理を尋ね、その世尊のもとで禁欲修行を実践しなさい」

六九七 この平静なる人、アシタ仙は、将来、その王子が最上の清浄な境地をさとるであろうと予見し、ナーラカのためになるようにと思って、かれをさとした。そこで、ナーラカは、功徳を積み、かの王子がさとりを得た人、すなわち勝者となる日を待ち望みつつ、感官を制御して、修行していた。

六九八 やがて、師のアシタ仙の遺訓が実現して、勝者たちの中で最高の人（ブッダ）が教えの輪を転じて説法しているという評判を聞き、ナーラカは、そこに訪ねて行き、最高の聖仙に会った。そして、信心がわきおこったナーラカは、沈黙の聖者としての最上のあり方を、この沈黙の聖者の第一人者たる方に尋ねた。

序文の詩が終わった。

六九九 〔ナーラカがブッダに問う。〕「アシタ仙のあの予言はまことであったとわかりました。そこで、ゴータマ、一切のことがらを極めつくしたあなたにお尋ねしたい。

七〇〇 沈黙の聖者よ、出家生活にはいり、托鉢の修行を求めるわたくしに教えて下さい。沈黙の聖者としての最高のあり方をお尋ねします」

七〇一 世尊は答えた。「わたくし自身の考えに従って、あなたに沈黙の聖者としてのあり方を説いてあげよう。ただし、それは、行いがたく、極めがたいものである。さあ、あなたにそれを語ってあげよう。意志を強靭《きょうじん》にし、堅固《けんご》にしなさい。

七〇二 村にあっては、ののしられようと、称えられようと、同じ態度をしなさい。ののしられれば心の怒りを抑え、称えられれば平静に心高ぶらないようにしなさい。

七〇三 森にあっては、炎のように、次々にさまざまのものが現れ出て来る。女たちもこの沈黙の聖者を誘惑する。しかし、かれはこれらに誘惑されてはならない。

七〇四 性的なことを離れ、人々の欲望の対象となるさまざまなものをかなぐり捨て、動物にも植物にも愛着することなく、かといってそれらと争ったり、それらを傷つけたりすることもないようにしなさい。

七〇五『このものたちはわたくしと同じであり、わたくしもこのものたちと同じである』と、動植物すべてを自分自身だと考えて、それらを殺さず、また殺させないようにしなさい。

七〇六 凡人がとらわれている欲望や貪欲を捨て、眼力すぐれた人となって修行しなさい。この世の地獄を越えなさい。

七〇七 食事は量を限り、腹八分目にして、少欲で、がつがつしないようにしなさい。まさしく、このような生活を送れば、欲望のままになることなく、無欲で安らかとなる。

七〇八 このような沈黙の聖者は、托鉢をし終われば、森に行きなさい。そして、木の根元に近づいて、座につきなさい。

七〇九 かれは、叡知をもって瞑想に専念し、森の中での生活を楽しみとしなさい。自ら大いに喜びつつ、木の根元で瞑想しなさい。

七一〇 そして、夜が明けると、村に行きなさい。しかし、そこで食事に招待されても、また、村から食べ物をもらってきても、それを喜んではいけない。

七二一　沈黙の聖者は、村に着いても家々で強引に托鉢を行ってはいけない。話をせず、食べ物を求めていることを示すような言葉をかけてもいけない。

七二二　托鉢の際には、『食べ物が手にはいってよかった』、『食べ物が手にはいらなかったがそれもよし』と、いずれの場合でも心は平静で、森の木のもとに戻って行く。

七二三　かれは、鉢を手にし、口が利《き》けないわけではないがそう皆に思われるように諸方を行脚し、たとえ施しがわずかであっても、取るに足らないものと思ってはいけないし、施す人を見下してもいけない。

七二四　実にさまざまの修行の道を沙門は説き明かした。その道を通って修行すれば彼岸というさとりの世界に達する。一度そこに達すれば、もう舞い戻ることはなく、再度、さとりを得るべく修行をする破目に陥ることはない。ただし、彼岸に至るまでは修行を何度も重ねねばならない。

七二五　欲望のままに心は流れるものだが、その流れを断ち切った托鉢の修行者には、渇望が心に蔓延することはない。もろもろの俗事を離れた人には苦悩はない」

七二六　世尊はさらに語る。「あなたに沈黙の聖者としてのあり方を説こう。外界のものはかみそりの刃の上の蜜のようなものだと思って過ごしなさい。舌を上あごに押し当てて、食事は腹八分目にしなさい。

七二七　何ものにも心が拘泥《こうでい》することなく、はたまた、あまたのことに心をめぐらすこともないようにしなさい。生ぐさ*を離れ、何ものにも頓着せず、禁欲修行に邁進《まいしん》しなさい。

七一八　ただひとりで坐禅することや、立派な修行者に師事することにつとめなさい。沈黙の聖者のあり方とは、世間を離れてひとりいることだと説かれている。もし、あなたがひとりで修行することに楽しみを見出すならば、

七一九　あなたの名声は、あらゆる方向に輝きわたるであろう。瞑想に励み、人々の欲望の対象となるものも捨てきった賢者たちの名声を耳にしたならば、いっそう廉恥《れんち》の心と自己の修行に対する確信とを強くいだきなさい、わたくしの弟子となるものならば。

七二〇　以上のことは、深い渓谷を流れる谷川を思い浮かべて理解しなさい。渓流は音をたてて流れるが、大河は静かに流れる。

七二一　足りないものは音を立てる。満ちたりたものは静寂そのものである。愚か者は水が半分はいった瓶《かめ》のようなものであり、賢者は水を満々とたたえた湖のようなものだ。

七二二　沙門はあまたのことを語るが、それは意義のある有益なことばかりである。かれは、それが理にかなっていると思えば教えを説き、そうすることが有益だと思えばあまたのことを語る。

七二三　しかし、そうすべきでないと思えば身を控え、それが無益だと思えば黙して語らない。このような沈黙の聖者こそ真の沈黙の聖者としてふさわしい。このような沈黙の聖者こそ

真の沈黙の聖者となった人である」

第一二経　二様の考察

つぎのようにわたくしは聞いた。

あるとき、世尊は、サーヴァッティーの東園にある僧院におられた。その僧院は、ミガーラ長者から母として敬われているヴィサーカー（本当はミガーラ長者の息子の妻）の建てたものだった。

さて、ウポーサタ（懺悔《ざんげ》と禁欲のための聖日）の日である十五夜の満月にあたって、世尊は集まっている比丘たちに囲まれて、屋外に坐っておられた。押し黙っている比丘たちを一人一人見回してから、世尊はこう語りかけた。

「比丘たちよ、迷いの世からの出離に導き、完全なさとりに通じ、聖者の知る、善なる種々の真理、およそこれらの真理はなんのために聞いて学ぶのか、と問う者たちがいたならば、つぎのように答えるがよい。『二様の真理をあるがままに正しく理解するためです』と。

さらに、何を二様の真理と呼ぶのかと言えば、『これが苦しみであり、これが苦しみの生起である』というのが第一の考察である。他方、『これが苦しみの停止であり、これが苦しみの停止に至る道である』というのが第二の考察である。比丘たちよ、このように二様の真理を正しく考察し、たゆみなく、熱心に、自己を奮い立たせて修行している比丘には、つぎの二つの果報のうちいずれか一方の果報が期待できるであろう。一つは、現世において、真理をまのあたりにしてさとりの智慧を開くことである。いま一つは、生まれ変わる原因となる業や煩悩を取り込んでまだそれが残っている場合で、この場合には、死後、二度とこの迷いの世に舞い戻って来ないようになる」

世尊はこのように語った。正しく歩んだ方はこう語ってから、さらに師としてつぎのように説明した。

七三四「苦しみとはなんであるかを知らず、苦しみの生起も知らず、苦しみがすべてにわたって余す所なく停止する境地も知らず、苦しみを静めるかの道も知らない人々、

七三五　かれらは、心が解脱することなく、智慧によって解脱することもなく、苦しみに終止符を打つこともできず、生まれ変わっては老いねばならない。

七三六　苦しみとはなんであるかを知り、苦しみの生起を知り、苦しみがすべてにわたって余す所なく停止する境地を知り、苦しみを静めるかの道も知っている人々、

七三七　かれらは、心が完全に解脱し、智慧によって完全に解脱して、苦しみに終止符を打ち、二度と生まれ変わって老いることはない」

「比丘たちよ、また、他の方法によっても真理を二様に正しく考察することができるか、と問う者たちがいたならば、『できます』と答えるがよい。どのようにしてかと言えば、『どんな苦しみが生じる場合にも、すべて、人々が執着している所有物が機縁となっている』というのが第一の考察である。他方、『人々が執着している所有物から心が離れることにより、それを余す所なく停止させれば、苦しみが生じることはない』というのが第二の考察である。比丘たちよ、このように二様の真理を正しく考察し、たゆみなく、熱心に、自己を奮い立たせて修行している比丘には、つぎの二つの果報のうちいずれか一方の果報が期待できるであろう。一つは、現世において、真理をまのあたりにしてさとりの智慧を開くことである。いま一つは、生まれ変わる原因となる業や煩悩を取り込んでまだそれが残っている場合で、この場合には、死後、二度とこの世に舞い戻って来ないようになる」

世尊はこのように語った。正しく歩んだ方はこう語ってから、さらに師としてつぎのように説明した。

七三六「世の中には実に種々のあり方をした苦しみが存在するが、それらはすべて、人々が執着する所有物を根拠として生じてくる。それにもかかわらず、無知なものはなんらかのものを所有し、愚かにも、繰り返し繰り返し、苦しみを味わうこととなる。それゆえに、以上のことを知り、苦しみが生じる原因を考察しつつ、何ものも所有しないようにしなさい」

「比丘たちよ、また、他の方法によっても真理を二様に正しく考察することができるか、と問う者たちがいたならば、『できます』と答えるがよい。どのようにしてかと言えば、『どんな苦しみが生じる場合にも、すべて、無知（無明《むみょう》）が機縁となっている』というのが第一の考察である。他方、『無知から心が離れることにより、それを余す所なく停止させれば、苦しみが生じることはない』というのが第二の考察である。比丘たちよ、このように二様の真理を正しく考察し、たゆみなく、熱心に、自己を奮い立たせて修行している比丘には、つぎの二つの果報のうちいずれか一方の果報が期待できるであろう。一つは、現世において、真理をまのあたりにしてさとりの智慧を開くことである。いま一つは、生まれ変わる原因となる業や煩悩を取り込んでまだそれが残っている場合で、この場合には、死後、二度とこの世に舞い戻って来ないようになる」

世尊はこのように語った。正しく歩んだ方はこう語ってから、さらに師としてつぎのように説明した。

七三九「人々がこの世からあの世へと、繰り返し繰り返し、生まれ変わり死に変わりして輪廻して行くのは、ほかならぬ無知の結果である。

七三〇 なぜなら、この無知とは、迷妄の大洪水であり、このためにこの世の人々は永劫の過去以来、輪廻・流転しつづけてきたのである。しかし、明知を備えたならば、人々は二度と生まれ変わることがない」

「比丘たちよ、また、他の方法によっても真理を二様に正しく考察することができるか、と問う者たちがいたならば、『できます』と答えるがよい。どのようにしてかと言えば、『どんな苦しみが生じる場合にも、すべて、形成作用（行《ぎょう》）が機縁となっている』というのが第一の考察である。他方、『形成作用から心が離れることにより、それを余す所なく停止させれば、苦しみが生じることはない』というのが第二の考察である。比丘たちよ、このように二様の真理を正しく考察し、たゆみなく、熱心に、自己を奮い立たせて修行している比丘には、つぎの二つの果報のうちいずれか一方の果報が期待できるであろう。一つは、現世において、真理をまのあたりにしてさとりの智慧を開くことである。いま一つは、生まれ変わる原因となる業や煩悩を取り込んでまだそれが残っている場合で、この場合には、死後、二度とこの世に舞い戻って来ないようになる」

世尊はこのように語った。正しく歩んだ方はこう語ってから、さらに師としてつぎのように説明した。

七三一「どんな苦しみが生じる場合にも、すべて、形成作用が機縁となっている。形成作用が停止すれば、苦しみは生じない。

七三二　形成作用が機縁となって苦しみが生じるというこのことを災《わざわ》いだと知り、ついで、一切の形成作用がおさまることにより、心中のあれこれの想いも停止し、こうして苦しみが消滅する、という道理をも正しく知り、

七三三　正しく物事を見、正しく物事を知り、聖典に通暁し賢者である人は、悪魔によって拘束されることなどなく、二度と生まれ変わることはない」

「比丘たちよ、また、他の方法によっても真理を二様に正しく考察することができるか、と問う者たちがいたならば、『できます』と答えるがよい。どのようにしてかと言えば、『どんな苦しみが生じる場合にも、すべて、認識作用（識）が機縁となっている』というのが第一の考察である。他方、『認識作用から心が離れることにより、それを余す所なく停止させれば、苦しみが生じることはない』というのが第二の考察である。比丘たちよ、このように二様の真理を正しく考察し、たゆみなく、熱心に、自己を奮い立たせて修行している比丘には、つぎの二つの果報のうちいずれか一方の果報が期待できるであろう。一つは、現世において、真理をまのあたりにしてさとりの智慧を開くことである。いま一つは、生まれ変わる原因となる業や煩悩を取り込んでまだそれが残っている場合で、この場合には、死後、二度

とこの世に舞い戻って来ないようになる」

世尊はこのように語ってから、さらに師としてつぎのように説明した。

七三四「どんな苦しみが生じる場合にも、すべて、認識作用が機縁となっている。認識作用が停止すれば、苦しみは生じない。

七三五 認識作用が機縁となって苦しみが生じるというこのことを患いだと知り、認識作用をおさめることによって、比丘は、欲望なく、完全な安らぎにはいっている」

「比丘たちよ、また、他の方法によっても真理を二様に正しく考察することができるか、と問う者たちがいたならば、『できます』と答えるがよい。どのようにしてかと言えば、『どんな苦しみが生じる場合にも、すべて、何かを体験すること（触《そく》）が機縁となっている』というのが第一の考察である。他方、『体験することから心が離れることにより、それを余す所なく停止させれば、苦しみが生じることはない』というのが第二の考察である。比丘たちよ、このように二様の真理を正しく考察し、たゆみなく、熱心に、自己を奮い立たせて修行している比丘には、つぎの二つの果報のうちいずれか一方の果報が期待できるであろう。一つは、現世において、真理をまのあたりにしてさとりの智慧を開くことである。いま一つは、生まれ変わる原因となる業や煩悩を取り込んでまだそれが残っている場合で、この場合には、死後、二度とこの世に舞い戻って来ないようになる」

世尊はこのように語った。正しく歩んだ方はこう語ってから、さらに師としてつぎのように説明した。

七三六「日々の体験に翻弄《ほんろう》され、人生の激流に押し流されて、苦境に陥っている人々には、束縛を消滅させることなどとうてい及びもつかない。

七三七日々の体験がいかなる結果をもたらすかを見極めることにより、それから離れ、さとりの智慧をもって、平穏さを楽しみとする人々は、まさしく体験の本質を見抜いているから、欲望なく、完全な安らぎにはいっている」

「比丘たちよ、また、他の方法によっても真理を二様に正しく考察することができるか、と問う者たちがいたならば、『できます』と答えるがよい。どのようにしてかと言えば、『どんな苦しみが生じる場合にも、すべて、感受すること（受）が機縁となっている』というのが第一の考察である。他方、『感受することから心が離れることにより、それを余す所なく停止させれば、苦しみが生じることはない』というのが第二の考察である。比丘たちよ、このように二様の真理を正しく考察し、たゆみなく、熱心に、自己を奮い立たせて修行している比丘には、つぎの二つの果報のうちいずれか一方の果報が期待できるであろう。一つは、現世において、真理をまのあたりにしてさとりの智慧を開くことである。いま一つは、生まれ変わる原因となる業や煩悩を取り込んでまだそれが残っている場合で、この場合には、死後、二度とこの世に舞い戻って来ないようになる」

世尊はこのように語ってから、さらに師としてつぎのように説明した。

七三八「楽であろうと、苦であろうと、楽でもなく苦でもないものであろうと、内面的なもの
であろうと、外面的なものであろうと、感受されるものはなんであれ、すべて、
七三九 消滅し、虚《うつろ》なものとなるものであり、したがって、苦しみ以外の何ものでもないと知
り、何かを体験するたびに、それは消滅するものだと見極め、こうしてそれから心が離れ
る。かくて、感受を消滅させることによって、比丘は、欲望なく、完全な安らぎにはいって
いる」

「比丘たちよ、また、他の方法によっても真理を二様に正しく考察することができるか、と問う者たちがいたならば、『できます』と答えるがよい。どのようにしてかと言えば、『どんな苦しみが生じる場合にも、すべて、渇望（愛）が機縁となっている』というのが第一の考

察である。他方、『渇望から心が離れることにより、それを余す所なく停止させれば、苦しみが生じることはない』というのが第二の考察である。比丘たちよ、このように二様の真理を正しく考察し、たゆみなく、熱心に、自己を奮い立たせて修行している比丘には、つぎの二つの果報のうちいずれか一方の果報が期待できるであろう。一つは、現世において、真理をまのあたりにしてさとりの智慧を開くことである。いま一つは、生まれ変わる原因となる業や煩悩を取り込んでまだそれが残っている場合で、この場合には、死後、二度とこの世に舞い戻って来ないようになる」

世尊はこのように語った。正しく歩んだ方はこう語ってから、さらに師としてつぎのように説明した。

七四〇「渇望を愛妻のように常に抱いている人は、永劫の間、流転し、この世からあの世へと生まれ変わり死に変わりして行く輪廻の流れを越えることができない。

七四一　渇望から苦しみが生じるというこのことを患いだと知り、渇望を離れ、何ものも取り込まず、比丘は心して行脚するがよい」

「比丘たちよ、また、他の方法によっても真理を二様に正しく考察することができるか、と問う者たちがいたならば、『できます』と答えるがよい。どのようにしてかと言えば、『どんな苦しみが生じる場合にも、すべて、取り込んだり、執着したりすること（取《しゅ》）が機縁となっている』というのが第一の考察である。他方、『取り込んだり、執着したりすることから心が離れることにより、それを余す所なく停止させれば、苦しみが生じることはない』というのが第二の考察である。比丘たちよ、このように二様の真理を正しく考察し、たゆみなく、熱心に、自己を奮い立たせて修行している比丘には、つぎの二つの果報のうちいずれか一方の果報が期待できるであろう。一つは、現世において、真理をまのあたりにしてさとりの智慧を開くことである。いま一つは、生まれ変わる原因となる業や煩悩を取り込んでまだそれが残っている場合で、この場合には、死後、二度とこの世に舞い戻って来ないようになる」

世尊はこのように語った。正しく歩んだ方はこう語ってから、さらに師としてつぎのように説明した。

七四二「取り込んだり、執着したりすることが機縁となって生まれ変わる。生まれ変われば苦しみを味わう。生まれたものには必ず死がある。これが苦しみの生起である。

七四三　だから、賢者は、正しく物事を知り、取り込んだり、執着したりすることがなければ、生まれ変わることもないと自ら知り、事実、二度と生まれ変わって来ることはない」

「比丘たちよ、また、他の方法によっても真理を二様に正しく考察することができるか、と問う者たちがいたならば、『できます』と答えるがよい。どのようにしてかと言えば、『どんな苦しみが生じる場合にも、すべて、悪行が機縁となっている』というのが第一の考察である。他方、『悪行から心が離れることにより、それを余す所なく停止させれば、苦しみが生じることはない』というのが第二の考察である。比丘たちよ、このように二様の真理を正しく考察し、たゆみなく、熱心に、自己を奮い立たせて修行している比丘には、つぎの二つの果報のうちいずれか一方の果報が期待できるであろう。一つは、現世において、真理をまのあたりにしてさとりの智慧を開くことである。いま一つは、生まれ変わる原因となる業や煩悩を取り込んでまだそれが残っている場合で、この場合には、死後、二度とこの世に舞い戻って来ないようになる」

世尊はこのように語った。正しく歩んだ方はこう語ってから、さらに師としてつぎのように説明した。

七四 「どんな苦しみが生じる場合にも、すべて、悪行が機縁となっている。悪行を停止させれば、苦しみは生じない。

七五 悪行が機縁となって苦しみが生じるというこのことを患いだと知り、一切の悪行を一つ一つ捨てて行き、悪行を離れた境地へと解脱し、

七四六 生まれ変わろうとする渇望を断ち切り、心静かな比丘は、生まれ変わり死に変わりして行く輪廻の流れを渡り、二度と生まれ変わることはない」

「比丘たちよ、また、他の方法によっても真理を二様に正しく考察することができるか、と問う者たちがいたならば、『できます』と答えるがよい。どのようにしてかと言えば、『どんな苦しみが生じる場合にも、すべて、糧《かて》を摂取することが機縁となっている』というのが第一の考察である。他方、『糧を摂取することから心が離れることにより、それを余す所なく停止させれば、苦しみが生じることはない』というのが第二の考察である。比丘たちよ、このように二様の真理を正しく考察し、たゆみなく、熱心に、自己を奮い立たせて修行している比丘には、つぎの二つの果報のうちいずれか一方の果報が期待できるであろう。一つは、現世において、真理をまのあたりにしてさとりの智慧を開くことである。いま一つは、生まれ変わる原因となる業や煩悩を取り込んでまだそれが残っている場合で、この場合には、死後、二度とこの世に舞い戻って来ないようになる」

世尊はこのように語った。正しく歩んだ方はこう語ってから、さらに師としてつぎのように説明した。

七四七「どんな苦しみが生じる場合にも、すべて、糧を摂取することが機縁となっている。糧の摂取を停止させれば、苦しみは生じない。

七四八　糧の摂取が機縁となって苦しみが生じるということを患いだと知り、糧の摂取がすべていかなる結果をもたらすかを見極めて、それを絶ち、糧の摂取には一切頓着せず、

七四九　身体や心に糧などが全く流れ込まなくなれば、身心の病は消えるということを正しく知り、何事もあまねく吟味してから受容し、道理に立脚している聖典の通暁者は、死後、生まれ変わって人間や神々などと呼ばれることはない」

「比丘たちよ、また、他の方法によっても真理を二様に正しく考察することができるか、と問う者たちがいたならば、『できます』と答えるがよい。どのようにしてかと言えば、『どんな苦しみが生じる場合にも、すべて、心の動揺が機縁となっている』というのが第一の考察である。他方、『心の動揺を離れることにより、それを余す所なく停止させれば、苦しみが生じることはない』というのが第二の考察である。比丘たちよ、このように二様の真理を正しく考察し、たゆみなく、熱心に、自己を奮い立たせて修行している比丘には、つぎの二つの果報のうちいずれか一方の果報が期待できるであろう。一つは、現世において、真理をまのあたりにしてさとりの智慧を開くことである。いま一つは、生まれ変わる原因となる業や煩悩を取り込んでまだそれが残っている場合で、この場合には、死後、二度とこの世に舞い戻って来ないようになる」

世尊はこのように語った。正しく歩んだ方はこう語ってから、さらに師としてつぎのように説明した。

七五〇「どんな苦しみが生じる場合にも、すべて、心の動揺が機縁となっている。心の動揺を停止させれば、苦しみは生じない。

七五一 心の動揺が機縁となって苦しみが生じるというこのことを患いだと知り、それゆえに心から動揺を追い払い、形成作用を停止させ、動揺なく、何ものも取り込むこともなく、心して比丘は行脚するがよい」

「比丘たちよ、また、他の方法によっても真理を二様に正しく考察することができるか、と問う者たちがいたならば、『できます』と答えるがよい。どのようにしてかと言えば、『何ものかに頼っている人は心が動揺する』というのが第一の考察である。他方、『何ものをも頼みとしない人は動揺しない』というのが第二の考察である。比丘たちよ、このように二様の真理を正しく考察し、たゆみなく、熱心に、自己を奮い立たせて修行している比丘には、つぎの二つの果報のうちいずれか一方の果報が期待できるであろう。一つは、現世において、真理をまのあたりにしてさとりの智慧を開くことである。いま一つは、生まれ変わる原因となる業や煩悩を取り込んでまだそれが残っている場合で、この場合には、死後、二度とこの世に舞い戻って来ないようになる」

世尊はこのように語った。正しく歩んだ方はこう語ってから、さらに師としてつぎのように説明した。

七五二「何ものをも頼みとしない人は動じることがない。しかし、何ものかに頼り、それに執着する人は、この世からあの世へと生まれ変わり死に変わりして行く輪廻の流れを越えることができない。

七五三　何ものかを頼みとすることの中に大きな危険が潜んでいるというこの事実を患いだと知り、何ものをも頼みとせず、何ものにも執着することなく、心して比丘は行脚するがよい」

「比丘たちよ、また、他の方法によっても真理を二様に正しく考案することができるか、と問う者たちがいたならば、『できます』と答えるがよい。どのようにしてかと言えば、比丘たちよ、『形あるものの世界より形なきものの世界のほうが安らかである』というのが第一の考察である。他方、『形なきものの世界より一切のものが停止した世界のほうが安らかである』というのが第二の考察である。比丘たちよ、このように二様の真理を正しく考察し、たゆみなく、熱心に、自己を奮い立たせて修行している比丘には、つぎの二つの果報のうちいずれか一方の果報が期待できるであろう。一つは、現世において、真理をまのあたりにしてさとりの智慧を開くことである。いま一つは、生まれ変わる原因となる業や煩悩を取り込んでまだそれが残っている場合で、この場合には、死後、二度とこの世に舞い戻って来ないようになる」

世尊はこのように語った。正しく歩んだ方はこう語ってから、さらに師としてつぎのように説明した。

七五四「形ある世界に係《かかずら》っているものたちや、形なき世界に安住しているものたちは、一切が停止した世界を知らずに、何度も何度も生まれ変わる。

七五五しかし、形あるものの本性を見極めることにより、それから離れ、形なき世界にも*安住せず、一切が停止した世界へと解脱した人々は死から離脱している」

「比丘たちよ、また、他の方法によっても真理を二様に正しく考察することができるか、と問う者たちがいたならば、『できます』と答えるがよい。どのようにしてかと言えば、比丘たちよ、神々や悪魔や梵天を含めたこの世のものすべて、さらに沙門やバラモンや神々や人間を含めた生きとし生けるものたちすべてが、『これこそが真実である』と見なしているものを、聖者たちは、『これは虚妄である』と、あるがままに正しくさとりの智慧で看破する。これが第一の考察である。他方、神々や悪魔や梵天を含めたこの世のものすべて、さらに沙門やバラモンや神々や人間を含めた生きとし生けるものたちすべてが、『これは虚妄である』と見なしているものを、聖者たちは、『これこそが真実である』と、あるがままに正しくさとりの智慧で看破する。これが第二の考察である。比丘たちよ、このように二様の真理を正しく考察し、たゆみなく、熱心に、自己を奮い立たせて修行している比丘には、つぎの二つの果報のうちいずれか一方の果報が期待できるであろう。一つは、現世において、真理をまのあたりにしてさとりの智慧を開くことである。いま一つは、生まれ変わる原因となる業や煩悩を取り込んでまだそれが残っている場合で、この場合には、死後、二度とこの世に舞い戻って来ないようになる」

世尊はこのように語った。正しく歩んだ方はこう語ってから、さらに師としてつぎのように説明した。

七五六「永遠不変の自我であるわけではないのに、何ものかをそのように思い込んでいる神々や世間の人々を見てみなさい。かれらは、形があったり、名づけることができたりするものに執着し、『これこそが真実である』と思い込んでいる。

七五七なんであれ、何かを『こうだ』と思い込んでも、その当のものは思い込んでいたものとは異なったものとなる。なぜなら、その当のものは、思い込んでいたあり方から見れば違ったものとなっている。うつろいゆくものは、すべて虚妄となる性質をもっている。
七五八 他方、涅槃は変化することなく、虚妄ならざるものである。それを聖者たちは真実なるものだと知る。かれらは、まさに真実なるものをさとって、欲望なく、完全な安らぎにはいっている」

—比丘たちよ、また、他の方法によっても真理を二様に正しく考察することができるか、と問う者たちがいたならば、『できます』と答えるがよい。どのようにしてかと言えば、比丘たちよ、神々や悪魔や梵天を含めたこの世のものすべて、さらに沙門やバラモンや神々や人間を含めた生きとし生けるものたちすべてが、『これこそが安楽である』と見なしているものを、聖者たちは、『これは苦しみである』と、あるがままに正しくさとりの智慧で看破する。これが第一の考察である。他方、神々や悪魔や梵天を含めたこの世のものすべて、さらに沙門やバラモンや神々や人間を含めた生きとし生けるものたちすべてが、『これは苦しみである』と見なしているものを、聖者たちは、『これこそが安楽である』と、あるがままに正しくさとりの智慧で看破する。これが第二の考察である。比丘たちよ、このように二様の真理を正しく考察し、たゆみなく、熱心に、自己を奮い立たせて修行している比丘には、つぎの二つの果報のうちいずれか一方の果報が期待できるであろう。一つは、現世において、真理をまのあたりにしてさとりの智慧を開くことである。いま一つは、生まれ変わる原因となる業や煩悩を取り込んでまだそれが残っている場合で、この場合には、死後、二度とこの世に舞い戻って来ないようになる」

世尊はこのように語った。正しく歩んだ方はこう語ってから、さらに師としてつぎのように説明した。

七五九「好ましく、いとおしく、心地よい一切の色形や音声や味や香りや感触や思いは、それらが存在していると言われる限り、

七六〇 快いものだと、神々や世の人々は一様に思い込んでいる。そして、それらが消滅したとき、かれらは一様にそれを苦しみと思う。

七六一 一方、聖者たちは、存在していた心地よい色形などの集まりが消滅することを安楽であると見なす。こういった見方は世間の人々と正反対である。

七六二 他の人々が快いと言うものを聖者たちは苦しみと語る。他の人々が苦しみと言うものを聖者たちは安楽と知る。この理解しがたい道理に目をすえなさい。目の利《き》かない者たちはこの点に迷う。

七六三 ちょうど、目を閉ざした人には暗闇しかないように、心の目が覆われている人々には真実は闇の中である。しかし、目を開けば光がさし込んでくるように、聖者たちには一切のものが顕わになっている。道理を知らないものたちは、傍《かたわ》らにいるにもかかわらず、それ

に気がつかない。畜生のように。

七六四　生に対する熱望に支配され、人生の流れに押し流され、悪魔の手中に陥っている人々にとって、この道理はさとりやすいものではない。

七六五　聖者以外のだれがこの境地をさとることができようか。この境地をさとった暁《あかつき》には、煩悩や業が心に漏れ込むことなく、全《まった》き涅槃にはいることができるのだが」

このように世尊は語った。世尊の説法を聞いて、比丘たちは、心奪われんばかりに歓喜した。この教えが説かれている間に、六十人の比丘たちは、何ものも取り込んだり、執着することがなくなって、その心は煩悩や業が漏れ込むことがなくなり解脱した。

第四章　八詩頌の経

第一経　さまざまな欲望の対象

七六六 さまざまな欲望の対象を欲しい欲しいと思いつづけているから、それぞれに欲望していたとおり、うまくいったときには、欲しいと思っていたものを手に入れて、世間のひとはすっかりいい気になって大喜びの心にみたされる、死すべき存在であるにもかかわらず。

七六七 他方、それぞれに欲しい欲しいと思いつづけてきて、どうしても欲しいという愛着がつのってきたところで、それらの欲望の対象が依然としてまったく得られないままであるならば、世間のひとは愛着によっていよいよ苦痛にきりさいなまれる、矢に射貫かれて突き飛ばされていくごとくに。

七六八 しかるにもし、さまざまな欲望の対象をうまく回避していくこと、あたかも道を歩いていくとき、毒蛇のかま首をうまく回避していくごとくであるならば、そのようなひとは、あるがままにいまここの存在を自覚しつづけて、いつまでも世間的存在にひかれる深層の欲望を、完全に超脱する。

七六九 田畑であれ宅地であれ黄金であれ、あるいは牛馬であれ奴隷や召使いであれ、婦女であれ親族であれ、種々さまざまな欲望の対象に対し、ひとがいつまでも、むやみやたらに貪《とん》欲《よく》であるならば、

七七〇 さまざまな死神の眷族《けんぞく》がそのようなひとを打ち負かしてしまい、輪廻《りんね》の洪水の荒波が四方八方より流れ込もうとして、そのひとを圧しつぶしてしまう。そうすると苦悩がそのようなひとに浸入してくる。あたかも舟が難破したときに海水が浸入してくるように。

七七一 それゆえにひとは、つねに瞬時もおかずあるがままにいまここの存在を自覚しつづけて、さまざまな欲望の対象をうまく回避しきってしまうがよい。さまざまな欲望の対象を放捨してしまうこと、あたかも舟に漏《も》れ込んだ濁水を汲《く》み出してしまうごとくであるならば、輪廻の洪水を渡っていくであろう、かくして彼岸に到るひととなるであろう。

第二経　洞窟についての八詩頌

七七二 わが身体という洞窟の中に安住して執着したままに、幾重もの煩悩《ぼんのう》の闇に完全に覆蔽《ふくへい》されたままであるかぎり、人間は、無知蒙昧《もうまい》の闇黒を奥へ奥へと入っていく。独り離れて修行するところから遠ざかっているかぎり、人間はそのようであるからであり、ここなる世

間的存在であるかぎり、さまざまな欲望の対象を放捨することが容易でないからである。

七七三　いつまでも世間的存在でありつづけようと欲求することが根本条件となって、このまま生きていく世間的存在をよろこぶ愛着にひきずられているゆえに、かれらは解脱《げだつ》して自由になることが至難になっている。他人では、いかにしても自由にしてやることができないのである。いまここの現在あるいは以前の過去の欲望の対象を握りしめて放さないことによって、未来の存在あるいは過去の存在が気がかりになってしかたがないからである。

七七四　さまざまな欲望の対象をむやみに欲しがって、いつまでもなずんでいるままに、まったくわけがわからなくなっている。かくしてかのひとびとは自由に放捨することができずして、個々別々の存在に安住してしまっている。それゆえに、いざ老死の苦悩がせまってきたときには、あわてふためいて悲嘆する。「この世から死んでいったときには、いったい、いかなる存在になるだろうか」と。

七七五　さればそれゆえに、世間のひとは、わたくしの教えにしたがって学道修行するがよい。いかなる存在であるにせよ、いまここなる存在は世間的存在にして個々別々の存在であるとさとりの知によって知るとき、そのような存在のために個々別々の存在であるままに生きていくことはなくなるであろう。この世の人生は短いと賢明なるひとびとは教えているからである。

七七六　わたくしがさとりの知によって見てみると、ここなる衆生《しゅじょう》たちは世間的存在であることによって、あっちへはねたりのたうちまわっている。どうかして、このまま生きていく世間的存在として存在しつづけたいという深層の欲望につき動かされているからである。過去世の業《ごう》によって定められた寿命が残り少なくなってきたとき、ひとびとは死に直面して悲嘆しつづける。くり返し再生してこのまま生きていく世間的存在として存在しつづけたいという深層の欲望が消滅してしまってはいないからである。

七七七 つぎのようにさとりの知によって見るがよい。わたくしのものであるというように〔いまここの身体存在と主体存在の個体存在を〕所有しているかぎり、あっちへはねたり、こっちへはねたりのたうちまわるのである。あたかも川の流れが枯渇《こかつ》してしまい水が少なくなってきたときに、魚があっちへはねたり、こっちへはねたりのたうちまわるように。このようにさとりの知によって見てわたくしの〔個体存在〕であるというように所有することのないように修行していくがよい。このまま生きていく世間的存在として存在しつづけたいという深層の執着を休止してしまうように。

七七八 あるいは未来の存在であれ、あるいは現在の存在であれ、これら二方向の存在にひかれる関心から超脱するように修行するがよい。かくしてそのような関心にもとづいて日常的経験が起こってくることを、さとりの知によって完全に知って、もはやつぎからつぎへとむやみやたらに欲求することもなく、また、したらよかったとか、しなかったらよかったとかと、良心の呵責《かしやく》に悩まされるようなことも一切なさず、賢者たるひとは、見た真理、聞いた真理などに固執することがない。

七七九 衆生の個体存在の根底に概念構想〔する相互主体性〕（想《そう》）が存在していることをさとりの知によって完全にさとって、輪廻の洪水を彼岸に渡っていくがよい。沈黙の聖者（牟《む》尼《に》）たるひとは、家族であれ、財物であれ、さまざまな所有につきまとうことなく、やみくもにつき動かしてきた深層の欲望の矢を抜き去って、孜々《しし》として修行に精励し、この世の世間的存在を願求して修行することもなければ、かしこの世の世間的存在を願求して修行することもない。

第三経　憎悪についての八詩頌

七八〇 あるひとびとは議論しているあいだに、激昂《げきこう》し憎悪の心をむき出しにしてやっているということも、よく知られているし、あるいはまた、これこそが真理だと確執した心で議論していることも、よく知られている。ところがしかし、沈黙の聖者は、論争の場面が発生したときにも、論争にかかわりあうことがない。だからこそ沈黙の聖者は、いかなる点においても不毛なるところがない。

七八一 というのは、〔こうだと考える宗教的ドグマに〕ひかれる関心に引きずられて、自分が好きなようにドグマを固定化して固執し、自分の信念だけにおいて真理だと信ずることを主張してやまないひとが、どうして自分の抱懐するドグマをふみ越えることができようか。そのようなドグマを認識しておればこそ、そのようなドグマを主張することは当然のことであるからである。

七八二 ところで師として弟子から教えを乞われているわけでないにもかかわらず、ひとりの人間が、他のひとびとに自分自身の修行している戒律行や禁欲行をつぎつぎにまくしたて論じたてるというようなことがあるならば、かく自分自身のことを自分からすすんでまくしたて論じたてるひとについて、大老師たるひとびとは言う。「そのようなことは、凡愚にして聖ならざるものたちの宗教的真理である」と。

七八三 これに対して比丘《びく》たるひとは、あらゆる心のはたらきがなくなっていて静寂であり、いまここに涅槃《ねはん》の静寂をさとっている。「わたくしはかくかくである」というように自分自身の修行している戒律行について麗々しく述べたてることがないからである。かくいかに深い禅定《ぜんじょう》の境地であれ、なんらかの世間的存在について高慢で得々とした心のないひとについて、大老師たるひとびとは言う。「そうあることこそ、聖なるひとびとの宗教的真理である」と。

七八四 もしも、あるひとの心において、なんらかの宗教的真理が概念構想されていたり、深層意思によって意思されていたり、目標として設定されていたりするのであるならば、したがっていまだ清浄《しょうじょう》になりきっていないのであるならば、そのようなひとは、たちまちにして心が動揺するような相対的な静寂を根本的なるものとして絶対視しているにすぎない。なぜなら、そのようなひとは、自己自身に讃仰《さんごう》すべきところがあると見なしているからである。

七六五　そのようなひとがこのようであるのは、実際、ある宗教的ドグマを固定化してしまっているかぎり、なかなか容易には超克しがたいからである。ここにおいて固定化するとは、さまざまな宗教的真理について、かくかくであると断定してひとつの信念にすることである。そのようであるからこそ、ひとびとは、ここに固定化された宗教的真理について、他の宗教的真理を劣ったものとして拒否したり、その宗教的真理をすぐれたものとしてわがものだと主張したりするのである。

七六六　というのは、もしも、あらゆる心の垢《けが》れをふりきってしまったひとであるならば、くり返し再生してこのまま生きていく世間的存在について、いかなる宗教的ドグマを概念構想することもなくなってしまっている。虚妄の構想をも自我意識をも放捨してしまっているのであるから、あらゆる心の垢れをふりきってしまったそのひとが、どうしてさまざまな存在についてああだ、こうだというようにかかわりあっていくであろうか。そのひとこそ、いかなる存在にもかかわりあわないひとである。

七六七　それに反してもしも、なんらかの存在にかかわりあうひとであるならば、さまざまな存在についてああだ、こうだと言っては、論争にかかわりあっていくであろうが、いかなる存在にもかかわりあわないひとが、どうして問答を往還させ、論争することがあろうか。というのは、そのようなひとにあっては、もはやいかなる存在も、わがものとして主張されることがなく、いかなる存在も劣ったものとして拒否されることがないからである。そのようなひとは、いまここの世において、あらゆるドグマをふりきって捨ててしまっているからである。

第四経　清浄についての八詩頌

七八八「わたくしがいま見ている真理は、清浄だ。最高究極であって、もはや病いにかかることのない安らぎである。このように見られた真理によって、人間は完全に清浄になるのだ」というように知っているとき、このような清浄な真理にとらわれて見ているひとは、「それこそ最高究極である」と理解したうえで「真知である」という帰結に達する。

七八九ところでもし、このような見られた真理によって人間が清浄になるのであるならば、あるいはこのような知られた知によって人間が苦悩を放捨するのであるならば、他学派〔の見られた真理〕などによっても、人間は清浄になるであろう。〔どの学派であれ〕根本的な所有欲があることにかかわりがないのである。というのは、それぞれの宗教において見られた宗教的ドグマが、そのドグマを主張している当人を浄化するはずだ、と言っているところでは同じであるからである。

七九〇 しかし真のバラモンたるひとは、他学派のさまざまな真理によっては——あるいは見た真理によってであれ、あるいは聞いた真理によってであれ、あるいは戒律行や禁欲行によってであれ、あるいは思考した真理によってであれ——そのようなものによっては清浄になるとは教えていない。かれ自身が、宗教的な徳行にも、いわんや悪行にも、とらわれて執着することなく、わがものとする所有を放棄していて、とらわれたままに徳行をも悪行をも行為することがないからである。

七九一 いままで固執していた宗教的ドグマを放棄したかと思うと、またつぎのドグマに夢中になっている。かくしてつぎからつぎへと求めつづけていくかぎり、このようなひとびとは、執着された諸対象を欲求しつづける輪廻の洪水を渡ってしまうことがない。このようなひとびとが、ちょっと把捉しては、放棄してしまって、かえりみなくなるさまは、あたかも猿が枝を手放してはまた枝をつかまえていくがごとくである。

七九二 自分勝手にりっぱなことをしているのだと思い込んで、禁欲行の実践を堅持しているかぎり、人間は、うれしくて得意気になったり、つらくて絶望的になったりする。さまざまな概念構想〔の相互主体性〕に執着しているからである。しかしながら真知によってさとっていて、あらゆる宗教的真理を完全に理解しているときには、うれしくて得意気になったり、つらくて絶望的になったりすることはない。かぎりなくひろい叡知があるからである。

七九三 かくかぎりなくひろい叡知あるひとは、あるいは見た真理であれ、あるいは聞いた真理であれ、あるいは思考した真理であれ、いかなる宗教的真理についても唯一最高の宗教的真理だとして絶対視することがない。そのひとが、このように如実なるままに見ていて、覆障《ふくしょう》なくあきらかに修行しているときに、いかなる原因があって、ここなる世間的存在を概念構想することがあろうか。

七九四 いかなる世間的存在についても概念構想することもなければ、目標として設定することもない。「これこそ絶対的に清浄なるものである」というように、かれらがなんらかの主張命題を提言することもない。これまで久しく束縛してきたにしても、いつまでも自己存在を所有しつづけようとする束縛を放棄してしまうとき、もはやいかなる世間的存在についても希願することがない。

七九五 真のバラモンたるひとは、幾重にもなった有限性の限界を超越している。このようなひとであるならば、真知によって知ったからといって、あるいは真実に見ているからといって、かくかくであるというようにきめてしまって信念にすることがない。したがって欲望ある世界のあれこれを欲望することもなければ、欲望から自由になった世界のことごとを希求することもない。このようなひとであるならば、この世間にありながら、「これが最高究極のものだ」という信念をもつこともないのである。

第五経　最高究極についての八詩頌

七九六「われわれのほうこそ最高究極だ」というように、さまざまな宗教的ドグマにいつまでもなずんでいるままに、人間が、世間的存在について礼讃《らいさん》しているからこそ、他方で「こんなものは劣っている」というように、それ以外のすべてを悪しざまに言うのである。かくしていつまでたっても対論抗争を超越することがない。

七九七 あるいは見た真理についてであれ、あるいは聞いた真理についてであれ、あるいは戒律行や禁欲行についてであれ、あるいは思考した真理についてであれ、自己自身に讃仰すべきところがあると見るからこそ、かれら人間は、それらのものについてかくかくであるときめてしまって信念をもち、それら以外のあらゆるものについては「まったく劣ったものである」というように見るのである。

七九八 もしも、なんらかの存在を根本的なるものとして絶対視して、そうでないものは劣ったものであるというように見るとするならば、そのような存在は、結局のところ、束縛であるにすぎぬと大老師たるひとびとは言っている。それゆえに、あるいは見た真理であれ、あるいは聞いた真理であれ、あるいは思考した真理であれ、あるいは戒律行や禁欲行であれ、比丘たるひとは、いかなるものをも根本的なるものとして絶対視することのないようにするがよい。

七九九 そうしていかなる宗教的ドグマをも概念構想しないようにするがよい。世間的存在について、あるいは真知があるというようにでもあれ、あるいは戒律行や禁欲行を守っているというようにでもあれ。さらにはまた、「わたくしは同等である」とか、あるいは「わたくしは劣っている」とか、あるいはまた「わたくしはすぐれている」というように、自我意識をもって考えてはならぬ。自己自身なるものを思考しないことによってである。

八〇〇 自己自身のものとして所有しているものを放捨してしまっていて、いかなるものをも——身体でさえも——自己自身のものとして所有することのないひと、そのようなひとであるならば、真知すらをも根本的なるものとして絶対視することはない。そのようなひとであるならば、各自、個々別々に所有しているものにしたがって、各自、個々別々の存在として存続しつづけていくことはなく、そのようなひとが自分自身の存在についていかなる宗教的ドグマをもつこともないのである。

八〇一 安楽なる存在と苦悩する存在、内的存在と外的存在というような相対的なるもののいずれであるにもせよ、くり返し再生してこのまま生きていく世間的存在に対しては、この世の世間的存在に対しても、あるいはかしこの世の世間的存在に対しても、あくことなく願望することが、いまここの存在に存在しない——そのようなひとにとって、さまざまな宗教的真理についてかくかくであると定めて、信念としてしまい固定化してしまっているようなものは、いかなるものも存在しない。

八〇三　そのようなひとであるならば、いまここなる世間的存在について、あるいは見た真理についてであれ、あるいは聞いた真理についてであれ、あるいは思考した真理についてであれ、微細な概念構想〔の相互主体性〕も存在しない。このように真のバラモンたるひとがいかなる宗教的ドグマをもわがものとして所有することがないときに、どうしていまここなる世間的存在について概念構想することがあろうか。

八〇三　いかなる世間的存在についても構想することもなければ、目標として設定することもない。このようなひとびとにおいては、いかなる宗教的真理であろうとも体得しようと願求することはない。真のバラモンたるひとは、戒律行や禁欲行を実践することによって、さらに上へと導かれることがない。最高究極のところに達していて、いついかなるところにおいても同一なるままであって、なんらか他の存在になるということがないのである。

第六経　老いぼれ

八〇四　ああ、いまの世の人生のはかないことよ。百年も生きないうちに死んでしまう。もしやひょっとして百年をこえて生きるひとがあるとしても、それからどうなるかといえば、やっぱり老いぼれて死んでいくよりほかにはない。

八〇五 わたくしのものだとして所有している妻子などがあるからこそ、ひとびとは、いつもいつも悲痛をあじわう。わたくしのものとして所有する妻子などであろうと、このような所有物にして、いつまでももとのままに変化しないようなものは存在しないからである。いまここなる存在は、存在しているとはいっても、そのときそのとき別々の存在になっていくような存在である。このようにさとって家庭生活にふみとどまらないようにしなくてはならぬ。

八〇六 人間が「これは、どうしたってわたくしのものである」とかたく信じ込んでいるものであろうと、いざ死ぬときとなれば、やはり放棄していくのである。このようにさとって叡知あるひとは、妻子などをわたくしのものとして所有しつづけようとしないようにするがよい。仏陀たるわたくしの弟子であれば。

八〇七 たとえば、夢の中で出逢ったひとであろうとも、ひとたび目覚めてしまった後には人間が〔現実に〕まみえることは、もはやない。それと同様に、いかほど愛したひとであろうとも、逝去してしまい死去してしまったときには、もはやまみえることはない。

八〇八 いまここにはっきり名前のわかっているひとびとで、実際に見たことのあるひとびともあろうし、聞いたことのあるひとびともあろう。しかしながらひとびとが逝去してしまったときには、その名前だけが遺《のこ》っているにすぎぬ。しばしのあいだは消滅することもないままに。

八〇九　わたくしのものだとして所有しているものを執持《しゅうじ》して手放そうとしないからこそ、いざなくなったときには悲痛をあじわって悲嘆に明け暮れたり、またわがものになったときにはうつつをぬかして大喜びしたりすることを捨てきれない。されば沈黙の聖者たちは、あらゆる妻子などの所有を放棄してしまって修行していったのである。かぎりない平安をこそ目のあたりにしつつ。

八一〇　比丘たちが世塵《せじん》を遠く離れた坐所に坐禅して、瞑想に深く入っていく修行をしているにしても、もしひとりひとりの比丘が自己自身のすがたを輪廻的存在の定住処に見せることがないとすれば、そのことこそ、比丘たちが協和し和合して比丘教団をなしていることであるとわたくしは言う。

八一一　いかなる存在をも根本的なものとして絶対視することがなく、沈黙の聖者たるひとは、愛情をもつこともなければ、嫌悪《けんお》することもない。したがって、愛するものや嫌悪するものにひかれて悲嘆に明け暮れたり、うつつをぬかして大喜びしたりすることが、そのようなひとには付着しない。あたかも池水が蓮の葉に付着することがないように。

八一二　たとえば露の玉が花びらに付着することがなく、たとえば池水が蓮の花に付着することもないように、そのように沈黙の聖者たるひとが、なんらかのものに付着されることはない。すなわち見た真理にも聞いた真理にも、あるいはまたさまざまに思考した真理にもである。

八二三 なぜなら、あらんかぎりの日常性のけがれを放捨しきってしまったひとであるから、自己自身の宗教において見た真理や聞いた真理によって、またさまざまに思考した真理にもとづいて、わたくしは清浄であるとも思考しないし、他の宗教の見た真理などによって清浄になるとも承認しないのである。そのようなひとは自己の宗教の見た真理などに愛着することもなければ、他の宗教の見た真理などに愛着することもないからである。

第七経　ティッサ・メッテーヤ

八二四 ティッサ・メッテーヤ長老が申し上げる。「どうか師よ、性の歓びのことでうき身をやつしているひとが、どのような苦難を経験することになるかということを教えて下さい。わたくしは、あなたの教示をいただいてから、世塵を超脱した修行生活を学道修行していきたいと考えます」

八二五 世尊が説かれる。「メッテーヤよ、性の歓びのことでうき身をやつしているひとは、正しい戒律の教えをすっかり忘れてしまうことともなる。そうして戒律に反した悪行を犯すことにもなる。そういうことになれば、そのひとは聖なる教えを否定しているのである。

八二六 はじめのあいだ、独り離れてひたすら純一に修行実践してきたにもかかわらず、性の歓びに身をゆだねて、あたかも御者《ぎょしゃ》なしで右往左往して走る馬車に乗ったごとくになるならば、そのようなひとはただ単なる世間的存在であって、つまらない凡夫《ぼんぶ》であると言わねばならぬ。

八一七　はじめにはあった名声といい評判といい、それらも、そのようなひとからは失われてしまう。このことをもよく考えて、性の歓びを放棄すべく戒律・禅定・智慧の学道を修行実践するがよい。

八一八　もしも、ああはしたいが、こうはいやだと思いが千々に乱れるならば、かのひとは、ぬきさしならぬ窮地に陥ったひとのように千慮万思する。そして師匠をはじめとする他のひとびとの叱責《しっせき》する言葉を耳にしては、そのようなひとは、ふさぎ込んでしまう。

八一九　あまつさえ、他派のひとびとにまで非難されるようになったときには、自らを傷つけ他をも傷つける両刃の刃《やいば》の行いを犯すことになる。まことにかれのはてしない貪欲のなせるところにほかならないのであるが、自己弁護のために虚言をでっちあげるという深みにまでも落ち込んでいく。

八二〇　独り離れてひたすら純一に修行実践することに専心しているあいだは、『叡知あるひとだ』ということを、だれもが承認していたのであるが、ところが性の歓びにうき身をやつしてからというもの、愚鈍であるかのごとくに懊悩《おうのう》する。

八二一　最初にはあのようであって、後にはこのようになるとは、わたくしの教えにおいては、これは恐ろしいことだとさとって、沈黙の聖者たるひとは、いささかもたじろぐことなく独り離れてひたすら純一に修行実践していくがよい。けっして性の歓びに身をゆだねてはならぬ。

八三 世塵を超脱しきった修行実践をこそ学道修行していくがよい。これこそが、聖者たちにとっての最高の修行実践であるからである。がしかし、このように修行実践しているからといって、他のひとびとと比べて、自分がもっともすぐれているなどと高慢になってはならぬ。まことにそのようなひとこそ、いまここにありありと静寂なる涅槃が現成《げんじょう》してくる間近さのうちにいる。

八三 いま、あますところなく超脱している沈黙の聖者が、修行実践して、いかなる欲望の対象にひかれることもなく、生死流転の洪水を渡りきってしまっているとするならば、かれこそ、さまざまな欲望に拘束された世間のひとびとの羨望《せんぼう》してやまぬところだ」

第八経　パスーラ

八四 われわれの宗教によってこそ清浄になるのだ、というテーゼを主張しつづけるかぎり、他宗の真理によって清浄になるということは言わぬ。自分が根本的であると絶対視しているものによってこそ清浄になるというテーゼを主張しているあいだは、それぞれの凡夫たちが、それぞれ個々別々の真理を固定化しているにすぎぬ。

八二五　かれら対論者たちは、論争にいどもうとはやる思いで、大勢の聴衆にかこまれた宗教論議の場につかつかと歩いて入っていき、お互いに「あいつはたいしたものではない」と考えている。かれらは、師であるにせよ、教理であるにせよ、なんらか他のものの権威をかさにきて、論難しては返答して議論をつづけていく。どうかして絶讃を博したいと願いつつ、そして「われこそは大論師だ」と宣言しつつ。

八二六　大勢の聴衆にかこまれた宗教論議の場の中で、夢中になって論難したり返答したりしているあいだに、どうかして絶讃を博したいとの願いにもかかわらず、心配の気持がつのってくる。そうしていざ現実に自分の議論が論駁《ろんばく》されたということになると、かれは、どぎまぎしてどうしてよいかわからなくなる。罵倒《ばとう》する言葉をあびせかけられればあびせかけられるほど、いきりたってくる。なんとかして相手の議論の隙《すき》にきり込もうとして。

八二七　ここにおいてもしも、この論難者の展開した議論が、まったく相手に対する論難になっていない、すでに論駁されてしまっているというように問難を審議する裁定者が宣告した場合には、論争に敗北して、かのひとは悲嘆し悲痛をあじわう。そうして「ああ、自分はやられた」と言っては、いつまでも泣き喚《わめ》いている。

八二八　このような論争というはれの舞台が苦行する沙門《しゃもん》たちのあいだに発生したとなると、そのような論争において勝利して有頂天《うちょうてん》になることもあれば、敗北して失意落胆《らくたん》することもある。これはこれで恐ろしいことだということをよく理解して、論難しては返答する論争をやめて、よろこばないようにしなくてはならぬ。というのは、絶讃を博することができるという以外に他にためになることがあるというわけではないからである。

八二九　あるいはその反対に多勢の聴衆にかこまれた宗教論議の中央にあって弁論をふるって勝利し、かれのその信念が絶讃を博することとなるでもあろう。かくありたいと心に思っていた目標を成就《じょうじゅ》したのであれば、かれはかく絶讃を博したことに高笑いをしては、傲慢《ごうまん》さをいよいよつのらせる。

八三〇　そもそも傲慢さをいよいよつのらせるということは、その当人にとって心が困惑していることの一つの場合であるにほかならぬ。ところがかれは、そんなことおかまいなし、われこそはという慢心と自分がすぐれているという高慢をもって議論をつづけている。これもまた恐ろしいことだということをよく理解して論争をしないようにするがよい。というのは、かく論争することによって、罪悪から清浄になるというようには、大老師たちは教えていないからである。

八三一　たとえば、つぎのごとくである。勇壮な戦士たるものは、相手の王を殺戮《さつりく》するためにこそ、禄《ろく》を給付されてきたのであれば、いざ相手の戦士にむかって攻撃していくとなると、野獣のように咆哮《ほうこう》しながら攻めていく。「さあ戦士よ、行け、敵のいるところへ」との命令をうけて。ところがそもそものはじめからして、ここには戦闘の相手になるような存在は存在しないのである。

八三二　もしもあるひとびとが、ひとつの宗教的ドグマをふりかざして論争をしかけてくる、そうして「これこそが真理だ」というように議論を展開するならば、そのようなひとびとに、あなたは、つぎのように教えなくてはならぬ。「たとえ論争をなすような場面が発生したとしても、いまここにはあなたに対立して特定の真理を絶対視するようなひとは存在していない」と。

八三三　それに対して仏教者たるひとびとは、いかなる存在をも根本的なるものとして絶対視することなきままに修行していて、さまざまな宗教的ドグマに、かれ自身のドグマを対置する、というように敵対し反目することがない。そのようなひとびとにおいて、パスーラよ、きみは、いかなる〔敵対者〕を認識するであろうか。というのは、そのようなひとびとにおいては、いまここになんらかの最高なるものが固執されているということがないのであるから。

八三四　そういうときにきみは、自分だけの勝手な思弁をはたらかせているにすぎない。意の中だけでさまざまな宗教的ドグマにもとづくことごとを思考しているのであるから。きみは、すべての悪行を捨てきった清浄なるひとと対等になって対抗しているというわけではないのである。というのは、きみは、そのひとと並んで、一歩たりとも進んでいくことができないからである。

第九経　マーガンディヤ

八三五〔世尊が説かれる。〕「かつて〝深層の欲望〟と〝〔修行をよろこばない〕厭悪《えんお》〟と〝貪欲〟という魔王の三姫が媚態《びたい》を示してきたときにも、性の歓びにひかれる魅力を感ずることすらなかったのだ。このような大小便のいっぱいつまった肉体など、まったくけがらわしい。そんなものには、足ででも触りたいと思うことはない」

八三六〔マーガンディヤが申し上げる。〕「あまたの諸王に求婚されつづけてきた美女であるにもかかわらず、あなたは、このようなすばらしい女宝をも欲しくないという。それではいったい、あなたの宗教的ドグマとは何であり、あなたの戒律行・禁欲行、日常生活はどのようであり、またどのように再生して生きていく存在として生まれてきたと主張するのであるか」

八三七世尊が説かれる。「マーガンディヤよ、『わたくしはかくかくのことを主張する』というように、このわたくしには宗教的真理について判断したうえで確信していることがない。さまざまな宗教的ドグマについてすら輪廻の根本であることをあきらめ知って、いかなるドグマをも信奉することなく、真実なるままに思惟しつつ、わたくしは内的なる静寂の涅槃をさとったのであった」

八三八　マーガンディヤが申し上げる。「沈黙の聖者よ、ことにあなたは、もろもろの概念構想によって概念構想されたようなことごとを確信してしまうことなきままに、あなたがいまここにさとっている真実を〝内的なる静寂の涅槃〟と説きたまうのであるが、いったい賢者たちは、そのような真実とは、どのようであると説き教えているか」

八三九　世尊が説かれる。「マーガンディヤよ、かれら賢者たちは、真理を見ることによって清浄になるというのでもない。真理を聞くことによって、知識があることによって、戒律行と禁欲行を実践することによって清浄になるというのでもない。〔ましていわんや真理を見ないことによって、真理を聞かないことによって、知識なきことによって、戒律行を実践せず禁欲行を実践しないことによって清浄になるというのでもない。〕それらのことごとを虚無的に否定することもなければ、固執して確信することなく、静寂にしていかなる存在をも根本的なるものとして絶対視することなきままに、世間的存在にしがみついて放さないということがないようにしなくてはならぬ」

八四〇　マーガンディヤが申し上げる。「もしも、たしかに真理を見ることによって清浄になるのでもなければ、真理を聞くことによっても、知識があることによっても、戒律行や禁欲行を実践することによっても清浄になるのではない、〔ましていわんや真理を見ないことや真理を聞かないことや知識がないことや戒律行や禁欲行を実践しないことによってではない〕というのであるならば、わたくしが思うに、そのような教えは、ひどく馬鹿げた教えである。あるひとびとは、真理を見ることによってこそ清浄なる存在をさとっている」

八四一 世尊が説かれる。「マーガンディヤよ、きみはある一定の宗教的ドグマを根本的なるものとして絶対視したうえで質問を反復しているから、自ら確信しているようなことごとを基準にしていてわけがわからなくなってしまっているのであり、わたくしが説く仏教本来の教えについてこれっぽちも理解しないのである。そのことによってひどく馬鹿げた教えだと思い込んでいる。

八四二 『あいつと自分は同等だ』とか『あいつより自分のほうがすぐれている』とか『あいつに比べて自分は劣っている』とかというように自我意識によって思うひとこそが、そのような自我意識にもとづいて相手と論争することとなる。しかしそのような三種の自我意識の思いがさまざまに動くことなく静寂なるままであるひと、そのようなひとであるならば、やれ『同等である』とか、やれ『すぐれている』とかと考えることはない。

八四三 もしも真実のバラモンであって、『あいつと自分が同等である』とか『あいつに比べて自分がすぐれている』とか『劣っている』とかと思うことのないひとであれば、『これこそが真実である』というように主張して論争することがあろうか、あるいは『それは虚偽である』というように反論して論争するはずもないではないか。そのような真実のバラモンが、自我意識をはたらかせて相手との論争に夢中になるようなことは、けっしてない。

八四四 久しく慣れ親しんできた家庭生活を放捨し、日常経験の世界に逆戻りすることもなく、沈黙の聖者は、村落を遊行《ゆぎょう》するにも、さまざまな社会関係をもつことがない。さまざまな欲望の対象から超脱していて、いかなる宗教的ドグマをも定立することがないから、それらに固執して、世間のひとびとと宗教論議をすることもないのである。

八四五　世間にあって、独り離れて遊行し歩くときに、さまざまな宗教的ドグマから、もはやすでに超脱しきっているのであって、それらのドグマを提出して、竜象のようなリーダーが論争に陥るようなことはない。あたかも蓮池の泥水から茎が生長してくるにもかかわらず、蓮の花には泥水や泥土が付着することがないように、そのように沈黙の聖者も涅槃の静寂を説法するにもかかわらず、欲情にとらわれることなく、欲望の対象や世間的存在が付着することがない。

八四六　かように聖なる真理をきわめているひとは、なんらかの宗教的ドグマを見ることによって、また世間一般と同様に思考することによって、さまざまな自我意識をはたらかせるということがない。そのようなひとは、そのように自我意識にとらわれることがないからである。あるいはさまざまな行為をしているからとか、聞いているからとかといって、どうこうするということもない。そのようなひとがさまざまに固定化された対象にもとづいて何かするということはないのである。

八四七　いかなる概念構想〔の相互主体性〕からも超脱しきっているひとを束縛するようなものは存在しないし、さとりの智慧によって自由自在になったひとには無知蒙昧は存在しない。それに対しさまざまな概念構想に固執し、さまざまな宗教的ドグマを主張してゆずらないひとびとこそが、世間にあって独り離れて修行し歩きながらも、論争をしては、ガッチャガッチャと音をたててぶつかりあっている」

第一〇経　この世に身体があるあいだ

八四八「どのようなさとりの智慧の直観があり、どのような戒律行があって、涅槃の静寂に達しているといわれるのであるか。そのような最上なる人格についてお尋ねいたします。ゴータマよ、どうかわたくしに教えて下さい」

八四九 世尊が説かれる。「この世に身体があるあいだに、〔いつまでも世間的存在であろうとする〕深層の欲望から自由になりきっているひとは、過去の方向において、なんらかの存在を根本的なるものとして絶対視することもなければ、中央の現在について、一つ二つと数えられるような個別存在でもないし、そのようなひとが未来にある目的存在を期待することもない。

八五〇 むらむらと怒ることもなく、おどおどとこわがることもない。己惚《うぬぼ》れて横柄な口をきくこともなく、後悔してくよくよすることもない。おだやかに静かに説法して、興奮して激昂することがない。そのようなひとこそ、修行によってよく抑制された言葉を話す沈黙の聖者である。

八五一　未来にあるであろうことごとに向かって欲求していくこともなく、過去にあったことごとをいつまでも悲嘆しつづけることもない。いまここに経験していることごとがまさしくそのようにあるのみであって、いかなる実体もないことをさとっている。あれやこれやの宗教的ドグマにしたがって、いまここにさとっている真実を失うこともない。

八五二　すべてを断ちきってひたすら内に専注して静かであり、外面だけで瞞着《まんちゃく》することもなく、あくことなく欲求することもなく、我利我利亡者《がりがりもうじや》であることもない。傲慢不遜なることもなく、敗北した相手に厭悪心をもつこともなく、いい気になって、みそくそに罵詈《ばり》罵倒《とう》してしまうということもない。

八五三　心をひきつけるような対象があろうとも、欲望がはたらいて〔輪廻の洪水の荒波が〕漏れ込んでくることがなく、優越感に得々としていることもない。温和にして無礙《むげ》自在の説法力がある。ひとびとから何かを要求することもなければ、ひとびとに対してまったく冷淡であるのでもない。

八五四　沢山の供養を受けたいという欲があって学道修行するわけでもなく、供養を受けなかったからといって立腹して色をなすわけでもない。敵対し反目することはなく、快楽に愛着して、いやがうえにも欲求しつづけることもない。

八五五　放捨しきっていて平静のきわみにあり、いつもあるがままにいまここの存在を自覚しつづけているゆえに、世間にいるひとびとに対して、対等であるというようにも自我意識をもって慢心しないし、よりすぐれているとか、より劣っているとかというようにも慢心しない。されば、そのようなひとの心がさまざまに動揺するというようなことはない。

八五六 いかなる存在をも根本的なるものとして絶対視することがなくなっていて――というのはあらゆる存在をさとりの知によってさとっているからこそ、いかなる存在をも根本的なるものとして絶対視することがないのであるが――、〔くり返し再生して〕このまま生きていく存在でありつづけようとか、それが虚無的になくなった存在に達しようとかしたりする深層の欲望がなくなっている。そのようなひとを、〔すなわち〕

八五七 そのようにさまざまな欲望の対象に関与することのなくなったひとをこそ、静寂のきわみにあるひとであるとわたくしはよぶ。そのようなひとは、いかなる存在に束縛されることもなく、そのようなひとは、いつまでも世間的存在に執着しつづける毒薬のような深層の欲望〔の洪水〕を渡りきっている。

八五八 そのようなひとが、息子たち、あるいは家畜や田畑や宅地を、わがものとして所有することはない。そのようなひとには、わがものであるとする所有も存在しなければ、虚無であるとする非所有も存在しない。

八五九 どれほど悪しざまに、このひとのことを世間の凡夫たちや、また沙門やバラモンたちが喧伝《けんでん》しようとも、そのようなことが、このひとの念頭につきまとうということがない。それゆえにそのようなひとが、きたなくののしりあう論争にまき込まれていくこともない。

八六〇 あくことなく貪欲であるということはすっかりなくなってしまい、我利我利亡者でもなくなって、沈黙の聖者は、自らが優越していることを言葉にすることもなければ、対等であるとか、劣等であるとかとも言葉にすることがない。ああだ、こうだと構想することがなくなっていることによって、ああだ、こうだと構想してしまうことがないのである。

八六一 世間において自分のものとして所有しているものはなく、それが失われていったからといって悲嘆することもなく、さまざまな宗教的真理に対して心をはたらかせることのないひと、まことにそのようなひとこそが、静寂のきわみにあるひととよばれるのである」

第一一経　闘争や論争について

八六二「いったい何が根拠となってさまざまな闘争や論争が発生するのであるか。〔敗北しては〕悲嘆し懊悩し、〔勝利しては〕己惚れていい気になる。あるいは『われこそは……』と自我意識をもったり、『われこそはすぐれている』と高慢になるかと思うと、陰でこそこそと誹謗《ひぼう》中傷したりする。何が原因となってそのようなことごとが発生するのであるか――どうかそのことを教えて下さい」

八六三「これこそは自分のものだと大切にしている主義主張が根拠となって、さまざまな闘争や論争が発生する。〔敗北しては〕悲嘆し懊悩し、〔勝利しては〕己惚れていい気になる。あるいは『われこそは……』と自我意識をもったり、『われこそはすぐれている』と高慢になるかと思うと、陰でこそこそと誹謗中傷したりする。闘争や論争があるかぎり、己惚れていい気になることは必然であり、論争が発生したときには陰でこそこそと誹謗中傷することもやみ難い」

八六四「それではいったい、世間的存在においてこれこそは自分のものだと大切にしている主義主張は、いかなる根拠が根拠になっているのであるか。あるいはまた独り離れて修行し歩いているにもかかわらず、世間的存在であるままに貪欲にとりつかれているひとびとは、いかなる根拠が根拠になっているのであるか。世間のひとびとが最後の依《よ》りどころとしているような希望や目的は、いかなる根拠が根拠になっているのであるか」

八六五「世間的存在においてこれこそは自分のものだと大切にしている主義主張は、それらの対象にひかれる関心という根拠が根拠になっている。あるいはまた独り離れて修行し歩いているにもかかわらず、世間的存在であるままに貪欲にとりつかれているひとびとは、それらの対象にひかれる関心という根拠が根拠になっている。世間のひとびとが最後の依りどころとしているような希望や目的は、まさしくこの根拠が根拠になっている」

八六六「それではつぎに、世間的存在においてそれらの対象にひかれる関心は、いかなる根拠が根拠になっているのであるか。それらの対象について『これはかくかくである』などと判断することや、あるいはまた『卑屈に忿怒《ふんぬ》の心をおこしたり、自己弁護のために虚言をでっち上げたり、つぎからつぎへと論難をつづけていく』というようにかの沙門が説きたもうた心理的諸存在は、何が根拠となって発生しているのであるか」

八六七「世間的存在であるかぎり、ひとびとは、『自分にとって好ましい存在』とか『好ましくない存在』とかというが、そのような存在を根拠にすることによって、それらの対象にひかれる関心が発生する。〔好ましい、あるいは好ましくない〕身体的存在が滅していったり、生じてきたりするたびに、ひとびとは、世間的存在であるかぎり、『これはかくかくである』などと判断する。

八六八『卑屈に忿怒の心をおこしたり、自己弁護のために虚言をでっち上げたり、つぎからつぎへと論難をつづけていく』というように説かれたこれらの心理的諸存在も、自分にとって好ましい存在と好ましくない存在という二種の存在が根拠になってこそある。それにしてもここまで問うてきて、さらに疑惑があり論難をつづけるひとは、智慧によってさとりゆく道を求道して学道するがよい。かの沙門がこれらの心理的諸存在を説きたもうたのは、智慧によってさとった後〔に、それらを批判するため〕であったのだからである」

八六九「自分にとって好ましい存在と好ましくない存在とは、いかなる根拠が根拠になっているのであるか。そもそも何が存在しないことが根拠となって、これら両様の存在が存在しなくなるのであるか。そしてその存在について『滅していったり、生じてきたりする』と説かれたところの〔好ましい、あるいは好ましくない〕身体的存在は、いかなる根拠が根拠になっているか、ということを、わたくしに教えて下さい」

八七〇「自分にとって好ましい存在と好ましくない存在とは、対象経験という根拠が根拠になっている。そもそも対象経験が存在しないことが根拠となって、これら両様の存在が存在しなくなるのである。そしてその存在について『滅していったり、生じてきたりする』と説かれたところの〔好ましい、あるいは好ましくない〕身体的存在は、まさしくこの根拠が根拠になっているとわたくしはきみに説く」

八七一「それではつぎに、世間的存在において対象経験は、いかなる根拠が根拠になっているのであるか。あるいはまたさまざまな意味での所有は、何が根拠になって発生するのであるか。何が存在しないことが根拠になって、わたくしのものとして所有されている身体存在が存在しなくなるか。何が消滅してしまうことが根拠となって、対象経験の経験がなくなるか」

八七二「主体存在と身体存在よりなる個体存在が条件となって、対象経験が存在する。さまざまな意味での所有は、わたくしのものとしようとする欲求という根拠が根拠になっている。わたくしのものとしようとする欲求が存在しないということが根拠になって、わたくしのものとして所有されている身体存在は存在しなくなる。身体存在が消滅してしまうことが根拠となって、対象経験の経験がなくなる」

八七三「どのようになるところまで真理の間近に達するときに、それぞれの修行者の身体存在は消滅してしまうのであるか。どのようにして安楽の感情あるいはまた苦悩の感情〔の主体存在〕が消滅してしまうのか。どのようにして消滅するのかということを、わたくしに教えて下さい。そのことを知らなくてはならないという心がわたくしに生じてきました」

八七四「日常的概念構想がはたらいていて概念構想〔の相互主体性〕があるのでもなく、錯乱した概念構想がはたらいていて概念構想〔の相互主体性〕があるのでもなく、さりとていかなる概念構想〔の相互主体性〕もなくなった定《じょう》にあるのでもなく、あらゆる概念構想〔の相互主体性〕を超克してしまっているのでもない。このようになるところまで真理の間近に達するときに、それぞれの修行者の身体存在が消滅してしまうのである。一つ二つと数えられる個別存在は、概念構想〔の相互主体性〕が条件になってこそ存在するからである」

八七五「わたくしがあなたに質問したことについては、わたくしに答えていただきました。さらに最後の論題を、わたくしはあなたに問います。どうか教えて下さい。この世間において賢明であると自認するひとびとのうち、あるひとびとは以上のごとくであることだけで、霊魂の最高の清浄であるということを主張したり、あるいはまた、あるひとびとは以上のごとくであることよりも、さらに他のありかたが〔霊魂の最高の清浄である〕ということを主張したりするのでしょうか」

八七六「この世間において賢明であると自認するひとびとのうちの、あるひとびとは、以上のごとくであることだけで、霊魂の最高の清浄であるということを主張したり、他方またかれらのうちのあるひとびとは、いかなる所有をも余すことのない涅槃についての権威者であると宣言しつつ、寂滅こそが〔霊魂の最高の清浄〕であることを主張する。

八七七しかしそれに反して、かの深く哲学的に内省する沈黙の聖者は、そのようなひとびとはなんらかの存在を根本的なるものとして絶対視しているのだとさとりの知によって知り、絶対視されている存在をさとりの知によって知って、かくさとりの知があることによって解脱して自由になり、論争に入っていかない。この叡知あるひとは、くり返し再生してこのまま生きていく世間的存在に向かっていかない」

第一二経　諸論争批判の総括

八七八それぞれ自らの宗派の宗教的ドグマにいつまでもとらわれつづけていて、相互に対立する立場に固執し、それぞれ別々に「われこそは権威者である」と宣言している。「われわれが言うように知るひとこそが宗教的真理をさとっているのであり、われわれの言うことに反対の立場を表明し論難するようなひとは、絶対自由を得たひとではない」と。

八七九 かように相互に対立する立場に固執して論争している。そして「あいつは馬鹿者だ。権威者ではない」と言うのである。いったい、かれら論争するひとびとのうちでだれの主張するテーゼが真理であるか。というのは、かれらすべてが「われこそは権威者だ」と宣言しているからである。

八八〇 対論者の宗教的真理を承認していないひとが、馬鹿者となり畜生の性《さが》の者となり劣等な知能の者となるのであれば、かれらはすべてが馬鹿者でありひどく劣等な知能の者である。かれらはそれぞれがそれぞれの宗教的ドグマにいつまでもとらわれつづけているにすぎないからである。

八八一 つぎにまた、自分の宗教的ドグマが他のひとびとに承認されているからといって、垢《けが》れがなくなって清浄になり、智慧がまったく清浄になり、権威者となり、叡知ある者となるならば、かれらのうちでだれひとりとして、絶対的に劣等な智慧の者などはいないはずである。なぜならかれらは、それぞれ自分の宗教的ドグマを固持しつづけているという点では同様であるからである。

八八二 わたくしは、つぎのように説くことはけっしてないのである。相互に相手を「馬鹿者」よばわりするようなひとびとの主張するテーゼが、いつどこにても同一なる真理であるというように説くことは、けっしてない。かれらは、それぞれ自己自身の宗教的ドグマこそが真理であると考えている。さればこそ、他のひとを「馬鹿者である」と固持して譲らないのである。

八八三 あるひとびとが「真理である、いつどこにても同一の真理である」と主張するテーゼ、その同じテーゼを他のひとびとは「空虚である、虚偽である」と主張している。かくしてあいもかわらず、かれらは敵対する立場に固執して論争している。いったいどうして沙門たちは、唯一絶対の真理を説法しないのであるか。

八八四 まことに真理は唯一絶対である。それをめぐってさとりの知によってさとっているひとがさとりの知によってさとっているひとと論争しあうような第二の真理などは存在しない。しかるに各自各様の立場からかれらは、自分勝手にさまざまな真理を自画自讃している。かくして沙門たちは唯一絶対の真理を説法することがないのである。

八八五 それではいったい、いかなる理由によってかれら対論抗争者たちは、「われこそは権威者である」と宣言しながら、それぞれ別々な真理を主張するのであるか。そもそもそのような諸真理が多種多様にしてそれぞれ別々であるのであるか、それともかれらが論理的な思弁をそれぞれに追求しているにすぎないのであるか。

八八六 いや、けっして真理が多種多様であったり、それぞれ別々であったりするのではない。だが概念構想をはたらかせることによって「これこそは常住不変である」と執着し、世間においてさまざまな真理が主張されるということはないわけではない。かれらは論理的な思弁を構築して宗教的ドグマをこしらえ、やれ「真理だ」、やれ「虚偽だ」と二元対立的な存在を主張しているのである。

八八七 見た真理についてであれ、聞いた真理についてであれ、戒律行・禁欲行についてであれ、あるいは思考した真理についてであれ、ともかく、かくしてああだ、こうだと判断したことに固執しつづけ、それらの存在を根本的なるものとして絶対視しているからこそ、高笑いをしては、「あいつは馬鹿者だ、権威者ではない」と傲語《ごうご》する。ところが自分自身のほうも、いま現に相手方から同様に劣等視されているにもかかわらず。

八八八 「馬鹿者である」と相手方を蔑視《べっし》することになるのは、すなわち自分自身を「権威者である」と主張することになるのと同じ原因によってである。自分自身で自分自身のことを「権威者である」と主張するようなひとこそが、相手方を劣等視しているのであって、したがって、まさしくそのような言葉が口をついて出てくるのである。

八八九 いかなる相手に対しても凌駕《りょうが》しようとする宗教的ドグマではち切れそうになっていて、そのようなひとは、傲慢な自我意識でいい気になって己惚れ、「われこそは完璧だ」と高慢になっている。かくして自我意識をはたらかせて自分自身で自分自身を玉座にまつり上げている。というようなことになるのも、かれがかかる宗教的ドグマを抱懐しているということが、まさしくそのような結果をもたらさずにはすまないからである。

八九〇 もしも論争していて一方がそのように罵詈罵倒するからといって、他方が実際に劣等なるものになるとすれば、相手方がそうなると同時に罵詈罵倒している当人自身も智慧の劣等なるものになるはずである。あるいはもしも、論争者自身がそう思うからといって絶対の真理を知る者であり叡知ある者であるとすれば、かれら沙門たちの中に無知なる馬鹿者など、だれもいないこととなろう。

八九一 というのは、「われわれが主張する真理以外の他の真理を弁論するような者たちは、清浄になりゆく道からはずれているのであり、唯一絶対なる自由人ではないのだ」というように他宗派のひとびとは、各個別々に主張している。かれらは自己が正しいと信ずる宗教的ドグマに愛着する愛着をもちつづけているのである。

八九二 またかれらは「われわれの宗教によってのみ清浄になることができるのだ」ということだけを主張しつづけて、他宗派のひとびとの真理によって完全なる清浄になることはないと教えている。かようにかれら他宗派のひとびとは各個別々の宗教的ドグマに安住している、それぞれ自分自身の信奉する道だけを頑迷に断固主張しつづけることによって。

八九三 それにしても、しかし、自分自身の信奉する道だけを頑迷に断固主張しつづけるようなひとは、かかる自分だけの宗教的ドグマにもとづいて対論者を「馬鹿者である」と蔑視することはできないはずである。そのようなひとは、対論者を「馬鹿者である。清浄なる真理を教える者ではない」などと罵倒するとき、自分勝手に対立抗争を惹起《じゃっき》していることにすぎないからである。

八九四 ああだ、こうだと判断したことにいつまでも固執しつづけ、自分勝手に「これこそ真実の宗教だ」というカテゴリーを設定してしまっているかぎり、これからもいよいよ、この世間にあって論争に明け暮れることとなろう。しかし、ああだ、こうだと判断したことをすべて完全に放捨してしまうならば、この世間にあってひとびとが対立抗争をなすこともなくなるであろう。

第一三経　諸論争批判の根本真理の総括

八九五　いかなるひとびとであれ、ひとつの主張命題の提言者となるひとびとが、なんらかの宗教的ドグマの範囲にとどまり、いつまでもなずんでいるままに「われわれの主張命題だけが真理である」というように論争するならば、かれらすべては、いつもいつも敗北しては罵詈《ばり》雑言《ぞうごん》でののしられるという結果になるであろう。あるいはまたその論争において勝利して称讃を博するという場合もあるにはあるであろう。

八九六　しかし他方、かく称讃を博したところで、そんなことはつまらないことだ。涅槃の静寂を体得させるに足るほどのものではない。ましていわんや敗北したとなれば、いよいようしようもない。そもそも論争なるものは、どちらにしても困ったことになる相対立する二つの結果をもたらすものだとわたくしは言う。このことをしっかりと見究めて論争しないようにするがよい。論争の発生する余地のない平安なる涅槃を目指していくようにして。

八九七　いかなるものであれ、個々別々に考えられてきた世俗に通用する宗教的ドグマがそれぞれの場合に主張されているのであるが、いまもし、あるがままに真理をさとっているひとであるならば、そのような世俗に通用するドグマにかかわるようなことがまったくない。いかなるものにかかわることもないそのひとが、どうしてなんらかの存在にかかわりあっていくことがあろうか。見た真理についてであれ、聞いた真理についてであれ、承認を得ようとすることがまったくないからである。

八九八　戒律行を守っていくことが最上の実践だと信ずるひとびとは、そのように規律を守っていくことによって清浄になると主張する。かく禁欲生活が正しいと信じて妄信しつづけているひとびとは、「さあ、わたくしの宗教にもとづいて学道しよう。そうすれば清浄になるであろう」というように、われこそは大老師であると主張している。しかし実際には〔くり返し再生して〕このまま生きていく存在をとらえて放さないままであるにすぎないのである。

八九九　もしも戒律行・禁欲行を堅持していくことができずして転落してしまうとするならば、どうであろうか。かれは、戒律行・禁欲行などの善業を達成することに失敗して煩悶《はんもん》する。かえって戒律行・禁欲行などを羨望《せんぼう》する欲求におそれわれ、それらによって清浄になりたいと希求する。あたかも家を出て遠く旅行しているあいだにキャラバンからはぐれてしまったひとのごとくである。

九〇〇　あるいはそうではなくして、あらゆる戒律行をも禁欲行をも放捨してしまい、この世間にあるかぎりの罪過ある悪業をも罪過なき善業をも放捨してしまい、「清浄になろう」とも「不浄であろう」とも願求することなく、一切から超脱しきって修行し歩くがよい。静寂なる涅槃すらも、よきものとして固執することなく。

九〇一　苦しめて苦しめて苛酷なまでに身体を厭悪しつづけていく苦行とか、あるいはまた見た真理、聞いた真理、あるいは思考した真理とかを根本的なるものとして絶対視し、それによってこそ清浄になるのだといつもいつも自画自讃しつづける。未来に向かって輪廻しつづけているにもかかわらず。くり返し再生してこのまま生きていく存在を求めてやまない深層の欲望がなくなっているのではないからである。

九〇二　というのは願求しているひとにとってこそ、いよいよ求めてやまない欲求がつのってくるのである。そしてまたさまざまな存在が概念構想されているからこそ、あれやこれやのことごとで煩悶するのである。しかしもし、この世間から死んでいっては、この世間へ生まれてくることのないひとがいるとするならば、そのようなひとは、いかなるしかたでも煩悶するということがなく、いかなるものをも求めてやまないということがない。

九〇三　あるひとびとがある一つの宗教的真理を「最高究極だ」と主張するのに対して、他のひとびとは、その同じ宗教的真理を自らの宗教的真理より「はるかに劣等だ」と主張する。

かれら主張者たちの根本テーゼは、いったい、いずれが真実であろうか。というのは、かれら主張者たちのすべてが、「われこそ大論師」と主張してやまないからである。

九〇四　すなわちかれらは自分自身の信奉する宗教的真理は「完全無欠だ」と主張するのに対して、他者の信奉する宗教的真理は「はるかに劣等だ」と主張するのである。お互いに同様に主張しあって対立した立場に固執しあい、論争をたたかわせるのであり、それぞれ世俗に通用する自分自身のドグマを真理だと主張しているにすぎぬ。

九〇五　もしも対論者が論難をあびせかけているように実際に「はるかに劣等」であるのだとすると、かれらの信奉する宗教的真理のうちで、どれもとくに優等なるものはないこととなろう。というのはそれぞれ個々別々の立場から対論者の信奉する宗教的真理を「はるかに劣等だ」と主張しあい、自分自身の信奉する宗教的真理については「確固不動だ」と主張しつづけているからである。

九〇六　それに対してそれぞれ自己自身の信奉する究極の道を礼讃しているということは、すなわちそれぞれ自己自身の宗教的真理を信仰し尊崇しているということと同じである。したがってあらゆる主張されているテーゼはすべて同様に真理だということになるであろう。〔そのようなことはあり得ない。〕というのは、ここで問題になっているいかにして清浄になるか、ということは、かれらひとりひとりが自己自身の内面に体験するよりほかないことであるからである。

九〇七　バラモンたるひとには、他者との対論によって確定しなくてはならないようなもの――すなわちいくつかの宗教的真理について是非を決定したうえで信念になっているようなもの――は存在しないのである。それゆえにかれは、あらゆる論争をすっかり超越してしまっている。というのは、かれが他派の宗教的真理がよりすぐれていると考えることはないからである。

九〇八「わたくしは真理をさとって知っている。わたくしは真理を見ている。これこそが唯一の真理である」というような宗教的ドグマによって清浄になるのだとあるひとびとは結論する。しかしそのようなドグマをもったところで、そのようなことがきみにとってなんの役に立とうか。かれらは、いまここなる自己自身のもととなる真理を見失ったまま、何か他のものによって清浄になるのだと主張しているのである。

九〇九　そのような宗教的ドグマをもっているとき、ひとは主体存在と身体存在よりなる個体存在（名色《みようしき》）を対象として、そのようなドグマをもちつづけていくであろう。あるいはそのようなドグマをもつことがなくなったときに、まさしくそれら主体存在と身体存在よりなる個体存在を対象としていたのだということをありありとさとることもあろう。しかしその場合多数のドグマをもっていようと少数のドグマをもっていようとそんなことはどうでもよいことだ。というのは、なんらかのドグマをもつことによって清浄になるというようには、大老師たちは教えていないからである。

九〇 まことにある一つの存在を根本的なるものとして絶対視してテーゼを主張しているひとを教え導くことは容易でない。こうだと構想されたドグマを最高の真実だと信じ込んでいるからである。これこそが真実だと絶対視している存在によって清浄になるのだと主張しているとき、そのように清浄を主張する論者は、こうだと絶対視したものについて、そのとおりに真実だと考えてしまっていて疑うことを知らないのである。

九一 バラモンたるひとは、余すところなくあきらかに真理を思惟していることによって、いかなる概念構想をはたらかせることもない。なんらかのドグマを真実であるということもなければ、なんらかの知があることによって束縛されるということもない。かのひとはかずかずの世俗に通用するドグマが個別的な人間存在に由来することをさとっていて、すべての存在を放捨しきって平静である。それに対し他のひとびとは、さまざまな存在を個別的存在として認識しているのである。

九二 沈黙の聖者たるひとは、いまここなる世間的存在の束縛の原因にとらわれる執着から超脱しきっていて、各自個々別々の立場を確執しあう論争が生じたときにも、わたくしという個別存在に堕した存在として存在しつづけることがない。かのひとは、静寂ならざるひとびとの中にあって、心の静寂に達している。すべてを放捨しきって平静であり、いかなる存在をも個々の存在として認識することがない。それに対して他のひとびとは、さまざまな存在を個々の存在として認識しているのである。

九一三 過去の存在において漏水《ろうすい》してきた輪廻的存在の潜勢力を放棄していって、現在の存在においてあらたなる輪廻的存在の潜勢力が漏水しないようにし、ああしたい、こうしたいという関心にひかれるままになることもなければ、ある一つの存在を絶対視してテーゼを主張することもない。そのような叡知あるひとは、さまざまな種類の宗教的ドグマから解脱して自由であり、どれかの世間的存在につきとどまりつづけることもなく、自分のしたこと、しなかったことについて良心の呵責《かしやく》にさいなまれることもない。

九一四 かのひとは、いかなる存在であれ、見た真理であれ、聞いた真理であれ、あるいは思考した真理であれ、あらゆる存在を根本的なるものとして絶対視することから超脱してしまっている。かの沈黙の聖者たるひとは、生死流転《しょうじるてん》する存在の重荷を降ろしてしまって、あらゆる心のはたらきから解脱して自由になっている。いかなる存在を構想することもなく、よろこぶこともなく、欲求することもない。

以上は世尊の言葉である。

第一四経　トゥヴァタカ

九一五 〔トゥヴァタカ（?）が申し上げる。〕「日輪の王統に生まれて大いなる聖仙になったあなたに、世塵を離れた山林で修行し、静寂の道を体得することについてお尋ねします。比丘たる者は、この世間内のいかなる存在をもわがものとして所有することがなくなるときに、どのように真理を見て涅槃の静寂に入るのであるか」

九一六 世尊が説かれる。「つぎからつぎへと輪廻転生しようとしつづける世間的存在にして一つ二つと数えられる個別存在なるものの根本、すなわち『わたくしは存在する』というようなすべての自我意識を、真知によって思惟して止滅させてしまうがよい。いささかでも世間的存在でありつづけようとする深層の欲望が心内に存在するかぎり、それらから離脱していくように、瞬時をおかず、あるがままにいまここの存在を自覚しつつ学道していかねばならぬ。

九一七 いかなるものであるにせよ、なんらかの宗教的真理をいまここにありありとさとっている——内なる自己自身の存在についてであれ外なる他者の存在についてであれ——ときに、そのような宗教的真理があるからといって、『われこそは……』という威張った態度をとってはならない。そのようなことは誠なるひとびとの涅槃の静寂であるとは教えられていないからである。

九一八 そのような宗教的真理があるからといって、わたくしのほうが優等であるとか、わたくしのほうが劣等であるとか、あるいはまたわたくしと同等であるというような自我意識をもってはいけない。多種多様な経験を経験していながら、『わたくしは存在する』というように一定不変の自我的存在を構想して、いつまでもとらわれたままであってはいけない。

九二九　いまここなる自己自身の内なる心についてこそ、修行しきたり修行しさって静寂に達するがよい。比丘たる者は、その他のものを対象とする修行によって静寂に達することを求めてはならぬ。自己自身の内なる心について修行してきて静寂に達したひとであれば、いかなる自我的存在も存在しないし、ましていわんや自我的存在を否定した虚無的存在が存在することはない。

九三〇　あたかも大海の深い水中においてはいかなる波浪も生ずることなく、いつまでも静止したままであるごとく、そのようにいつまでも静止したままであって、あれやこれやに心を動かすことのないようにするがよい。比丘たる者は、いかなる存在を対象にしてでもあれ、『われこそは……』という高慢の自我意識を保持してはならないのである」

九三一〔トゥヴァタカ（?）が申し上げる。〕「あなたこそ、いささかもくもりない眼あるひと。あなた自身がじきじきにさとっておられる宗教的真理――輪廻のせまりくる荒波からはるかに超脱させる真理――を説法して下さいました。どうかつぎには修行実践の道を教えて下さい。あるいは自己の内なる心を防護する戒律行であれ、あるいはまた心を一つに統一する三昧《さんまい》の定《じょう》であれ」

九三二〔世尊が説かれる。〕「両の眼があれやこれやにきょろきょろするようであってはならない。世俗のことごとが話題になっているときには耳をふさいでおくようにするがよい。おいしいものばかり、つぎからつぎへとあくことなく欲求しつづけていてはいけない。この世間内にあるかぎりのいかなる存在をも『わたくしのもの』として所有しないようにせよ。

九二三　いかなる対象がそこにあろうとも、苦痛などの経験を経験することがあろうとも、比丘たる者は、悲嘆の声をあげてはいけない。そしてくり返し再生してこのまま生きていく存在にしがみついて放さないというようなことがあってはいけない。また、おそろしい対象が出現してこようとも、心を動揺させてはいけない。

九二四　さまざまな食べ物であれ、またさまざまな飲み物であれ、あるいは口に入れる食べ物であれ、あるいは身体につける衣服であれ、余分に得たからといって蓄財してはいけない。また、それらが得られないからといって、あれこれ不安に思ってもいけない。

九二五　深い禅定《ぜんじょう》の瞑想に入っていて、あちらへ行ったりこちらへ行ったりふらふら出歩いてはいけない。ああ、悪いことをしたなどとくよくよ後悔することをやめよ。ぼやぼやして不精《ぶしょう》であるままであってはいけない。つぎに比丘たる者は、いつも人声の聞こえない静かな坐処に坐し、臥処《がしょ》に臥《ふ》して修行実践にいそしむがよい。

九二六　勇猛に修行に励んでいるひとであれば、惰眠をむさぼることのないようにせよ。いつも惺々著《はっきり》として目覚めているようにせよ。だらしなく弛緩《しかん》すること、欺瞞《ぎまん》すること、哄笑《こうしょう》すること、娯楽をして遊ぶこと、性の歓びにふけること、そして装身具で飾りたてることをきっぱりと断つべきである。

九二七　わが仏弟子たる者は、アタルヴァ・ヴェーダに由来する諸呪術・夢占術・占相術ならびに天文図《と》讖《しん》術を行使してはならないし、鳥獣の鳴き声を占う術や子宝を授ける術、さらには医療に従事してはならない。

九二八　比丘たる者は、敗北してみそくそにののしられたからといっておどおどしてはならないし、勝利の喝采《かっさい》をあびたからといって傲慢になってはいけない。勝利して奉献されるものにやたらと貪欲になったり己惚れていい気になることをも、敗北して卑屈に忿怒の心をおこしたり陰でこそこそと誹謗中傷することをも根絶するのでなくてはならぬ。

九二九　比丘たる者は、いかなるものを売ることをも買うことをもやめなくてはいけない。心中ひそかにであれ外の態度に現してであれ、他人を侮辱《ぶじょく》してはいけない。世間のひとびとと交際して世間並みのことごとに興味をもってはいけない。供養を得たいという意図をもって世間のひとびとに話しかけてはいけない。

九三〇　比丘たる者は、己惚れてえらそうな口をきく者であってはいけない。あらかじめ意図した目的をもって議論をしかけてはいけない。身体においても言葉においても心においても横柄で威張った態度をならいとしてはいけない。ひたすら敵対し抗論するだけの論争を論争しつづけてはいけない。

九三一　劣勢になってきて、自己弁護のために虚言をでっち上げるようなことになってはならないし、はっきりと意識しながら、相手を欺瞞するような術を弄《ろう》してはならない。他方、優位にあって貧富貴賤の生活について、さとりの智慧について、戒律行・禁欲行について、他者より自分がすぐれていると慢心してはならない。

九三二　大勢の他派の沙門たちや各種各様のひとびとがわいわいがやがやとまくしたてる言葉を聞いて、いよいよ激昂し、荒々しい、きたない言葉でかれらと対論抗争してはいけない。心の静寂に達したひとであるならば、いかなる存在をも対立する存在として絶対視することがないからである。

九三三　比丘たる者は、ここに説かれた宗教的真理をありありと証知して深く思惟し、つねにあるがままにいまここの存在を思惟しつづけて学道修行していくがよい。あらゆる深層存在の寂滅こそが涅槃の静寂であるとあきらかに知って、ゴータマなるひとの教えにしたがい、ゆめゆめ、ぼやぼやして不精であってはならない。

九三四　まこと、かのゴータマなるひとこそは、あらゆる諸存在を無礙自在にコントロールしていて、いかなる諸存在にコントロールされることもないまま、いまここにじきじきにさとっているのであって、伝承や伝聞によるのではない宗教的真理をば大悟徹底されたのである。それゆえにつねにかの世尊なるかたを礼拝恭敬《らいはいくぎょう》しつつ、ぼやぼやして不精なることなく修行しきたり修行しさっていくがよい」

以上は世尊の言葉である。

第一五経　他のひとびとや生き物たちに暴力をふるうことについて

九三五　他のひとびとや生き物たちに暴力をふるって悪業を積むようなことになってはならないという不安が生じてきた。さらに論争したり喧嘩《けんか》したりしているひとびとを見よ。わたくしが、どのようにしてこの世の存在を厭《いと》い捨てる心をおこしたか——厭い捨てる心のことを語ろう。

九三六　あたかも沼沢の水がどんどん干上《ひあ》がっていくとき、〔多数の〕魚たちが生きのびようとして、あっちこっちへ跳《は》ねまわり、お互いにぶつかりあっているように、ひとびとが生きんがためにあっちこっちにのたうちまわり、衝突しあっているのを見て、わたくしは、いかんともし難い不安のとりこになってしまったのである。

九三七　無限の過去以来〔上は神々の存在から下は地獄の存在に至るまで、〕あらゆる方位の世間的存在へと、つぎからつぎへとつき動かされて輪廻転生しているが、いかなるところにおいても世間的存在は根底的にうつろい実質がない。どこかにわたくしの自己自身の精神のアートマンがいこい安らう定住処がないものかとさがしまわってみたが、わたくしが見たのは、いい加減なところに安住しているひとびとばかり。

九三八　しかもそのひとびとがかく安住していることによって、「われこそは最高究極の真理を知った」と主張しては論争しあい対立しあっているのを目のあたりにして、わたくしは絶望的になった――ふとその瞬間、わたくしは、あらゆるひとびとの心臓に一本の矢が突きささっているのを見たのである。

九三九 その心臓に突きささった矢のエネルギーによって突き飛ばされて、あらゆるひとびとは、あらゆる方位の世間的存在へと輪廻転生しつづけていくのである。いまもしも、その矢をさえ引き抜いてしまうならば、もはや輪廻転生することはあるまい。もはやはてしない輪廻の洪水の底に沈んでいることはあるまい。

ここにおいて〔どのように〕修行実践の学道をなす〔べきか、という〕ことが、〔根本の詩頌に〕もとづいて〔いくつかの詩頌を補足して〕うたわれる。

九四〇 世間的存在であるかぎり、さまざまな基本条件に、束縛されているのではあるが、いつまでもそのような基本条件に安住しつづけることをやめよ。あらゆる欲望の対象を完全に厭い捨てて、自己自身の精神のアートマンに帰入する静寂の涅槃を学道修行するようにせよ。

九四一 誠実に真理を説いて、あやまった真理をほこらしげに主張することをやめよ。虚妄の言を言うことなく、陰でこそこそと誹謗中傷することからも自由になれ。忿怒することなく、沈黙の聖者たるひとは、あくことなく欲望しつづける貪欲の悪業を超出せよ。

九四二 睡気《ねむけ》におそわれて、〔身体も〕だらしなく弛緩し、〔精神も〕とろんと昏散《こんさん》してくることを超克せよ。ふらふらと散漫なるままにひとびとの中で生活することをやめよ。いつまでも高慢でありつづけることをやめよ。静寂の涅槃に心を向ける人であれば。

九四三〔論争で劣勢になって〕自己弁護のために虚言をでっち上げるようなことにならないようにせよ。身体存在につねにつきまとう愛着をもたないようにせよ。〔最深層に〕自我意識がはたらいていることを完全に知って放捨せよ。〔最深層の欲望の〕やみくもの衝動から離脱して修行実践していくがよい。

九四四過去以来、存続してきた存在に喜悦しないようにせよ。未来の新しい存在を期待してやまないことのないようにせよ。〔若くて美しい存在を〕喪失していくからといって悲嘆することをやめよ。〔いつまでも、なんらかの存在に〕ひかれつづけて一定コースにしたがって生きていくことをやめよ。

九四五わたくしは言う。はてしない輪廻の洪水であるのは、いつまでも世間的存在でありつづけようとする深層の欲求である。わたくしは言う。あちこちに向かう激流であるのは、そのときどきの衝動的な欲求である。漂流物であるのは、つぎつぎと世間的存在であろうと意志しつづけ構想しつづけていくときの対象物である。ああ、まことに欲望の底なしの泥沼を渡りきることは難しい。

九四六いまここに実在する根本真理とまったく一つになっていてゆるぎなく、あらゆる身体存在や対象存在をあらゆるところにおいて放捨しきっているならば、そのような沈黙の聖者にして真のバラモンたるひとこそ、大地にしっかりと安住している。ああ、まことにそのようなひとこそ、静寂であるとよばれる。

九四七 ああ、まことにそのようなひとこそ、真理を知っている。そのようなひとこそ聖なる真理を体得している。あらゆる真理をあるがままにさとっていて、いかなる宗教的真理をも根本的なるものとして絶対視することがない。そのようなひとは、世間的存在として正しい威儀によって日常生活を生きていながらも、いかなる世間的存在にもなりたいと希願するわけではない。

九四八 世間的存在であるかぎり超脱し難いにもかかわらず、この世間にあってさまざまな欲望の対象をも、執着の対象をも超脱してしまったひとであるならば、そのようなひとは、過去にあった存在を喪失したからといって悲嘆することもなければ、未来にあるであろう存在を願求してやまないということもない。生死流転の時の流れを断ちきってしまい、いかなる条件に束縛されることもないのである。

九四九 無限の過去以来〔個体存在に漏水してきた輪廻的存在〕の汚水を干上がらせてしまうがよい。未来についてもいかなる世間的存在をも志向しないようにするがよい。いまここ現在において、いかなる世間的存在にも執着して放さないということのないようにするがよい。〔このように禅定において思惟しつつ〕静寂なるままに修行していくがよい。

九五〇 かくして過去についても、未来についても、現在についても、個体存在を「わたくしのもの」として所有することがないならば、〔若くて美しかりし存在が〕なくなったからといって悲嘆することもない。この世の存在でありながら年老いることもない。

九五一　もしひとが、いかなる存在をも所有することがなく、「いまここなる存在はわたくしの所有である」とか、あるいは「わたくしとは無関係な別物である」とかというように思うこともまったくないならば、そのようなひとは、どこにも「わたくしのもの」として所有するものがないのであって、「ああ、わたくしから失われていった」といって悲嘆することもないのである。

九五二　かように〔根本真理と〕一つになっていて微動だにしないひとについて問うひとがあるならば、つぎのようなめでたい功徳《くどく》があるとわたくしは説く。極端なまで頑《かたく》なに厭悪《えんお》〔して苦行〕することもなければ、つねにあくことなく貪欲〔であって世間的存在でありつづける〕こともなく、衝動的な欲望に動かされるということもなく、あらゆるところのあらゆる対象についてつねに同一にして平等であり静寂をきわめている。

九五三　衝動的な欲望によって微動だにすることなく、あきらかに真理をさとっているひとには、もはやいかなる世間的な行動もなくなっている。かようにさまざまな作為的行為が脱落してしまったひとは、あらゆるところで平安のよろこびを、いまここに知る。

九五四　そのような沈黙の聖者は、説法するのではあるが、他のひとびとと比べて「対等」であるとか「劣等」であるとか「優越」しているとかという自我意識をもつことがない。静寂なるままに、いかなる所有の欲望もなくなっている。〔かくして中道の真理にしたがって実有論的に個体存在を〕所有することもなければ、〔虚無論的に個体存在を〕拒絶することもないのである。

以上は世尊の言葉である。

第一六経　サーリプッタ長老

九五五 サーリプッタ（舎利《しゃり》弗《ほつ》）長老が申し上げる。「わたくしは、いままでに見たこともなければ、だれからも聞いたことがない――かくも深い感動を与える説法をしたまう師が、仏弟子や信者たちの教団を導く師として、都《と》率《そつ》天からやって来て、

九五六 その智慧の眼《まなこ》あるひとが神々などの世間的存在の中に出現したまい、あらんかぎりの闇黒を駆逐して、ただひとりさとりの法悦を実現したもうたとは！

九五七 この仏陀たる覚者は、いかなる固定観念にしたがうこともなく、いかなるところにおいても如々《にょにょ》にして一であって、いかなることについても隠しだてすることがなく、弟子や信者たちの教団を導く師として、あまたの仏教帰信者たちのもとにやって来ています。そのひとに、わたくしは質問をしたいと思ってやって来ました。

九五八 いま、ひとりの比丘がこの世のうつろいやすきを厭い捨てて、あるいは大樹の根もとで

もあれ、あるいは墓所でもあれ、あるいは深山幽谷の洞窟においてでもあれ、世塵を遠く離れた坐所に身を寄せて、

九五九　またりっぱなものから粗末なものまで、さまざまの臥処《がしょ》にあるときに、そこにはどれほど多くの恐怖すべきことがあるのであるか。すなわち比丘たる者は、かくあらゆる喧噪《けんそう》の聞こえない坐臥処にあるときに、さまざまな恐怖すべきことごとに怖《おそ》れおののいてはならないのであるが、どれほど多くのそのような恐怖すべきことがあるのであるか。

九六〇　不死の甘露のところへとすすみゆくあいだに、この世間にあってどれだけの種類の輪廻の荒波にあらわれるのであるか。すなわち比丘たる者は、かく奥深い僻地《へきち》の坐臥所にあるときに、さまざまな輪廻の荒波を超克しなくてはならないのであるが、どれだけの種類のそのような輪廻の荒波にあらわれるのであるか。

九六一　比丘がもし、ひるみなく努力しているならば、そのひとはどのような言葉を話すであろうか。そのひとは、ここにおいてどのような対象を経験するであろうか。どのような戒律行と禁欲行を守るであろうか。

九六二　どのような学道を実践しているときに、かの比丘は、心を一つにし叡知あり、あるがままにいまここの存在を思惟していて、自己自身の精神のアートマンの塵垢《じんく》をふりきってしまうのであるか。あたかも銀を精錬する鍛冶工《かじこう》が銀の塵垢をふりきってしまうように」

九六三　世尊が説かれる。「サーリプッタよ、この世のうつろいやすきを厭い捨てて、世塵を遠

く離れた坐臥処にあって、完全なる菩提《さとり》を願求するひとが、いまここに直接的にさとる安らぎをば、真理を求道しゆく修行実践の順序にしたがって、わたくしは、きみに説くことにしよう。わたくしがさとっているがままに。

九六四 叡知あるかの比丘が、深く思惟しながら僻遠のところで修行しているときに、五種の恐怖を恐怖してはならない。〔一〕虻《あぶ》の類、〔二〕蚊《か》の類、〔三〕蛇の類、〔四〕他の人間との関係にもとづく身心の状態、〔五〕四足獣。

九六五 また、他学派の宗教者たちがどれほど多くの点で不安や憂慮をもたらすようであろうとも、かれらを恐ろしがってはいけない。さらにその他にもさまざまな輪廻の荒波を超克しなくてはならない。善なる修行道を求道していくひとであれば。

九六六 病気にもとづく身心の状態あるいは饑餓《きが》の状態によって、いかなる身心の状態になろうとも、寒冷をも極度の炎熱をも、忍耐しなくてはならない。これらにもとづいて、どれほどさまざまな身心の状態になろうとも、かの定住処なき比丘は、すすまずんばやまざる勇猛な努力を不断に積んでいかなくてはならぬ。

九六七 他人のものを盗んではいけないし、嘘《うそ》をついてはいけない。いかなる動物や植物を見聞するに際しても、慈愛ぶかい心をもちつづけていなくてはならない。もしも心の状態が混濁していることを認めるとするならば、『ああ、これは黒いやつの領分だ』と考えて浄化していかなくてはならない。

九六八　激怒したり、いい気になっていたり、高慢であったりするままになっていてはいけない。それらを根っこから掘り返してしまって確固不動でなくてはならない。かくしてあるいは愛好するもの、あるいはまた嫌悪するものが現実にせまってこようとも、それらにとらわれないままに超克しなくてはいけない。

九六九　さとりの智慧をこそひたすら求め、善なる思惟にこそ喜びをもって、このようなさまざまな輪廻の荒波を瓦解氷消《がかいひょうしょう》させてしまうがよい。奥深い僻地の坐処にあっては、もういやだと思う気持を忍耐しなくてはいけない。つぎのような四種の不平不満の原因となることごとを忍耐しなくてはいけない。

九七〇　『いったい、何を食べようか』あるいは『どこで食べようか』『ああ、昨夜は寝苦しかった。今夜はどこで横臥しようか』。このような不平不満の原因となる思いわずらいをば正しい思惟へと導いていかなくてはいけない。一処不住に漂流して学道する仏弟子であれば。

九七一　食べるものであれ、着るものであれ、正しいときに托鉢《たくはつ》して得てくるときには、それで満足するように、そのようなひとは、少欲知足の節度をわきまえていなくてはいけない。そのようなひとは、村々を行くときにも、それらのことごとについて持戒堅固であり、どんな不愉快な目にあおうとも、荒々しい粗野な言葉を口にしてはいけない。

九七二　眼差《まなざ》しは、しずかに下に向かっていて歩調はふらふらと乱れることがない。いつもいつも禅定の修行にいそしんでいて、つねに惺々著《はっきり》と目覚めているがよい。かぎりない平静さを対象として三昧の心統一に入っているままに、あれこれはからって欲求することをも、ああ悪いことをしたと後悔することをも断ちきってしまうがよい。

九七三　いさめの言葉によって過失を詰問されたときには、しずかに思惟しているままに踊躍歓《ゆやくかん》喜《ぎ》しなくてはいけないし、清浄なる修行生活をともにする同行に対しては、不毛な悪心をきっぱりと断ちきってしまわなくてはいけない。善言にしてそのときそのときの時宜にかなった言葉を語らないといけないし、世間のひとびとの非難をうけるような行為をしようと意思してはいけない。

九七四　そうしてその他にも世間的存在には五種類の塵垢があるのであって、それらから離脱するように、あるがままにいまここの存在を自覚しつつ学道修行していかなくてはいけない。すなわち色・形に対する、音声に対する、そうして味覚に対する、香臭に対する、感触に対する欲望を超克しなくてはいけないのである。

九七五　比丘たる者は、あるがままにいまここの存在を自覚しつつ、心がすっかり解脱して自由になってきたところで、そのときそのときにふさわしく正しいしかたで諸存在を深く思惟しながら、これらの諸存在にひかれる関心から離脱するようにしなくてはいけない。かくしてかの比丘は、からみあって散乱する心を一つにして、闇黒を雲散霧消させてしまわなくてはならない」

以上は世尊の言葉である。

第五章　彼岸への超脱

第一経　説法の因縁となる仏伝の出来事を述べる詩頌

九七六　コーサラ国の快適な都城から南方の辺鄙《へんぴ》な土地へ、ヴェーダ学の権威者たるバラモン〔のバーヴァリ〕は、やって来たのであった。いかなる存在をも所有しない修行《しゅぎょう》を修行したいと願望してである。

九七七　かれはアッサカ国とアラカ国の国境になっているゴーダーヴァリー河の河岸で、米粒を一粒一粒拾い集めたり、果実を採集したりして苦行生活をしていた。

九七八　かれ〔バーヴァリ〕に帰依《きえ》したことによって、ある村が富裕になった。その村から献納された謝礼でかれは〔一切の所有物を放捨する〕大祭儀の祭儀をなした。

九七九〔一切の所有物を放捨する〕大祭儀の祭儀をなしてから、かれはふたたび修行道場に入った。かれが〔修行道場に〕帰って来たときに、もう一人のバラモンがやって来た。

九八〇　足は擦《す》りむけたまま、はあはあ喘《あえ》ぎつつ、汚れた歯をむき出し、塵埃《じんあい》まみれの顔で、そ

〔ここにやって来た似而非《えせ》苦行者〕は、ここなる〔バラモン修行者〕にうやうやしく近づいて五百〔ルピーの金貨〕を乞い求めた。〔かれの苦行に対する当然の謝礼としてである。〕

九八一 ここに来ている〔似而非苦行者〕を見て、〔バラモン修行者〕バーヴァリは、「どうぞお坐り下さい」と座をすすめ、「御機嫌《ごきげん》よろしく無事息災ですか」と挨拶してから、つぎの言葉を語った。

九八二「わたくしが所有するかぎりの布施できる財物は、わたくしはすべてすっかり放捨してしまいました。どうかバラモン殿よ、わたくしが五百〔ルピーの金貨〕を所有していないことを御了解下さい」

九八三「わたくしが〔わたくしの苦行に対する当然の謝礼として〕乞い求めているにもかかわらず、もしもおまえがわたくしに〔その謝礼を〕施与しないのであるならば、七日たつとおまえの頭が七つに分裂するようにしてやるぞ」

九八四 というように、呪詛《じゅそ》の儀礼を行ったうえで、かの似而非苦行者は、威嚇《いかく》的な〔呪詛の文句〕を宣言するのであった。そのような似而非苦行者の言葉を聞いて、バーヴァリは、苦悩した。

九八五 憂い悲しみの矢にきりさいなまれて、食べる物も食べず、ひたすら死期がせまってくる不安におののいていた。さらにまた、そのような不安な心にとらわれていて、心を集中させて禅定《ぜんじょう》の静寂をよろこぶこともなかった。

九六六　バーヴァリが恐怖心にとらわれて苦悩しているのを見て、ある神が善意をもって近づいて、つぎのような言葉を語った。

九六七「あの苦行者は、頭ということの真理を知りません。かれは、財物を求めるだけの似而非苦行者です。かれは、頭ということについても、頭が落ちるということについても、真知をもっていません」

九六八「それではあなたさまが真理を知っておられるでしょう。あなたに質問いたします。どうか、その頭ということと頭が分裂して落ちるということの真理を、わたくしに教えて下さい。わたくしは、あなたの御言葉を聞きたいと思います」

九六九「わたくしも、そのことの真理を知らない。わたくしも、そのことについての真知をもっていない。頭ということと頭が分裂して落ちるということ、それは超克者〔たる諸仏〕が見そなわすところです」

九七〇「それではいったい、ここなる大地全体においてだれが、頭ということと頭が分裂して落ちるということを知っているか——神よ、そのことをわたくしに教えて下さい」

九七一「オッカーカ（甘蔗《かんしょ》）王家の末裔《まつえい》なる釈迦《しやか》族の御方が、かねてより出家して世界を指導するリーダーとなり、光明を輝かせておられます。

九七二　と申しますのは、バラモンよ、その御方は、完全に覚った覚者〔仏陀〕であり、あらゆる存在を完全に知って超出し、あらゆる神通力《じんずうりき》の霊力を体得し、あらゆる存在を見そなわす眼あり、あらゆる存在の滅尽を体得し、根本所有が完全に消滅していることによって解《げ》脱《だつ》して自由であります。

九九三 その〔あらゆる存在を見そなわす〕眼ある覚者にして世尊なる御方が、世間のひとびとに、あらゆる存在の真理を説法しておられます。その御方のところに行って、あなたは問いを問われるがよい。その御方が、あなたの問いに答えて下さるでしょう」

九九四 「完全に覚った覚者」という言葉を聞いてバーヴァリは、踊躍歓喜《ゆやくかんぎ》した。かれの憂い悲しみは軽減された。そしてかぎりない喜悦を体得した。

九九五 そこでバーヴァリは大いに満足して踊躍歓喜し、感動きわまって、その神に問いかけた。「いずれの村に、あるいはまた都市に、あるいはいずれの国に、この世間のひとびとの守護者がおられるのでしょうか。わたくしはそこへ行って最高の人間なる完全に覚った覚者に礼拝《らいはい》したいと思います」

九九六 「かの釈迦族の御方は、かぎりなく豊富な叡知あり、最高にして広大な理知ある超克者となって、コーサラ国の宮都サーヴァッティー（舎衛城《しやえじよう》）に滞在しておられます。その御方は、比類なき賢者で、〔無限の過去以来漏水《ろうすい》してきた〕輪廻的存在の潜勢力もなくなった人中の雄牛であり、頭が分裂して落ちることを知っておられます」

九九七 そこで〔バーヴァリは、自身と同様〕ヴェーダ学の権威たるバラモンとなった弟子たちに語りかけた。「さあそれでは門弟たちよ、わたくしは〔諸君に〕説示することとしよう。わたくしの言葉を聴いていただきたい。

九九八　さて、幾度も反復して世間に出現するということのあり得ない御方が、いまここの世間に出現され、『完全に覚った覚者』という名声があまねく聞こえている！　すみやかにサーヴァッティーへ出かけて、最高の人間たる御方にお目にかかってきていただきたい」

九九九　「それにしても、バラモンさま、お目にかかったところで、どのようにして〔その方が〕『覚者』であると知ることができますか。わたくしたちはどのようにして〔その方が覚者である〕と知ることができるかということを知りません。どうか教えて下さい」

一〇〇〇　「わたくしが、そのように言うのは、こういう理由である。ヴェーダ文献においては、〔かぎりない世界をしろしめす〕偉大な人間のさまざまな相の特徴が伝承されていて、全部で三十二相が一つ一つ順に詳論されている。

一〇〇一　もしも、そのような〔かぎりない世界をしろしめす〕偉大な人間の〔三十二〕相の特徴がそのひとの身体の五肢《し》に具足しているならば、そのひとは、つぎの二類型の人間存在〔のいずれか〕である。というのはそれ以外の類型の人間存在ではあり得ないからである。

一〇〇二　もしも、家庭生活にとどまったまま、ここなる大地を征服しここに君臨することとなるならば、刑罰によらず武力によらず〔社会のあらゆる階層にゆきわたる〕宗教倫理によって治めていく。

一〇〇三　それに反して、もしもそのひとが家庭生活を捨てて定住処なき遊行《ゆぎょう》生活へと出家するならば、無上なる完全に覚った覚者となり、礼拝供養さるべき最高の修行者（阿羅漢《あらかん》）ともなって、この世間の無知のとばりを開いて、あまねくあらゆるところを照明する。

一〇〇四 それからつぎに、〔わたくしが〕生年〔何歳であり〕、〔何という〕姓〔のバラモンであり〕、〔どのような相の〕身体的特徴〔をもち〕、〔どれだけの〕ヴェーダ文献〔に通暁し〕、〔どれだけの〕弟子〔をもつか〕ということと、頭と頭が分裂して落ちるということについて、ただただ心の中だけで問いを問うていただきたい。

一〇〇五 もしも、その方が〔あらゆる衆生《しゅじょう》の心内と心外のすべてのことを〕無碍《むげ》に見そなわす覚者であるならば、その方は、ただただ心の中だけで問われた問いに言葉で返答するであろう」

一〇〇六 バーヴァリの言葉を聞いたときに、ここに十六人のバラモンの門弟がいた。アジタとティッサ・メッテーヤとプンナカと、またメッタグーと、

一〇〇七 ドータカとウパシーヴァとナンダと、またヘーマカとトーデッヤ及びカッパの両人と賢明なるジャトゥカンニと、

一〇〇八 バドラーヴダとウダヤと、さらにポーサーラなるバラモンと叡知あるモーガラージャと大聖仙ピンギヤであった。

一〇〇九 かれらは、全員、それぞれの弟子教団を統率していて、あらゆる世間のひとびとにあまねく名声が聞こえていた。叡知があり、過去世以来の善行によって心がよく練成されて

いることによって、禅定にいそしみ、禅定をよろこんでいた。
一〇一〇　かれら十六人の門弟たちは、バーヴァリに別離の挨拶をし、右遶《うによう》の恭礼《きようらい》をすませてか
ら、全員、辮髪《べんぱつ》を垂らし黒かもしかの毛皮を着て北方へ向かって歩いていった。
一〇一一　アラカ国のパティターナを過ぎ、そのつぎに古都マーヒサッティを過ぎ、ウッジェー
ニーをも過ぎ、ゴーナッダを過ぎ、ヴェーディサを過ぎ、ヴァナサーヴァヤを過ぎ、
一〇一二　コーサンビーをも過ぎ、サーケータを過ぎ、最高の都市サーヴァッティーを過ぎ、セ
ータヴヤを過ぎ、カピラヴァットゥを過ぎ、クシナーラーの宮都を過ぎ、
一〇一三　パーヴァを過ぎ、ボーガの都城を過ぎ、ヴェーサーリーを過ぎてマガダ国の首都〔ラ
ージャガハ〕に到達し、快適で気分爽快なパーサーナカの塔廟《とうびよう》へやって来た。
一〇一四　喉《のど》が渇いた人が冷水に急ぎ、商人が大きな利益に急ぎ、暑熱で焦瘁《しようすい》した人が緑蔭に急
ぐごとくに、かれらは大急ぎで山を登っていった。
一〇一五　そのときに世尊は、比丘《びく》たちの教団のリーダーとして、比丘たちに仏教の真理を説法
しておられた。あたかも森林でライオンが獅子吼《ししく》するごとくにである。
一〇一六　アジタは、完全に覚った覚者があたかも日輪が光明を放光しているごとくであり、月
輪が十五夜に満月になっているごとくであることを見た。
一〇一七　かくして、ここにいます世尊の身体の五肢に〔偉大な人間の三十二相の〕徴相が完全
に具わっていることを見てから、一方の側に立って歓喜しつつ、ただただ心の中だけで問

いを問うた。

一〇一八「どうか具体的に〔われわれの先生が〕生年〔何歳であるかということ〕を言って下さい。〔何という〕姓〔のバラモンであるかということ〕と〔どのような相の〕身体的特徴〔をもつかということ〕を言って下さい。〔どれだけの〕ヴェーダ文献に通暁《つうぎよう》している〔かという〕こととどれだけ〔の弟子〕をかのバラモンが教育しているかということを言って下さい」

一〇一九「〔あなたがたの先生は〕年齢は百二十歳である。かれはバーヴァリという姓である。かれの身体の五肢には三相の身体的特徴がある。三つのヴェーダ聖典の権威者である。

一〇二〇 人相学と古伝物語と語彙《ごい》学及び祭儀学においても〔権威者である〕。自らの宗教的真理において権威を確立していて、五百人〔の弟子〕を教育している」

一〇二一「最高なる人よ、深層の欲望を截断する人よ、〔われらが師〕バーヴァリの〔三相の〕身体的特徴を具体的にどうお考えか、説明して下さい。わたくしたちの疑惑がないようにして下さい」

一〇二二「〔一〕かれの長広舌は顔のどこにでもとどく。〔二〕かれの両眉《まゆ》の中間に白毫《びやくごう》がある。〔三〕かれの陰所はすっぽりと内蔵されている。バラモンの門弟たちよ、このようであると知るがよい」

一〇二三 ひとが何かを問うているような音声が聞こえないにもかかわらず、〔世尊が音声で、かのバーヴァリに依頼された〕問いに答えられたのを聞いて、すべてのひとびとは、感動きわまり、両手を合掌して、思念した。

一〇二四「いったいだれが心の中でそれらの問いを問うたのであろうか。ブラフマ神であろうか、あるいはまたスジャーの主人であるインドラ神であろうか。つぎのことはだれに説法されるのであろうか。

一〇二五　バーヴァリは、頭ということと頭が分裂して落ちるということについて問いを問うている。世尊よ、そのことについて答えて下さい。聖仙よ、わたくしたちの疑惑を除去して下さい」

一〇二六「頭というのは、〔仏教の真理について〕無知であることであり、頭が分裂して落ちるというのは、信心あり、あるがままにいまここの存在を自覚し、三昧《さんまい》に定在《ていざい》し、意欲をもって努力することと一体になって〔仏教の真理を〕明知することであると知るがよい」

一〇二七　そのとき、バラモンの門弟〔アジタ〕は、かぎりない感激をもって踊躍歓喜し、一方の肩だけに黒かもしかの毛皮をかけ、御足《みあし》に額をつけて礼拝した。

一〇二八「師よ、バラモンのバーヴァリとその弟子たちは、歓喜の心にみたされ、幸福にひたって、あなたさまの御足に礼拝いたします。眼ある方よ」

一〇二九「バラモンのバーヴァリとその門弟たちに安楽があるように。きみにも安楽があるように。バラモンの門弟よ、いつまでも長生きをするように。

一〇三〇 さて、バーヴァリであれ、きみたちであれ、あらゆるひとびとに、ここで問いを問うことを許すぞ。どんなことでも心に楽《ねが》うがままに、あらゆる疑問を問うがよい」

一〇三一 完全にさとった覚者が問いを問うことを許されたので、アジタは合掌してその会座に坐し、〔あらゆるところで一如《いちにょ》なる真理をさとっている〕如来に最初の問いを問うのであった。

第二経　バラモンの門弟アジタの問い

一〇三二 アジタ尊者が申し上げる。「いったい何が世間的存在をすっぽりと閉じ込めているのであるか。いったい何があって世間的存在は光明で輝かないのであるか。何がこの世間的存在にしみついている汚れであると説きたまうのであるか。いったい何がこの世間的存在をかぎりない恐怖におとしいれるのであるか」

一〇三三 世尊が説かれる。「アジタよ、〔真理の〕無知によってこそ、世間的存在は深く閉じ込められている。さまざまな存在を自我の所有にしようとする欲望があるからこそ、世間的存在は光明で輝かないのである。わたくしは、世間的存在にしみついている汚れとは、かたくにぎりしめてはなさない欲望であると語る。世間的存在をしてかぎりない恐怖におとしいれるものは、生まれては老いぼれ死にゆく苦悩である」

一〇三四　アジタ尊者が申し上げる。「いくつもの欲望などの流れとなって流れつつ、世間的存在の流れは、いつもいろいろな対象に向かって流れていく。世間的存在の流れを防止するものは何でしょうか――世間的存在の流れに対する防護を教えて下さい。何があれば、世間的存在の流れは、ぴたりと止んでしまうのでしょうか」

一〇三五　世尊が説かれる。「アジタよ、いくつもの欲望などの流れとなって流れつつ、世間的存在の流れが存在しているのであるが、そのような世間的存在の流れを防止するものは、あるがままにいまここの存在を自覚することである――というようにわたくしは、世間的存在の流れに対する防護を説く。そしてさとりの智慧があるならば、そのような世間的存在の流れは、ぴたりと止んでしまうのである」

一〇三六　アジタ尊者が申し上げる。「師よ、さとりの智慧があり、あるがままにいまここの存在を自覚することがあるならば、主体存在と身体存在〔よりなる個体存在〕はどのような〔禅定の段階〕において滅してなくなってしまうのであるか。わたくしは、このような問いをお尋ねします。どうか教えて下さい」

一〇三七　世尊が説かれる。「アジタよ、きみがこのように問うた問いに答えて、わたくしは、いかなる〔禅定の段階〕において主体存在と身体存在〔よりなる個体存在〕があますところなく滅してなくなってしまうかを説くこととしよう。〔ひとりひとりの世間的存在の〕意識の流れが滅してなくなってしまうとき、まさしくそ〔のような禅定の段階〕において、ここなる〔主体存在と身体存在よりなる個体存在〕は滅してなくなってしまうのである」

一〇三八 〔アジタ尊者が申し上げる。〕「もうすでにあらゆる存在の真理を深く思惟して完全に知ったひとびとといまだ個々の世間的存在でありながら修行実践の学道にいそしむひとびとの修行生活のありかたについて、わたくしは、賢明なるあなたにお尋ねいたします。師よ、どうか教えて下さい」

一〇三九 世尊が説かれる。「〔いまだ修行実践の学道にいそしむひとびとは、〕さまざまな欲望の対象をほしがって、あくことなく貪欲であるということのないようにせよ。心は混濁がなくなって本来のままに澄明であるようにせよ。もうすでにあらゆる存在の真理〔を深く思惟して完全に知ってそれら〕に熟達したひとは、乞食《こつじき》の修行者として、あるがままにいまここの存在を自覚しつつ、あちらからこちらへと遊行し歩くようにせよ」

第三経　バラモンの門弟ティッサ・メッテーヤの問い

一〇四〇 ティッサ・メッテーヤ尊者が申し上げる。「どのようなひとであるならば、ここなる世間的存在でありながら、そのときそのときに少欲知足しているか。どのようなひとであれば、いかなるところにおいても心を動かすことがないか。どのようなひとであれば、あるいは未来の存在であれ、あるいは過去の存在であれ、二元対立的な諸存在をさとりの知によってあきらかに知り、現在のいまここにおいてさとりの智慧によって思惟しつつ、さまざまな存在に愛着するということがないか。どのようなひとをあなたは、かぎりなく広大なる大人《たいじん》であると説くか。どのようなひとであれば、つぎからつぎへと世間的存在を貫いて縫《ぬ》いつけていく深層の欲望を超越するか」

一〇四一　世尊が説かれる。「メッテーヤよ、あらゆる欲望の対象の中で清浄なる禁欲生活を守っていて、やみくもの深層の欲望が解消してしまい、いついかなるところにあっても、あるがままにいまここの存在を自覚しつつ、あらゆる真理を深く思惟して完全に知り、涅槃《ねはん》の静寂の内に入っている比丘であるならば、いついかなるところにおいても心を動かすことがない。

一〇四二　そのようなひとであるならば、あるいは未来の存在であれ、あるいは過去の存在であれ、二元対立的な諸存在をさとりの知によってあきらかに知り、現在のいまここにおいてさとりの智慧によって思惟しつつ、さまざまな存在に愛着するということがない。そのようなひとをこそ、わたくしはかぎりなく広大なる大人であると説く。そのようなひとであれば、つぎからつぎへと世間的存在を貫いて縫いつけていく深層の欲望を超越する」

第四経　バラモンの門弟プンナカの問い

一〇四三 プンナカ尊者が申し上げる。「やみくもの深層の欲望がなくなっていて、あらゆる悪行の根本を看破した方に、どうかして問いを問いたいと思ってやって来ました。クシャトリヤ（王族）階級のひとびとやバラモン階級の聖者たちは、神々に捧げる祭式を執行しているにもかかわらず、ここなる世間にあって個々別々な凡人であるにすぎません。いったい、かれらはどのようなありかたに安住しているのであるか。世尊よ、わたくしはあなたにお尋ねします。どうかそのことをわたくしに教えて下さい」

一〇四四 世尊が説かれる。「プンナカよ、いかなるひとびとであれ、ここなるクシャトリヤ階級のひとびとやバラモン階級の聖者たちは、神々に捧げる祭式を執行しているにもかかわらず、ここなる世間にあって個々別々の凡人であるにすぎないが、かれらは、プンナカよ、いつまでも世間的存在でありたいと希望しながら、老いぼれゆく存在に安住して生活していて、祭式を執行しているのである」

一〇四五 プンナカ尊者が申し上げる。「いかなるひとであれ、この世間のクシャトリヤ階級のひとびとやバラモン階級の聖者たちは、神々のために祭式を執行しているにもかかわらず、この世間にあって個々別々なる凡人であるにすぎないが、世尊よ、いったいかれらは祭式の道に専心して努力することによって、師よ、はたして生まれては老いぼれゆく存在の彼岸へ渡っていくのであるか。世尊よ、わたくしはあなたにお尋ねします。どうかそのことをわたくしに教えて下さい」

一〇四六　世尊が説かれる。「プンナカよ、かれらはどうかしてそうなりたいと希願し、そうなるための祭式も清浄であると称讃し、どうしてもそうなりたいとあくことなく欲求して、供物を献供《けんく》している。
しかし祝儀として与えられる報酬をあてにしていて、欲望の対象をあくことなく欲求しているにすぎない。かれらは祭式を執行して祝儀が与えられるようにと専一に努力しているのであり、くり返し再生してこのまま生きていく存在を欲求し、愛好しつづけている。そのようなことによっては、生まれては老いぼれゆく存在の彼岸へ渡っていくことはないとわたしは説く」

一〇四七　プンナカ尊者が申し上げる。「かれらは祭式を執行して祝儀が与えられるようにと専一に努力しているにすぎないのであり、彼岸に渡りゆくことがないとするならば、師よ、かれらはどれほど祭式を執行しようとも、生まれては老いぼれゆく存在を渡っていくことがないとするならば、それでは、師よ、そもそも神々や人間の世間的存在の中で、どのようなひとが生まれては老いぼれてゆく存在の彼岸へ渡っていくのであるか」

一〇四八　世尊が説かれる。「プンナカよ、あるいはいまここより上方〔の過去〕においてであれ、あるいはいまここより下方〔の未来〕においてであれ、種々さまざまな世間的存在を〔さとりの知によって〕深く思惟して完全に知り、いかなる世間的存在に対しても心を動揺させることのないひと、そのように静寂そのものにして、すべてが脱落してしまい、いやだと厭悪《えんお》することもなく、こうしたいと欲求することもないひとこそが、生まれては老いぼれゆく存在の彼岸へ渡りきっているとわたくしは説く」

第五経　バラモンの門弟メッタグーの問い

一〇四九　メッタグー尊者が申し上げる。「世尊よ、わたくしはあなたにお尋ねいたします。どうかわたくしにつぎのことを教えて下さい。わたくしが思いますに、あなたこそ、真理の知を体得しておられ、純粋なる精神を体現しておられます。いかなるものであるにせよ、世間的存在には多種多様な苦悩が存在しているが、何が存在根拠となって、ここなる多種多様な苦悩が現前してくるのであるか」

一〇五〇　世尊が説かれる。「メッタグーよ、きみはわたくしに苦悩の存在根拠を尋ねている。わたくしがさとりの知によって知っているがままに、そのことをきみに説明することとしよう。いかなるものであるにせよ、世間的存在には多種多様な苦悩が存在しているが、それらの苦悩は、『〔さまざまな存在を〕所有すること』が存在根拠となって、〔現前してくるのである。

一〇五一　まことに真理を知ることなく『〔さまざまな存在を〕所有すること』をなすからこそ、闇愚《あんぐ》なるものは、くり返しくり返し苦悩の存在に堕していくのである。それゆえに〔『さまざまな存在を所有すること』こそが〕苦悩が生成してくるもととなる存在根拠であるとつねに観察しつづけていって、さとりの知によって知って、『さまざまな存在を所有すること』をしないようにするがよい」

一〇五二　メッタグー尊者が申し上げる。「あなたに問いましたことは、わたくしに説明していただきました。もう一つの問いをあなたにお尋ねいたします。どうか教えて下さい。いったい、どのようにして叡知あるひとは、生まれては老いぼれゆき、悲嘆し懊悩《おうのう》する輪廻《りんね》の洪水を渡っていくのであるか。沈黙の聖者（牟尼《むに》）よ、どうかよろしく、そのことをわたくしに説明して下さい。あなたこそ、いつどこにても同一なる真理のままに、ここなる真理を知っておられます」

一〇五三　世尊が説かれる。「メッタグーよ、いまここにありありと真理をさとっているのであって、『かくかくであった』とか『かくかくであるだろう』とかという伝承や伝聞であるのではない真理をば、わたくしはきみに説こう。その真理をさとって、あるがままにいまこの存在を自覚しつつ修行していくひとは、いつまでも世間的存在に執着しつづける毒薬のような深層の欲望〔の洪水〕を渡っていくであろう」

一〇五四〔メッタグー尊者が申し上げる。〕「大聖仙よ、わたくしは、そのような最高の真理に踊躍歓喜します。その最高の真理をさとって、あるがままにいまここの存在を自覚しつつ修行していくならば、いつまでも世間的存在に執着しつづける毒薬のような深層の欲望〔の洪水〕を渡っていくとは！」

一〇五五　世尊が説かれる。「メッタグーよ、いまここより上方〔の過去〕においてであれ、いまここより下方〔の未来〕においてであれ、いまここなる〔現在の〕前後左右の四方においてであれ、いまここなる中央そのものにおいてであれ、きみがなんらか意識する存在が存在するならば、それらの存在を求めていく希求をも、それらの存在にとらわれる執着をも、それらの存在を認識する意識の流れをも、放捨しきっていって、くり返し再生してこのまま生きていく存在でありつづけることのないようにするがよい。

一〇五六　このように修行して、あるがままにいまここの存在を自覚しつつ懈《け》怠《たい》なく努力しつづけて、わたくしのものとして所有することを放捨しきっていくとき、比丘たるもの、いまここに真理を知って、生まれては老いぼれゆき、悲嘆し懊悩する苦悩の存在を放棄してしまうであろう」

一〇五七〔メッタグー尊者が申し上げる。〕「ゴータマの家系のひとよ、大聖仙なるあなたのこの言葉は、ほんとうにすばらしい教えです。いかなる所有もなくなった涅槃の静寂にみちびく教えです――わたくしはあなたの言葉に踊躍歓喜します。まったく疑いもなく、世尊はあらゆる苦悩を放捨してしまっている。あなたこそ、いつどこにても同一の真理のままに、この真理をさとっているからである。

一〇五八 そして、沈黙の聖者よ、いまやあなたが、さらにつづけて反復してこの教えを説法していくならば、この教えを聞法したひとびとも、あらゆる苦悩を放捨するであろう。されば竜象のようなリーダーよ、わたくしは、あなたのいますところに近づいて、あなたに礼拝する。世尊よ、どうかわたくしにも、つづけて反復して、この教えを説法して下さい」

一〇五九〔世尊が説かれる。〕「もしもきみが、ここなるバラモンは、真理を体得して、いかなる所有もまったくなくなり、さまざまな欲望の対象にも、くり返し再生してこのまま生きていく存在にも愛着することがないと知るならば、まことに疑いなく、そのようなひとこそ、ここなる輪廻の洪水を渡っている。彼岸に渡りついて、不毛なるところもなく、もはや欲望することもない。

一〇六〇 かくしてそのような真理を体得したひとは、ここなる世間にありながら真理を知っていることによって、くり返し再生してこのまま生きていく存在に愛着することから離脱して自由になり、いつまでも世間的存在でありつづけようとする深層の欲望が解消し、〔厳格な修行生活を〕厭悪することもなければ、〔世間的存在を〕願望することもない。そのようなひとであれば、生まれては老いぼれゆく存在〔の洪水〕を渡っているとわたくしは説く」

第六経　バラモンの門弟ドータカの問い

一〇六一　ドータカ尊者が申し上げる。「世尊よ、わたくしはあなたにお尋ねいたします。どうかわたくしにつぎのことを教えて下さい。大仙なるひとよ、わたくしは、あなたの言葉をどうしても聴聞したいと思います。あなたの金口《こんく》の説法を聴聞したときにこそ、わたくしは、自己本来の精神たるアートマンに帰入する涅槃の静寂を体得するように学道修行することができるでありましょう」

一〇六二　世尊が説かれる。「ドータカよ、それでは猛然と修行実践に努めていくがよい。ここなる世間にありながら、賢明なるひとは、あるがままにいまここの存在を自覚しつつ、このわたくしの金口の説法を聴聞するときに、自己本来の精神たるアートマンに帰入する涅槃の静寂を体得するように学道修行することができるであろう」

一〇六三〔ドータカ尊者が申し上げる。〕「神々や人間たちの世間的存在の中に、いかなる存在をも放捨してしまって修行し歩く真のバラモンが、いまここ目のあたりに来ていますとは！あまねくあらゆるところを見そなわす眼あるひとよ、わたくしは、そのようなあなたに礼拝いたします。釈迦族のひとよ、論難しては反論する論義によって、わたくしを解脱させ自由にして下さい」

一〇六四〔世尊が説かれる。〕「ドータカよ、わたくしは、いかなるひとであれ、この世間において論難しては反論する論義にかかわるひとを、解脱させ自由にすべく努力することはないであろう。しかしながら最上無比の真理をいまここにありありとさとるならば、そのようであることによって、きみは、いまここの生死流転《しょうじるてん》の洪水を渡っていくであろう」

一〇六五〔ドータカ尊者が申し上げる。〕「真実のバラモンよ、どうか慈悲を垂れて、あらゆる存在から超脱しきった真理を教えて下さい。わたくしは、その超脱しきった真理を知らなくてはなりません。そうすれば、わたくしは空間のように個々別々の存在になることなく、ここなる世間にありながら、静寂なるままに、これまでの日常存在になずむことなく、修行し歩くことになるでしょう」

一〇六六世尊が説かれる。「ドータカよ、わたくしは、いまここにありありとさとっているのであって、『かくかくであった』とか『かくかくであるだろう』とかという伝承や伝聞によるのではない涅槃の静寂を、きみに説くことにしよう。その涅槃の静寂を真実に知って、あるがままにいまここの存在を自覚しつつ修行していくならば、きみは、ここなる世間にありながら、いつまでも世間的存在に執着しつづける深層の欲望〔の洪水〕を渡っていくであろう」

一〇六七〔ドータカ尊者が申し上げる。〕「大聖仙よ、わたくしは、そのような涅槃の静寂に踊躍歓喜します。その最高の涅槃の静寂をさとって、あるがままにいまここの存在を自覚しつつ修行していくならば、いつまでも世間的存在に執着しつづける深層の欲望〔の洪水〕を渡っていくとは！」

一〇六八 世尊が説かれる。「ドータカよ、いまここより上方〔の過去〕においてであれ、いまここより下方〔の未来〕においてであれ、いまここなる〔現在の〕前後左右の四方においてであれ、いまここなる中央においてであれ、きみがなんらか意識する存在が存在するならば、この存在は世間的存在への執着だと真実に知って、くり返し再生してこのまま生きていく存在であろうとする深層の欲望をこしらえないようにするがよい」

第七経　バラモンの門弟ウパシーヴァの問い

一〇六九 ウパシーヴァ尊者が申し上げる。「釈迦族のひとよ、ひとり離れて修行していてわたくしはなんらかの対象存在〔たる漂流物〕に依拠することなしには、かぎりなく広大な洪水の海を渡っていくことができません。あらゆるところを見そなわすひとよ、それに依拠して、わたくしがここなる洪水の海を渡っていくことができるような対象存在〔たる漂流物〕を、どうか教えて下さい」

一〇七〇 世尊が説かれる。「ウパシーヴァよ、いかなる存在も存在しなくなった禅定の世界を実現するように思惟を集中させ、いかなる存在も存在しないという思惟に依拠して、輪廻の洪水の海を渡っていくがよい。欲望の対象を放捨していき、つぎつぎに論難していく論義をやめてしまうことによって、いつまでも世間的存在でありつづけようとする深層の欲望が滅尽してしまった涅槃を、昼となく夜となくありありと見るようにするがよい」

一〇七一　ウパシーヴァ尊者が申し上げる。「それではもしも、あらゆる欲望の対象を愛好する愛着も消滅してしまい、いかなる存在も存在しなくなった禅定の世界に依拠して他の禅定の世界をも放捨してしまい、究極的にあらゆる概念構想から解脱して自由になって解脱の自由を得たときに、そのようなひとは、はたしてそこに静止してじっとしているのであろうか、もはやどこへも行こうとすることなく」

一〇七二　世尊が説かれる。「ウパシーヴァよ、あらゆる欲望の対象を愛好する愛着が消滅してしまい、いかなる存在も存在しなくなった禅定の世界に依拠して他の禅定の世界をも放捨してしまい、究極的にあらゆる概念構想から解脱して自由になって解脱の自由を得たときには、そのようなひとは、そこに静止してじっとしていて、もはやどこへも行こうとすることがない」

一〇七三　ウパシーヴァ尊者が申し上げる。「あらゆるところを見そなわす眼あるひとよ、もしもそのようなひとが久しい年月にわたってそこに静止してじっとしていて、もはやどこへも行こうとすることがないとするならば、そのようなひとは、いったいそこにじっとしているままに解脱して自由であり清涼になっているのであるか、あるいはそのような真実なるひとにも意識の流れは存在するのではないか」

一〇七四 世尊が説かれる。「ウパシーヴァよ、たとえばランプの火焔が燃え上がっているとき、突然強風が吹きつけてくるならば、消滅してしまい、一つ二つと数えられる存在とは無関係になってしまう。まさしくそのように沈黙の聖者は、それまで存続しつづけてきた主体的存在からも解脱して自由になるとき、すでに消滅してしまっているのであり、一つ二つと数えられる存在とは無関係になってしまう」

一〇七五 ウパシーヴァ尊者が申し上げる。「そのようなひとが、もしも、消滅してしまっているのであるならば、それではそのようなひとは、あるいはまったく存在することなく虚無になってしまうのであるか。それともあるいは恒常不変な実有《じつう》であることによって変壊《へんね》することなく不老不死であるのであるか」

一〇七六 世尊が説かれる。「ウパシーヴァよ、かように消滅してしまっているひとには、ああだ、こうだと理論的に規定できるような存在は存在しない。そのようなひとをめぐって、ひとびとがさまざまに議論して決定するような概念規定は、そのようなひとには存在しない。あらゆる存在を完全に徹底的に除去していることによって、あらゆる議論や言語表現の対象領域にある諸存在を除去してしまっているのである」

第八経　バラモンの門弟ナンダの問い

一〇七七　ナンダ尊者が申し上げる。「この世間には大勢の沈黙の聖者たちがいるとひとびとは語っている。つぎのことはいったいどちらであるのであるか。なんらかの智慧を体得しているひとをこそ、沈黙の聖者であると語っているのであるか。それともあるいは苛酷な苦行生活を体得しているひとをこそ沈黙の聖者であると語っているのであるか」

一〇七八　世尊が説かれる。「ナンダよ、この世間においてりっぱな老師たちがあるひとびとを沈黙の聖者であると語るときには、そのひとびとが〔アートマンの真理を〕見ているからでもなければ、〔それを〕聞いているからでもなく、なんらかの智慧があるからでもない。いかなるものにも依存することがなくなって、厭悪することもなければ、欲求することもなく、修行実践していくひとびとがあるとするならば、そのようなひとびとこそが、沈黙の聖者であるとわたくしはよぶ」

一〇七九　ナンダ尊者が申し上げる。「この世間において沙門《しゃもん》やバラモンたちのあるひとびとは、〔アートマンの真理を〕見ることによって清浄になるのだとも、聞くことによって清浄になるのだとも主張している。戒律行を守り禁欲行をなすことによって清浄になるのだとも主張し、多種多様のしかたで清浄になるのだと主張している。世尊よ、いったい、はたしてかれらは、そのようなことごとにもとづいて修行実践していくときに、生まれては老いぼれゆく生死の彼岸に渡っていくのでしょうか。世尊よ、わたくしは、あなたにお尋ねいたします。どうかわたくしにそのことを教えて下さい」

一〇八〇 世尊が説かれる。「ナンダよ、この世間において沙門やバラモンたちのあるひとびとは、〔アートマンの真理を〕見ることによって清浄になるとも、聞くことによって清浄になるとも主張している。戒律行を守り禁欲行をなすことによって清浄になると主張し、多種多様のしかたで清浄になるとも主張している。しかしながらいかにしても、けっしてかれらがそのようなことごとにもとづいて修行実践していくかぎり、生まれては老いぼれゆく生死の彼岸に渡りきることはないとわたくしは説く」

一〇八一 ナンダ尊者が申し上げる。「この世間において沙門やバラモンたちのあるひとびとは、真理を見ることによって清浄になるのだとも、真理を聞くことによって清浄になるのだとも主張している。戒律行を守り禁欲行をなすことによって清浄になるのだとも主張し、多種多様なしかたで清浄になるのだと主張している。沈黙の聖者よ、もしもあなたが、かれらはいまだ生まれては老いぼれゆく生死の洪水を渡りきっていない、と説きたまうのであれば、師よ、そうだとすると、いったい神々や人間の世間の中で、どのようなひとが、生まれては老いぼれゆく生死の洪水を渡りきっているのであるか。世尊よ、わたくしは、あなたにお尋ねいたします。どうかわたくしにそのことを教えて下さい」

一〇八二 世尊が説かれる。「ナンダよ、わたくしは、あらゆる沙門やバラモンたちが生まれてに老いぼれゆく生死の内に閉じ込められていると説くのではない。もしも、ここなる世間的存在において見た真理であれ、聞いた真理であれ、思考した真理であれ、戒律行・禁欲行であれ、すべてを放捨してしまい、多種多様の修行実践をもすべて放捨してしまい、いつまでも世間的存在でありつづけようとする深層の欲望を完全に知って、無限の過去以来漏《ろう》水《すい》してきた輪廻的存在の潜勢力のなくなったひとびとがあるならば、そのようなひとびとは、生死の洪水を渡りきっているとわたくしは説くのである」

一〇八三 〔ナンダ尊者が申し上げる。〕「ゴータマよ、わたくしは、大仙なるあなたがここに説かれた言葉に歓喜いたします。これこそ、うつくしく説法された言葉であり、いかなる所有もなくなった涅槃にみちびく言葉です。もしも、ここなる世間的存在において見た真理であれ、聞いた真理であれ、思考した真理であれ、戒律行・禁欲行であれ、すべてを放捨してしまい、多種多様の修行実践をもすべて放捨してしまい、いつまでも世間的存在でありつづけようとする深層の欲望を完全に知って、無限の過去以来漏水してきた輪廻的存在の潜勢力のなくなったひとびとがあるならば、そのようなひとびとは、生死の洪水を渡りきっているとわたくしも説きましょう」

第九経　バラモンの門弟ヘーマカの問い

一〇八四　ヘーマカ尊者が申し上げる。「これまでの過去において、ゴータマさまの説法より以前に、〔他のひとびとが〕わたくしに『かくかくであった』とか『かくかくであるだろう』とかと説明したことごとは、すべて『かくかくであった』とか『かくかくであるだろう』とかいう伝承や伝聞にすぎないのであって、それらすべては、ああだ、こうだという論理的思考を増大させるものである。

一〇八五　わたくしは、そのようなことごとを聞いても、ちっともうれしくありません。しかし、沈黙の聖者よ、あなたこそ、いつまでも世間的存在でありつづけようとする深層の欲望を打破する真理を説いて下さい。その真理をさとるとき、わたくしは、あるがままにいまここの存在を自覚しつつ修行し歩いて、いつまでも世間的存在に執着しつづける深層の欲望〔の洪水〕を渡りきるでありましょう」

一〇八六〔世尊が説かれる。〕「ヘーマカよ、この世間において見た真理であれ、聞いた真理であれ、思考した真理であれ、認識した真理であれ、わがものとして大切にしている宗旨があるであろうが、それらにひかれる関心やそれらを求める貪欲を絶滅させることこそが、涅槃の静寂であり不死の生命ある実在である。

一〇八七 このことを、あきらかに知って、あるがままにいまここの存在を自覚しつつ、いまここにありありと真理をさとる涅槃の静寂を体得し静寂をきわめているとき、そのようなひとびとこそ、いつまでも世間的存在に執着しつづける深層の欲望〔の洪水〕を渡りきっていて、永遠である」

第一〇経　バラモンの門弟トーデッヤの問い

一〇八八 トーデッヤ尊者が申し上げる。「さまざまな欲望の対象が存続することもなくなり、いつまでも世間的存在でありつづけようとする深層の欲望も存在せず、論難しては反論する論義を超脱したようなひとは、どのように解脱して自由になるのであるか」

一〇八九 世尊が説かれる。「トーデッヤよ、さまざまな欲望の対象が存続することもなくなり、いつまでも世間的存在でありつづけようとする深層の欲望も存在せず、論難しては反論する論義を超脱したようなひとが、さらにそのうえに解脱して自由になることはない。

一〇九〇〔トーデッヤ尊者が申し上げる。〕「それでは、そのようなひとは、もはや何かを願求することもなくなっているのであるか、それとも何かを願求しているのであるか。そのようなひとは、さとりの智慧によってさとっているのであるか、それともさとりの智慧によって概念構想しているのであるか。釈迦族のひとよ、わたくしは、そのような沈黙の聖者をどのように理解したらよいか。あらゆるところを見そなわす眼あるひとよ、どうかそのことを、わたくしに説明して下さい」

一〇九一〔世尊が説かれる。〕「そのようなひとは、もはやまったく願求することもなくなって、そのようなひとが何かを願求するということはない。そのようなひとは、さとりの智慧によってさとっているのであって、さとりの智慧によって概念構想するというようなことはない。トーデッヤよ、いかなる存在を所有することもなく、さまざまな欲望の対象に対しても、くり返し再生してこのまま生きていく輪廻的存在に対しても、執着することのない沈黙の聖者を、そのようであると、理解するがよい」

第一一経　バラモンの門弟カッパの問い

一〇九二　カッパ尊者が申し上げる。「どうか師よ、かぎりなく恐ろしい輪廻の大洪水が生じてきたときに、大洪水のまっただ中に漂流していて、老いぼれと死の不安にとらわれているひとびとにとって、渡りつくべき島を教えて下さい。そこに渡りつきさえすれば、いまここなる苦悩の存在がもはやなくなってしまうような島を、どうかわたくしに説いて下さい」

一〇九三　世尊が説かれる。「カッパよ、かぎりなく恐ろしい輪廻の大洪水が生じてきたときに、大洪水のまっただ中に漂流していて、老いぼれと死の不安にとらわれているひとびとにとって、渡りつくべき島を、カッパよ、きみに教えることとしよう。

一〇九四　いかなる存在もなくなってしまって、いかなる存在を所有することもなくなった、比類なき島が、いまここに存在する——このような島をば、わたくしは涅槃とよぶ。そこにおいてこそ老いぼれることも死にゆくことも滅し尽きてしまっている。

一〇九五　この島をば直接に証知し、あるがままにいまここの存在を自覚していて、いまここにありありと真理をさとって涅槃にあるひとびと、そのようなひとびとが死神の蹂躙《じゅうりん》するがままになることはない。そのようなひとびとのところにまで、死神が遠征してくることはない」

第一二経　バラモンの門弟ジャトゥカンニの問い

一〇九六　ジャトゥカンニ尊者が申し上げる。「わたくしは欲望の対象を求める欲望のなくなった勇猛な聖者がおられるということを聞きました。そのような欲望がなくなって輪廻の洪水を渡りきった方に、問いを問いたいと思ってやって来ました。〔すべてを知る知者の〕眼を本来もつひとよ、その涅槃の静寂なる真実在を教えて下さい。世尊よ、いつどこにても同一なる真理のままに、その真実在を、わたくしに教えて下さい。

一〇九七　というのは、世尊こそ、さまざまな欲望の対象を超克して自由自在に修行し歩きたまう〔方だからです〕。あたかも太陽が熱エネルギーを発散しつつ、熱エネルギーによって大地を超克して自由自在に進みゆくように。無限にひろい叡知ある方よ、劣小なる智慧のわたくしに真理を説法して下さい。その真理を理解することによって、わたくしは、この世間にあって生まれては老いぼれゆく存在を放捨してしまうでしょう」

一〇九八 世尊が説かれる。「ジャトゥカンニよ、さまざまな欲望の対象を求める深層の欲望から離脱するようにせよ。〔かように深層の欲望から離脱する〕出家の修行生活をこそ、もはや苦労のなくなった平安であると考えるがよい。ある一つの存在を〔根本的なるものとして絶対視して〕テーゼとして定立したり、あるいは反対に虚無的に否定したりすることが、きみにけっしてないようにするがよい。

一〇九九 無限の過去以来〔個体存在に漏水してきた輪廻的存在〕の汚水を干《ひ》上《あ》がらせてしまうがよい。未来について、いかなる世間的存在をも志向しないようにするがよい。いまここの現在において、いかなる世間的存在にも執着して放さないということのないようにするがよい。〔このように禅定において思惟しつつ〕静寂なるままに修行していくがよい。

一一〇〇 バラモンよ、〔過去であれ、未来であれ、現在であれ、〕あらゆるところにおいて個体存在に固執しようとする深層の欲求が消滅してしまうならば、そのようなひとには、無限の過去以来漏水してきた輪廻的存在の潜勢力は存在しない。したがってそのような輪廻的存在の潜勢力によって死神の跳梁《ちょうりょう》する領域へ迷い込むということもない」

第一三経　バラモンの門弟バドラーヴダの問い

一一〇一　バドラーヴダ尊者が申し上げる。「久しくなずんできた住居を捨て去って、いつまでも世間的存在でありつづけようとする深層の欲望を断ちきり、いささかも動揺することがなく、〔禅定の存在に味着する〕楽欲を放捨して生死の洪水を渡りきり、解脱して自由であり、あらゆる概念構想を放捨して、玄妙の叡知あるあなたに、つつしんで懇請いたします。竜象のようなリーダーの御言葉を拝聴することなしには、ひとびとが、礼拝してここから立ち去ることはありますまい。

一一〇二　雄々しいひとよ、あなたの御言葉をどうかして聴聞したい、聴聞したいとの一心で、ひとびとが、それぞれ、さまざまな国々から集まって来ています。あなたさまには、どうかかれらに説法して下さいますように。というのは、〔いついかなるところにおいても〕同一なる真理のままに、あなたは、ここに真理をさとっておられるからです」

一一〇三　世尊が説かれる。「バドラーヴダよ、いまここより上方〔の過去〕においてであれ、いまここより下方〔の未来〕においてであれ、いまここなる〔現在〕の前後左右においてであれ、いまここなる中央においてであれ、いつまでも世間的存在を所有しつづけようとする深層の欲望から、完全に超脱するようにするがよい。なぜなら〔さまざまな生き物がそれぞれの〕世間において世間的存在を所有しつづけるからこそ、その世間的存在をつかまえて死神がそれらの生き物につきまとうからである。

一一〇四 それゆえに比丘たるものは、さとりの智慧によってさとって、あるがままにいまこの存在を自覚しつつ、いかなる世間においても、いかなる世間的存在をも所有しないようにするがよい。〔世間的存在を〕所有しつづける執着があるかぎり、ここなる諸生物は死神の跳梁する領域につなぎとめられるというように観察して思惟することによってである」

第一四経　バラモンの門弟ウダヤの問い

一一〇五 ウダヤ尊者が申し上げる。「禅定にあって思惟していて、やみくもの激情から超脱し、結跏《けっか》趺坐《ふざ》しておられ、すべての修行は完成し、〔個体存在に〕漏水してきた輪廻的存在の潜勢力もなくなって、あらゆる存在の彼岸に達しておられる方に問いを問いたいとの願求やみ難く、やって来ました。どうか根本の無知を打破して真理を直接に知ることによって解脱して自由になることについて、語って下さい」

一一〇六 一一〇七 世尊が説かれる。「ウダヤよ、根本の無知を打破して真理を直接に知ることによって解脱して自由になることとは、まずはじめにさまざまな真理について哲学的に思惟することがあって、つぎのようになることである。さまざまな欲望の対象にひかれる関心を放捨し、さまざまな憂悩《ゆうのう》にひきずられたり睡気《ねむけ》に負けたりするという両方のことを断固として克服し、ああしたらよかったとくよくよ後悔することのないように制止して、あらゆる世間的存在をあきらめつつ放捨しきって、あるがままにいまここの存在を自覚することによって、あますところなく清浄になることである」

二〇八〔ウダヤ尊者が申し上げる。〕「いったい世間的存在にとって、何が拘束する縄であるか、いったい、ここなる〔世間的存在〕にとって、何がさまざまに思惟を散動させるか。いったい、何を放捨することによって、涅槃の静寂があると説くのであるか」

二〇九世尊が説かれる。「世間的存在にとって、拘束する縄とは、〔禅定に味着する〕楽欲である。ここなる〔世間的存在〕にとって、さまざまに思惟を散動させるものとは、さまざまな存在を論理的に思弁することである。いつまでも世間的存在でありつづけようとする深層の欲望を放捨することによって、涅槃の静寂があるとわたくしは説く」

二一〇ウダヤ尊者が申し上げる。「どのように、あるがままにいまここの存在を自覚しつつ修行していくとき、修行者の意識の流れが滅してなくなってしまうかを、世尊に問うために、わたくしはやって来ました。それについて御言葉を聞かせて下さい」

二一一〔世尊が説かれる。〕「内的なる主体存在についてであれ、外的なる対象存在についてであれ、苦悩の感情をいとい安楽の感情をよろこび求めることがないように、そのようにあるがままにいまここの存在を自覚しつつ修行していくときに、修行者の意識の流れは滅してなくなってしまうと、わたくしは説く」

第一五経　バラモンの門弟ポーサーラの問い

一一一二 ポーサーラ尊者が申し上げる。「〔いつまでも世間的存在でありつづけようとする深層の欲望に〕衝《つ》き動かされることもなくなり、真理を疑惑することも断ちきられ、あらゆる存在を完全に知って超越して、ひとびとに過去世のことごとを教え示す方に問いを問いたいの願求やみ難く、やって来ました。

一一一三 釈迦族のひとよ、もうすでに身体存在を構想する概念構想を超克してしまい、あらゆる身体的諸機能も放捨しきっていて、内なる主体存在にも、外なる対象存在にも、いかなる存在も存在しないと観察しつつ思惟するひとのさとりの知について、お尋ねします。そのような〔いかなる存在も存在しない禅定の位にある修行者〕は、どのようにして〔そこから解脱して自由になるように〕教え導かれるべきでしょうか」

一一一四 世尊が説かれる。「ポーサーラよ、いつどこにても同一の真理のままにさとる如来であれば、あらゆる禅定の位において意識の流れが存続しつづけることを真知によって知って、そのような〔いかなる存在も存在しない禅定の位にある修行者〕も、〔依然として世間的存在として意識の流れをもって〕存続しつづけるのであって、〔そのいかなる存在も存在しない禅定の位からも〕出離するときには、また同様〔の世間的存在〕へ向かって還帰することをも知っている。

一一五　いかなる存在も存在しない禅定の位の存在について、〔その禅定の存在に〕拘束する縄であるのは、〔その禅定の存在に味着する〕楽欲であると知り、そのようにくり返し真実なるままに真知によって知っては、そこから超脱するように、そこにありながら観察しつつ思惟する。そのようであるのが、かくして修行を完成したバラモンのさとりの知である」

第一六経　バラモンの門弟モーガラージャの問い

一一六　モーガラージャ尊者が申し上げる。「わたくしは、二度まで釈迦族のあなたに問いを問いましたが、智慧の眼あるひとは、わたくしに説明して下さいませんでした。しかしながら三度まで〔問いを問えば〕、神々の中の聖仙は説明して下さるということを、わたくしは聞きました。

一一七　いまここには人間の世間的存在が存在します。その他さまざまな〔生き物の〕世間的存在が存在します。さまざまな神々の世間的存在及び〔最高の〕ブラフマ神の世間的存在も存在します。あまねく名声のゆきわたったゴータマさまが〔どのようにそれらの世間的存在を〕観察しつつ思惟するかということが、わたくしにはよく理解できません。

一一一八 わたくしは、つぎのような問いを問いたいとの願求やみ難く、最高の智慧の眼によって見そなわすあなたのもとへやって来ました。どのように世間的存在を観察しつつ思惟するならば、そのひとを死神の大王が見つけることがないでしょうか」

一一一九 〔世尊が説かれる。〕「モーガラージャよ、つねに瞬時をおかず、あるがままにいまここの存在を自覚しつつ、自我的存在を思考するドグマを引き抜くように、ここなる世間的存在は空《くう》である、〔そこに自我は存在しない〕と観察しつつ思惟するがよい。そのようであるならば、死神〔の跳梁する領域〕を超越するであろう。そのように世間的存在を観察しつつ思惟するならば、そのひとを死神の大王が見つけることはない」

第一七経　バラモンの門弟ピンギヤの問い

一一二〇 ピンギヤ尊者が申し上げる。「わたくしは、年老いてよぼよぼになり、顔色《かんばせ》も衰えてしまいました。眼はぼんやりとしか見えず、耳もすっかり遠くなってしまいました。わたくしが、まったく無知蒙昧《もうまい》であるままに、途中で死にゆくことがないようにして下さい。どうか真理を説いて下さい。その真理をはっきりと知ることによって、わたくしは、この世間にありながら、生まれては老いぼれゆく存在を放捨するようになりたいと思います」

一一二　世尊が説かれる。「ピンギヤよ、さまざまな身体的存在があるからこそ、〔それが〕衰亡していくことを目のあたりにしては、ひとびとは、それらの身体的存在のことで苦悶する。〔日常生活を〕だらしなく過ごして〔専一に修行していない〕かぎりである。ピンギヤよ、それゆえにきみは、〔日常生活を〕だらしなく過ごすことなく〔専一に修行して〕、身体存在を放捨していって、くり返し再生してこのまま生きていく存在でなくなるようにするがよい」

一一三　〔ピンギヤ尊者が申し上げる。〕「四つの方位のどこにおいても、それらの中間の方位のどこにおいても、上方においても、下方においても、いまここなる十方のどこにおいても、あなたが見ていないような真理、聞いていないような、思考していないような、また認識していないような真理は、いかなるものも、ここなる世間には存在しません。どうか真理を説いて下さい。その真理をはっきりと知ることによって、わたくしは、この世間にありながら、生まれては老いぼれゆく存在を放捨するようになりたいと思います」

一一四　世尊が説かれる。「ピンギヤよ、いつまでも世間的存在でありつづけようとする深層の欲望のなすがままになるからこそ、ひとびとは、あらゆる苦悩が生じてくるのであり、老いぼれに征服されてしまうのだ、と観察しつつ思惟するがよい。ピンギヤよ、そのことによってきみは、〔日常生活を〕だらしなく生きることなく〔専一に修行して〕、くり返し再生してこのまま生きていく存在でありつづけようとする深層の欲望を放捨するがよい」

第一八経〔讃嘆と信心の確定〕

世尊は、マガダ国なるパーサーナカの塔廟《とうびょう》に来て修行しておられるとき、以上のように説法されたのであった。〔いまや〕仏弟子となった十六人のバラモンたちが懇願し、問いを問うごとに、かれらの問いに一つ一つ答えられた。もしもひとが、一つ一つの問いが意味する真理を証知して仏教の真理を証知し、修行者各人にふさわしい仏教の真理を実践して根本の真理を体得するならば、老いぼれ死にゆく存在の彼岸へと超脱するであろう。ここに説かれた仏教の真理は、超脱するように導くという理由で、それゆえに仏教の真理を説くこの経典の名称が「彼岸への超脱」とよばれるのである。

一一二四 アジタとティッサ・メッテーヤとプンナカとメッタグーとドータカとウパシーヴァとナンダと、またヘーマカと、

一一二五 トーデッヤ及びカッパの両人と賢者ジャトゥカンニとバドラーヴダとウダヤとバラモンのポーサーラと叡知あるモーガラージャと大聖仙ピンギヤという、

一一二六 これらのひとびとは、あらゆる修行を完成した聖仙である覚者（仏陀）を訪問して、

絶妙なる問いを問わんとして、最高なる覚者の近くへ進み出た。

一二七　かれらが問いを問うごとに、覚者は、〔あらゆるところにおいて一如《いちによ》なる〕真理のままに答えて説明された。かく〔かれらが問いを〕問うごとに答えて説明されたことによって、沈黙の聖者は、〔かれら〕バラモンたちを満足させた。

一二八　日輪の王統の末裔である智慧の眼ある覚者が、かれら〔バラモンたち〕を満足させたところで、〔バラモンたちは〕最高の智慧ある〔覚者〕を師として清浄なる修行生活を修行したのであった。

一二九　一つ一つの問いに答えて、覚者が説法されたように、そのように修行実践するひとは、〔輪廻の洪水のまっただ中なる〕此岸《しがん》から彼岸へと超えていくであろう。

一三〇　最上なる修行道を修行実践するひとは、〔輪廻の洪水のまっただ中なる〕此岸から彼岸へと超えていくであろう。それゆえに〔修行実践するならば、〕彼岸へと超えていくことなる修行道が「彼岸への超脱」と名づけられるのである。

一三一　ピンギヤ尊者は、〔バラモンのバーヴァリのもとに帰って来て、バーヴァリに覚者の出現を宣揚して、〕言う。「わたくしは、〔世尊の説かれた〕『彼岸への超脱』を讃嘆することとしましょう。かぎりなく広大な叡知あり、無垢《むく》清浄なる〔世尊〕は、直々《じきじき》に証知されたごとく、そのままに説法されました。あらゆる欲望がなくなって、涅槃の静寂を体得した守護者たる〔世尊が〕虚偽を言われる理由がありません。

一一三二　さあ、わたくしは、無知蒙昧の垢《けが》れを放捨して、〔論争に勝利して〕高慢になることをも、〔論争に敗北して〕誹謗《ひぼう》中傷することをも放捨しています。〔世尊〕を、美麗な言葉でほめうたう讃嘆を詠唱することとしよう。

一一三三　バラモンよ、覚者たる仏陀は、無知の闇黒を打破して、あまねくあらゆるところを見そなわす眼あり、あらゆる世間的存在の究極をきわめ、くり返し再生しては生きていく存在をすべて超越し、無限の過去以来漏水してきた輪廻的存在の潜勢力がなくなり、あらゆる苦悩を放捨しています。わたくしは、そのような真理そのものとも名づくべき〔世尊〕のもとで修行してきました。

一一三四　たとえば鳥が小さい森を見捨てて果実の豊富な森林に住みつくように、そのようにわたくしも、ちっぽけな真理をさとるひとびとを見捨てて、かぎりなく広大な池水〔のような叡知ある世尊〕のもとに羽を休めました、あたかも〔野生の〕鵞鳥《がちょう》のように。

一一三五　これまでにゴータマさまの教えを聴聞する以前に、〔他のひとびとが〕わたくしに『かくかくであった』とか『かくかくであるだろう』とかと説明してくれたことは、すべて伝承や伝聞にすぎませんでしたし、それはすべて、ああだ、こうだという論理的思考をいや増すばかりでした。

一一三六　ゴータマさまはかぎりなく広大なさとりの智慧があり、ゴータマさまはかぎりなく広大な叡知があります。かの高貴なる生まれの方が、ただ一人で、無知の闇黒を打破しつつ、光明を放って坐しておられました。

一一三七 ゴータマさまがわたくしに説法された真理は、〔いまここにありありと〕直々に証知されているのであり、〔過去・未来・現在の〕時間性を超越しています。いつまでも世間的存在でありつづけようとする深層の欲望が滅し尽きてしまっているのであって、伝承や伝聞によるのではありません。そ〔のような涅槃〕はいかなる譬喩《ひゆ》によっても言い表わせません」

一一三八 一一三九 〔バーヴァリが問う。〕「ピンギヤよ、ゴータマさまはかぎりなく広大なさとりの智慧があり、ゴータマさまはかぎりなく広大な叡知がある。ゴータマさまがきみに説法された真理は、〔いまここにありありと〕直々に証知されているのであり、〔過去・未来・現在の〕時間性を超越している。いつまでも世間的存在でありつづけようとする深層の欲望が滅し尽きてしまっているのであり、伝承や伝聞によるのではない。そ〔のような涅槃〕はいかなる譬喩によっても言い表わせない。そうだとするならば、それではきみは、一瞬たりといえども、そのようなゴータマさまから離れて修行生活をしているというようなことがあるだろうか」

一一四〇 一一四一 〔ピンギヤが答える。〕「バラモンよ、ゴータマさまはかぎりなく広大なさとりの智慧があり、ゴータマさまはかぎりなく広大な叡知があります。ゴータマさまがわたくしに説法された真理は、〔いまここにありありと〕直々に証知されているのであり、〔過去・

未来・現在の〕時間性を超越しています。いつまでも世間的存在でありつづけようとする深層の欲望が滅し尽きてしまっているのであって、伝承や伝聞によるのではありません。そ〔のような涅槃〕はいかなる譬喩によっても言い表わせません。ですから、わたくしは、一瞬たりといえども、そのようなゴータマさまから離れて修行生活をしているということはありません。

一一四三 バラモンよ、わたくしは昼夜をおかず、不精《ぶしょう》なることなく〔孜々《しし》として努力し、三昧に入った〕心中に、か〔のゴータマさま〕を見ること、あたかもこの眼で見るがごとくです。わたくしは夜でも修行していて、礼拝しつづけています。それゆえに〔ゴータマさまから〕離れて修行生活をしているのではないと考えます。

一一四四 わたくしの〔きよらかな〕信心と〔わき上がってくる〕喜悦と〔三昧に入っている〕心と〔あるがままにいまここなる存在を〕自覚〔すること〕は、ゴータマさまの教えを離れることがありません。かぎりなく広大なさとりの智慧ある〔ゴータマさま〕がいずれのところへ行かれる場合でも、わたくしは、そのところ、そのところへ向かって礼拝しています。

一一四五 わたくしは老いぼれてしまい、体力も気力も衰えてしまいました。それゆえにそこ〔のゴータマさまのいますところ〕へ身体で出かけて行くということはできません。しかし〔三昧において〕概念構想〔して行く〕というしかたでは、つねに進み行きます。バラモンよ、わたくしの心は〔三昧において〕ゴータマさまと一つになっていて離れることがありません。

一一四五　わたくしは、〔ひでりの時の魚のように、どんどん干上がっていく〕泥沼に放り出され、あっちへはねたり、こっちへはねたり、あがいていました。また〔老死の洪水に押し流されては〕島から島へと漂流していました。そのようなときに、わたくしは、完全に覚った覚者〔仏陀〕にまみえました。〔かの方は〕輪廻の洪水を渡りきって〔超脱し〕、無限の過去以来漏水してきた輪廻的存在の潜勢力はなくなっておられました」

一一四六〔世尊がサーヴァッティーにいますままに出現してきて、説きたまう。〕「あたかも、ヴァッカリやバドラーヴダやアーラヴィ・ゴータマがきよらかな信心を確定して〔疑惑から〕自由になったように、まったく同様にきみも信心を確定して〔疑惑から〕自由になるがよいぞ。ピンギヤよ、きみは、死神の跳梁する領域を超越した彼岸へと到るであろう」

一一四七〔ピンギヤが申し上げる。〕「いまわたくしは、沈黙の聖者の言葉を聴聞していよいよ信心をきよらかにしました。完全に覚った覚者は、〔あらゆる世間の〕無知のとばりを開いて、不毛なるところなく、説法を現出させる。

一一四八〔最高の禅定にある〕神々についても真知によって知って、あらゆる〔神々から地獄の衆生に至るまでの〕諸存在を真実に知るゆえに、大師は、疑惑をもって問いを提出したひとびとのもろもろの問いを完全に終息させたのであった。

二四九　わたくしは、いまや、いかなる譬喩によっても言い表わし得ない確固不動〔の涅槃〕に到達するであろう。わたくしは、もはやそ〔の涅槃〕を疑わない。そのままに、わたくしの信心がいつまでも〔疑惑から〕自由〔になって〕確定したままであるように護持して下さいますように」

注（上のゴシック体数字は詩の番号を示し、明朝体数字は頁数を示す）

インド思想史のどの段階でいわゆる原始仏教思想史が展開しはじめ、原始仏教思想史のどの段階にここに訳出した『スッタニパータ［釈尊のことば］』が位置するか、といういまだ解決されたとはいい難い根本問題を、ここに注記の形で論述することは許されないが、中村元博士をはじめとするこれまでの研究者がすでに指摘しておられるように、本経がその根本問題にとっての基本資料の一つであることは、ほとんど確実であるといってよい。今後さらに本経所収の諸古経を徹底的に研究することによって、それらの根本問題が解明されていかなくてはならないであろう。以下ここには本経のもつそのような思想史的意義の理解に資するであろういくつかの基本事項を、わたくし荒牧が分担した第一章、第四章、第五章を中心にごく簡略に述べておくこととしたい。なお、わたくしは、本経に対する既刊の諸訳の中で、とくに重要だと考えられるファウスベルの英訳および中村元、渡辺照宏、水野弘元の三博士による、それぞれの和訳を常時参照して多大の教示を与えられたことに心から感謝の意を表させていただく（一九八四年に刊行されたK・R・ノーマン博士等による英訳は参照することができなかった）が、それでもなお、いずれの訳とも異なる新しい解釈を提出せざるを得なかったところが、少なくない。それらの解釈の根拠を示すべき、いわば学者向きの注記を、本書の一般的性格と時間的制約を考慮して省略することにした。あらかじめ読者諸賢の御了解を得たい。

さて本経『スッタニパータ』は、南方伝承のパーリ聖典では五章の韻文経典群として編纂されている（北方伝承の中央アジア出土サンスクリット断片や漢訳仏典においては第四章と第五章だけがそれぞれ独立の韻文経典群として伝承されていたようで、第一、第二、第三の各章はまとまった経典群としては伝承されていない）。各章の韻文経典群は、なんらかの意味でまとまった経典群として伝承されてきたと考えられる。ここでは、わたくしの初期韻文経典の新古層に関する仮説にもとづいて各章の韻文経典群の基本性格を素描することを試みる。

第四章「八詩頌の経」(Aṭṭhakavagga) が原始仏教聖典全体の中でも最古層韻文経典群であることは、中村元博士の御指摘以来、とくに日本の学者の間でひろく承認されるようになっていると思う。わたくしも第四章の中のいくつかの韻文経典（とくに第一五経「他のひとびとや生き物たちに暴力をふるうことについて」）は釈尊の「金口《こんく》の言葉」であることを論証し得るであろうと考える。それらの経典には、当時出現していたであろう他学派の諸思想に対する釈尊独自の根本思想が確認されるからであり、つづく諸層の韻文経典においてその釈尊独自の根本思想が分析され展開せしめられて漸次に仏教教理が形成されていくと考えられるからである（かくして形成されてきた仏教教理、いわゆる「法数項目」にもとづいて後に散文経典の諸層が発達していくであろう）。これが、本経に「釈尊のことば」と副題した所以である。いまこの第四章の最古層経典群にみられる釈尊の根本思想を、ひとまずつぎの四項に要約しておこう。

（a）古来のヴェーダ祭儀文化が漸次に堕落していって、全体としていわゆる「輪廻業思想」の様相を呈してきた（ほとんどニヒリズム的ともいえるような）歴史情況の中で、いよいよ深まる「老死」の不安を超克すべく興起した諸学派の間で、さかんに宗教論争が行われるようになっていた。しかしこのように輪廻業的存在の「老死」から解脱して自由になろうとして対論抗争し宗教論争するというところに、かえってその輪廻業的存在の最深層の根拠が露顕している。まさしくその輪廻業的存在から自由になろうとする最後の段階において、輪廻業的存在に執着しつづけようとする究極の根拠の具体相が現れてくるのである（ちなみに輪廻業思想とか輪廻業的存在というと、われわれ現代人には無縁な古代インド的観念であるかのごとくであるが、けっしてそうではない。現代哲学の用語でいえば、深淵的ニヒリズムの歴史意識とでもいうべきものが輪廻業思想であり、そういうニヒリズム時代の歴史的存在が輪廻業的存在であるというべきである。本経全体が「いかにして輪廻業的存在から解脱して自由になるか」を主題にしているということは、いかにしてニヒリズム的歴史情況を克服して、新しい文化を創造するかというきわめて現代的な問題に対する一つの答えを用意しているのだといってもよい。わたくしの訳における「輪廻」の語を、そのようなニヒリズム的歴史情況の意味で理解してくださるようお願いしておきたい）。

（b）かくして発見されてきた輪廻業的存在の最深層の根拠は、一方では来世もしくは現世における善なる世間的存在を求め悪なる世間的存在を避けようとする深層の欲望、すなわち「くり返し再生してこのまま生きていく世間的存在であろうとする深層の欲望」であると考えられている（Sn 776, 857, 916, 939, 943, 945）。かくいつまでも世間的存在でありつづけようとする深い欲望が無意識の深層においてはたらいているのである。

また他方では、（c）その最深層の根拠は、そのような深層の欲望とともにはたらく自我意識の対象となり、自我意識によって所有される「個体存在」であるとも考えられている（Sn 777, 872, 909, 950 など）。あらゆる他我と自我を概念構想する自我意識は「わたくしは……」と主張し「わたくしの……」と所有するときに「個体存在」を対象としている。しかしこれら深層の根拠としての「深層の欲望」も「個体存在」も、禅定の修行によってさとりの智慧が照明するとき、消滅する。そのときに「この世の存在でありながら年老いることもない」（Sn 950）、もしくは「この世に身体があるあいだに」（Sn 849）解脱の自由を証得することとなる。

（d）そのような輪廻的存在の最深層の根拠を消滅させる禅定の修行は、無限の過去以来漏水してきた輪廻的存在の汚水を干上がらせ、未来の輪廻的存在を欲望することなく、現在の輪廻的存在に執着することのないままに深く集中していって、時的な輪廻的存在を超克するのである（Sn 949）。

つぎに第五章「彼岸への超脱」（Pārāyanavagga）は、後世の増補であることがあきらかな第一経・序章（因縁）と第一八経・終章（讃嘆）を別にすると、十六人のバラモンの門弟が順次に問いを問い、世尊がそれぞれに答えられるという同一の文学形式によって創作された十六の韻文経典よりなる。これら一六経は、もとより、かれら十六人のバラモンの門弟と世尊との間で実際に行われた問答の記録ではあり得ないが、前章の諸経に説かれた釈尊の根本思想を、このような文学形式をかりてあらためて再説し、さらに展開させようとしているということができる（その意味で前章の諸経をふまえた第二層の韻文経典群である）。これら一六経においてとくに取り出して強調されている、もしくはこれより以後とくに中心的に展開されていく諸思想として、つぎの三項をあげておく。
（a）これらの問答において釈尊がいまここに直々にさとられたのであって伝承や伝聞によるのではない真理としてくり返し説かれている禅定の修行は、無限の過去以来漏水してきた輪廻的存在の潜勢力を放捨し、未来においても輪廻的存在でありつづけようとする深層の欲望を断ちきり、現在のいまここの輪廻的存在に執着しないようにして、時的存在そのものを消滅させることである（Sn 1053, 1066, 1099 = 949)。
（b）この洪水のように根底的にうつろいゆく時的存在を最深層の根拠からして消滅させる禅定修行において、まず最初に日常経験の基本パターンを蓄積していた身体存在（色）が消滅した後に、無限に広大な禅定の存在（無色界）が出現してくるが、これはまだ解脱の自由ではない（現代哲学の用語でいえば、それはフッサール晩年の歴史的な相互主体性に近いのではないか）。いかなる個別存在も存在しない涅槃の存在を概念構想する禅定（Sn 1070, 1113、後世の「無所有処《むしょうしょ》」）や概念構想があるのでもなく、ないのでもない禅定（Sn 874、前章にふくまれているが内容的には第二層。後世の「非想非非想処《ひそうひひそうしょ》」）などが説かれている。
（c）この漸次に深くなっていく禅定において最深層の根拠である「個体存在」（それとともに相互主体性）が消滅していく過程で、「個体存在」そのものが、いくつかの層よりなることが明らかになる。ここではあちこちに散説されているにすぎないが、身体存在の層（色）や感情存在の層（受）や概念構想の層（想）が説かれ、とくに最深層にあるものとして意識の流れの層（識）がくり返し説かれている（Sn 1037, 1055, 1073, 1111, 1114)。これらは、後に「五蘊《ごうん》」説へと体系化されていくであろう。
ところでつぎに、わたくしの韻文経典発達史に関する仮説によると、以上二層の最古層韻文経典につづいては、サーリプッタ（舎利弗《しゃりほつ》）を指導者とする初期仏教教団が漸次に形成されていき、そこにおいて『法句経（真理のことば）』（講談社刊「原始仏典」第七巻所収）や『相応部経典』有偈《うげ》篇（講談社刊「原始仏典」第六巻所収）に編纂されている多数の韻文経典群の諸層が成立する。それら多数の韻文経典群において「無常・苦・無我」の「三法印《さんぼういん》」や「六処《ろくしょ》」説、「五蘊」説、「三界《さんがい》」説などの仏教教理が成立し、仏伝の降魔成道《ごうまじょうどう》説話の原型などが発達していくことが注意されるべきである。本経『スッタニパータ』の第一章「蛇」、第二章「小さき章」、第三章「大いなる章」の三章にまとめられた諸韻文経典は、それら初期仏教教団において成立してきた『法句経』『相応部経典』有偈篇の諸経典群と並行して、あるいはそれらにつづいて成立してきたであろうが、なんらかの理由でそこに編纂されなかった諸韻文経典が、後世になって別に編纂されたのであろう。

いま、それら三章にまとめられた韻文経典群を簡単に性格づけてみるに、第一章「蛇」の中の諸韻文経典は、いずれも初期仏教教団において出家・在家の仏教者が読誦もしくは暗誦すべく創作されたであろう。たとえば最初の三経「蛇」「富裕なるダニヤ」「一角の犀」は、楽器の伴奏に合わせてうたうための韻律(mattāchandas)によって作られており、同一のリフレインを用いたり、バラッド風の対話形式をとったりしている。第一〇経「アーラヴァカという名の人喰い鬼神《ヤクシャ》」にもとづき、それを拡大して第九経「雪山の山神《ヤクシャ》」が成立してきたであろうが、前者がまったく在家信者のための宗教的真理をうたうのに対して、後者が『相応部経典』有偈篇において成立した仏教教理を説く韻文経典の詩頌を導入し、出家修行者のための宗教的真理をうたうように改作していることが注目される(アショーカ王治下の仏教教団の分裂において成立した最初の出家教団が「雪山部」であったことが想起される)。第一二経「沈黙の聖者」は、最古層韻文経典の仏教思想を要約しているごとくであって、アショーカ王碑文に列挙された経典の一つであることが指摘されている。

第二章「小さき章」にまとめられた諸韻文経典は、いずれも出家修行者としての仏弟子の修行生活を礼讃することをテーマとするごとくである(それが、次の「大いなる章」に対して「小さき章」とよばれる所以ではないか)。とくに第一四経「ダンミカ」は、バールフト仏塔のようなところでウポーサタ(布薩《ふさつ》、斎会《さいえ》)を行うに際して、出家修行者が読誦したであろう戒律条項と在家信者が読誦したであろう「八支斎戒」を伝えていて興味深い。

第三章「大いなる章」にまとめられた諸韻文経典は、いずれも完成した修行者としての仏陀の修行生活を礼讃しているごとくで、後世の仏伝の源泉となる諸経（とくに第一経「出家」、第二経「奮闘」、第一一経「ナーラカ」）や仏教の根本真理たる「四諦《したい》」説や「縁起」説の原型を説く経典（第一二経「二様の考察」）をふくんでいる（それが「大いなる章」とよばれる所以ではないか）。後者は、すぐつづいて発達しはじめる散文経典における「十二支縁起」説の展開の出発点の一つになると考えられる。

以上、はなはだ不完全ではあるが、本経所収の諸韻文経典の基本性格を素描することを試みた。今後さらに、これら諸経典の研究が進展して、最初期の仏教史ならびに仏教思想史がより歴史的に具体的に解明されることを期待したい。

二二四　真実の言葉――古代インド人は、宗教的な真実の言葉には霊力がこもっていて、その言葉を発する者の望みをかなえ、超自然現象をひきおこすと信じていた。その例は、パーリ文献のうちでは、『ジャータカ』（講談社刊「原始仏典」第二巻参照）に多い。例えば、『ジャータカ』第六十二話では、悪女が偽って、「夫以外の男性に触れたことは一度もありません。この真実の言葉により、火はわたくしを焼きませんように」と言う場面がある。同じく第七十五話では、菩薩（ブッダの前生）が、「わたくしは殺生をしたことがない。この真実の言葉により、天は雨を降らせよ」と言って雨を降らせている。

二二七　八群の聖者――「聖者」とは、四つの真理（苦諦《くたい》、集諦《じったい》、滅諦《めったい》、道諦《どうたい》）を正しく見る人。「凡夫」の逆。聖者は、預流《よる》（初めて仏法の流れに入った人）、一来《いちらい》（一度欲望の世界に戻って後、涅槃に入る人）、不還《ふげん》（二度と欲望の世界に戻ることなく涅槃に入る人）、阿羅漢《あらかん》（涅槃に入った人）の四つ（四果）と、その四つに向かう位（預流向《こう》、一来向などの四向）の八つに分類される。

二二七　しかとさとった人――原語はスガタ（sugata）。仏の十の呼び名のひとつ。「よく理解した人」と解釈した。「ブッダ」（理解した人）と同じ意味となる。「如来」も原語のタターガタ（tathāgata）を「ありのままに理解した人」と解釈すると同意語となる。漢訳語「善逝」は、「よくさとりの彼岸に行けるもの」との解釈にもとづいたものである。「さとりの彼岸に」という語句を補わねばならないので、教理的解釈にすぎるか、とも思われる。善趣（sugati）との関連から、「幸せな人」との解釈も可能であるが輪廻を越えた仏にはふさわしくないであろう。

二三〇　弛緩した生活――神々や転輪聖王《てんりんじょうおう》としての享楽の日々。

二三一　疑・戒禁取――疑とは、仏の教えを受け入れようか、受け入れまいかと迷う心。戒禁取とは、犬や牛を真似た生活をすれば清浄が得られると執する心。

二三一　四悪処――地獄、餓鬼、畜生（動物）、阿修羅の四悪趣。

二三一　六つの重罪――父、母、阿羅漢（修行完成者）を殺し、如来の身体より血を出し、教団を分裂させ、異教徒の説を受け入れる、という六。

二三九―二四一　「わたくしは、生ぐさを遠ざけている」と言いつつ、カッサパなる過去仏が肉を食べるのを見とがめ、隠遁のバラモン、ティッサが難詰する（『註釈書』による）。

二三九　ディングラカ――植物名。『註釈書』では、「チングーラカ（ciṅgūlaka）」。

二三九　チーナカ――豆の一種。

二四八　陽の当たらぬところ――『註釈書』によれば、卑しい家柄など。

二四九　魚肉を断ち――『註釈書』を参考に na macchamaṃsāna anāsakattaṃ と読む。この詩節は、主に仏教以外の宗教の実践を外面的であると批判するものである。

二四九　季節ごとの荒行――夏は直射日光をうけ、雨期は樹下に住し、冬は水中に入る。

二五一　ヴェーダの奥義に達し――仏教徒はヴェーダの権威を認めないが、真理をさとった人という意味でこういう表現を採用することがある。

二六六　沙門――パーリ仏典などでは、一般の宗教家を「沙門・バラモン」と対にして呼ぶ。ヴェーダ聖典の権威を認めるのが「バラモン」、認めないのが「沙門」である。仏教やジャイナ教などの出家修行者は後者に含まれる。ただし、仏教では、両者を内面的に解釈する。本経五三〇は、「沙門」の解釈である。「バラモン」の解釈については、三五六の注参照。

八二　タンキタマンチャ――「四本足の石の床」の意。

八二　スーチローマ――「針を体毛とするもの」の意。

八二　カラ――「粗い」「粗暴」「激しい」などの意。

二七三　そのけがれ――直前の、貪欲より雑念まで。

二七三　愛着……――『註釈書』は、sneha に、「愛着」「湿り気」の両義を読みこんではいるが、khandha は、ただ「幹」とのみ理解している。拙訳は、あるいは読みこみすぎか。

二七三　ニグローダ樹――イチジク属、ベンガル菩提樹。幹が太く、生長力が強い。枝から垂れた気根が地上に達して次々と幹のようになってゆく（満久崇麿『仏典の植物』三三頁以下）。原語は、「下に向かって生長するもの」の意。

二七四　二七五　生きていてなんになろう――本経四四〇、『テーラガーター』（講談社刊「原始仏典」第九巻）第一九四、六七〇偈参照。

二八〇　二八一　籾殻――直訳は「（病気のために）中身が腐ってなくなった大麦の種子」。「朽ち木」とともに、外見だけそれらしく、中身が腐り、放置すれば他に害を及ぼす、仏教教団内の比丘に譬える。『アングッタラニカーヤ』八・一〇参照。

八五　バラモンの慣例――『アングッタラニカーヤ』五・一九一は、昔のバラモンの習慣で、今のバラモンが守らず、かえって犬が守っているものが五つある、として次のものをあげている。（一）同族の女とのみ婚姻し、交わる。（二）妊娠期の女とのみ交わる。（三）妻を売買しない。（四）貯えない。（五）朝には朝食分のみ、夕には夕食分のみの食を得る。

二九〇　学生期――バラモンの男子は、「学生期」「家住期」「林棲期」「遊行期」のいわゆる「四住期」を通過するのが理想とされている。詳しくは田辺繁子訳『マヌの法典』（岩波文庫）第二〜六章参照。

二九六　薬――『註釈書』によると、牛乳を精製する過程で得られる乳、酪《らく》（ヨーグルト）、生酥《せいそ》（新鮮なバター）、熟酥《じゆくそ》（精製されたバター）、醍醐《だいご》の「五味」。

三〇二　オッカーカ王――釈迦族の祖先とされる。

三〇三　馬の犠牲祭……――五種の祭式名の列挙は、パーリ文献における定型句である。仏教徒が、個々の祭式についてどの程度知っていたかは不明。祭式用語については、Louis Renou, *Vocabulaire du rituel védique,* Paris, 1954 参照。

三二五　文脈がとらえ難い。

三三七　五種の欲望の対象――色形、音声、香り、味、体感。

九四　ヴァンギーサ――「自在に言葉をあやつる人」の意。詩作をよくした仏弟子として知られる。この詩は、『テーラガーター』第一二六三〜一二七八偈に対応する。講談社刊「原始仏典」第九巻『仏弟子の詩』一八五〜一八七頁参照。詩節中の「カッピヤ」「カッパーヤナ」は、いずれも「ニグローダ・カッパ」と同一人物である。

九五　アーラヴィー――ヴァラナシより、ガンジス川をやや遡ったところにあった町の名。

九五　アッガーラヴァ――「最上なる森」の意。

三四三　まのあたりに――『註釈書』のもう一つの解釈によれば「現世において」。

三五五　五つの生存界の長――原文には「五の最上者」とのみある。『註釈書』にこの解釈があるわけではないが、「最上者（-seṭṭha）」は、「〜のうちの最上者」と思えるので、「五」を、地獄、餓鬼、畜生、人、天のいわゆる「五趣」と考えてみた。

三五六　真のバラモン――ブッダがバラモン出身ではないのにこう呼ばれる理由については、本経第三章・九「ヴァーセッタ」、『ダンマパダ』第二十六章、『ウダーナ』（講談社刊「原始仏典」第八巻『ブッダの詩Ⅱ』

所収）第一章参照。
三六〇　講談社刊「原始仏典」第三巻『ブッダのことばⅠ』一〇八～一一〇頁、同第二巻『ブッダの前生』二四八～二五二頁参照。
三六七　愛欲の矢——本経三三一～三三四、七六七参照。
三七九　象王エーラーヴァナ——インドラ神（帝釈天）に仕える象の名。
三八〇　クヴェーラ——毘沙門天《びしゃもんてん》のこと。仏典では、本経四〇四の注に述べる欲界の神々のうち、最も下位の、四天王天の一つ多聞天《たもんてん》の異名。北方を支配する。財宝の神。
三八一　アージーヴィカ——「邪命外道《じゃみょうげどう》」と呼ばれる異教徒。講談社刊「原始仏典」第三巻所収「出家の功徳」八五～八八頁参照。
三八一　ニガンタ——ジャイナ教徒。
三九〇　論争の場で——vādaṃ hi を、本経八三一に従って、vādamhi (loc. sg.) と改める。
三九一　サンガーティ——仏教僧の三種の衣の一つで、肩にかけたり、寝具にしたりする。他の二つはアンタルヴァーサ（腰巻き様のもの）、ウッタラーサンガ（上半身をおおう）。
三九二　蓮——原文では「水が蓮に〔よごれない〕ように」であるが、蓮が修行者のたとえとなっているのが普通である。本経七一、六二五、八一二、八一三、八四五参照。
四〇〇　時ならぬ食事——正午を過ぎてからの食事。
四〇二　パーティハーリヤ——解釈に種々あって不明。
四〇四　人のみちに違わぬ商い——『註釈書』によれば、刃物、生物、肉、酒、毒物以外の商いと、農牧業等。
四〇四　おのずと光を放つ——神々の世界は、欲界（欲望の盛んな世界。人間、畜生、餓鬼、地獄を含む）、色界《しきかい》（欲界と同様に物質があるが、欲望が盛んではない世界）、無色界《むしきかい》（物質のない世界）の「三界《さんがい》」にわたっているが、そのうち、欲界の神々をこう呼ぶという（『註釈書』による）。

四二五　このブッダに――ノイマンの独訳の注記に従い、tam'maṃ < taṃ imaṃ の意味に解する。

四二六　ナムチ――阿修羅（本経六八一の注参照）の一員であり、インドラ神（帝釈天）も一度はこの悪魔に捕えられたが、後にうまく退治した。

四三〇　自らの利益のために――E. Windisch, *Māra und Buddha*, Leipzig, 1895, p. 5 に従い、sen' atthena の意味に解する。

四四二　悪魔とその軍勢――Māraṃ savāhanaṃ.『註釈書』は「象に乗った悪魔」と説明しているが、他の『註釈書』(*Manorathapūraṇī*, Vol. III, p. 18) は「悪魔とその軍勢」と説明しており、梵語や漢訳の仏典においても「悪魔とその軍勢」とある。

四四三　水でうがつように――本経四三〇の注に掲げた Windisch の書物の八頁の注記に従って解する。

一三　ヴァンギーサ――第二章第一二経参照。

四五七　サーヴィッティー讃歌――『リグ・ヴェーダ』三・六二・一〇にあたる詩。

四六五　ラーフ――阿修羅（六八一の注参照）の一員であって、ラーフが月神や太陽神にかみつき、呑みこむことによって、月食や日食がおこると考えられていた。

四七三　望み――『尊婆須蜜菩薩所集論』、大正新脩大蔵経、二八巻、七九七頁下～七九八頁上の対応詩によって、原文の āsava を āsā もしくは āsaya に由来する語と理解する。

三一　在家者――kulaputta. 漢訳仏典で「善男子」などと訳され、「良家の子息」などと現代語訳されるが、本来は、必ずしも「良家」には限らない。*Majjhima-nikāya*（ＰＴＳ版）, Vol. I, p. 284; *The Gilgit Manuscript of the Saṅghabhedavastu*, Part 1, ed. R. Gnoli, p. 167 参照。

五〇九　三つの条件――『註釈書』によると、布施をする前に喜び、布施しつつある時には心を清らかにし、布施をした後には満足する、以上の三条件をいう。

一三九　プーラナ・カッサパ……ニガンタ・ナータプッタ――これらは、通常「六師外道《ろくしげどう》」と呼ばれる人々で、旧来のバラモン教にあきたらず、それぞれ独自の新しい宗教・哲学を創始した六人の自由思想家である。その思想は「沙門果経」（講談社刊「原始仏典」第三巻『ブッダのことばI』八三〜九五頁）に詳しく紹介されているが、それぞれの思想内容には異説があり、資料に応じてかなりの相違が見られる。

五一九　除き——この原語は、「バラモン」の原語と音がよく似ている。

五二五　覆い——この原語は、「巧みな人」の原語と音がよく似ている。

五二六　白きもの——この原語は、「賢者」の原語と音がよく似ている。

五二九　感受——この原語は、「聖典」の原語と音がよく似ている。

五三五　三種の想い——『註釈書』によると、欲望・害意・傷害心の三つの想いをいう。

五三八　六十三もの邪教——『註釈書』によると、「梵網経」（講談社刊「原始仏典」第三巻『ブッダのことばI』一〜七二頁）に見られる六十二の見解に「有身見《うしんけん》＝人間存在を構成する諸要素の集まり（身）に永遠不変の我（アートマン）を認めようとする見解」を加えた六十三種をいう。

五四三　ナーラダ仙やパッバタ仙——いずれも神々の一員となった聖仙で、特にナーラダ仙は神々と人間との媒介者といわれる。

一四一　アングッタラーパ——『註釈書』によると、アンガ国（マガダ国の東隣）の一部で、マヒー川の北方地方をいう。

一四三　三種のヴェーダ——『リグ・ヴェーダ』『サーマ・ヴェーダ』『ヤジュル・ヴェーダ』の三種のヴェーダを指し、バラモン教の根本聖典である。

一四五　三十二の偉人相——各々の内容は「大本縁経」（講談社刊「原始仏典」第三巻『ブッダのことばI』二〇三〜二〇四頁）に述べられている。ただ、個々の内容や順序には異説があり、資料に応じて多少の相違が見られる。

六〇九　性器——sambādhena methune の読みを採用する。

六三〇　きみと呼びかける人――本経四五七にも見られるように、バラモンは「きみ（〜君）」（原語は bho）という呼び掛けを用い、それは、ブッダに帰依した後でも変わらない。これに対し、例えば、ブッダを最初は侮って「ゴータマ君」と呼びかけていたコーサラ国王でさえ、ブッダに帰依した後は、「先生（bhante）」と呼び変えている（*Saṃyutta-nikāya* III. 1.1）。

六三八　家の中で眠ることなく――谷川泰教「Sa-bhikkhū 章ノート」（『中川善教先生頌徳記念論集・仏教と文化』、同朋舎出版、昭和五八年、一四七〜一六七頁）参照。

六三八　輪廻の洪水――原語の saṃsāraṃ moham を saṃsāra-m-oham < saṃsāra-m-ogham の意味に解した。

六五六　三種の知――本経六四七で説かれていた、（一）前世の生涯を知る、（二）天界と地獄をまのあたりに見る、（三）二度と生まれ変わらない境地に至ったと知る、以上の三種の知を指している。

一六九　アンマロク――その果実は直径約一・五センチの扁球形で、成熟すると紅色になる。詳しくは、満久崇麿『仏典の植物』、八坂書房、昭和五二年、六三〜六四頁参照。

一六九　ベル――その果実は直径五〜一三センチの楕円形で、黄色をしている。詳しくは、満久前掲書、一二四頁、並びに、E. J. H. Corner、渡辺清彦『図説熱帯植物集成』、広川書店、昭和四四年、三七五頁参照。

一七〇　カーリカ――一説によると約二キロリットル。

六七四　ヴェータラニー川――この川は、他の資料によると、この世とあの世（死者の世界）との間にある川とされているが、この詩では地獄の中の恐ろしい川を指している。ヴェータラニー川は、この両者の側面をあわせもつ川なのであろう。

六七七　五ナフタ・コーティと千二百コーティ――一コーティは一千万で、一ナフタ・コーティは一千億。

六八一　阿修羅――神々の敵で、神々との戦いを事とする悪魔。

六八二　須弥山――仏教のみならず、インド神話一般において、地上の世界の中心にあり、最も高くそびえる山とされている。ヒマラヤ山脈とインド亜大陸はそのはるか南に位置すると考えられていた。

六八九　カンハシリ――「尊い（シリ）黒き（カンハ）人」という意味。このうち、「カンハ」は「アシタ」と同じ意味（黒い）の言い換えである。一方、「シリ」は、厳密に言えば名前ではなく、神々や尊い人々の名に付される敬称である。

六九六　説いている――原語 vicarati を異読の vivarati で読む。

七一七　生ぐさ――本経三三九以下を参照。

七五五　安住せず――異読 asaṇṭhitā の読みを採用する。他の経典に見られる対応箇所では、この異読の読みが伝えられている。

学術文庫版あとがき

本書は一九八六年に講談社より刊行された「原始仏典」第七巻『ブッダの詩　I』から、「スッタニパータ（釈尊のことば）」を独立させて一書としたものである。

『スッタニパータ』（Sutta-Nipāta）は、現在のスリランカやミャンマー、タイに伝えられた「パーリ語聖典（南伝大蔵経）」に収録された経典の一つである。パーリ語でスッタは「経」、ニパータは「集」を意味し、「スッタニパータ」を直訳すれば「経集」、語を補うならば「古経集」となる。語を補うのは、原始仏典のなかでも最古層の経典を含むことをふまえてである。

諸説あるが、釈尊（ゴータマ・ブッダ）の生年を紀元前四六三年、入寂を紀元前三八三年とすると、およそ二千四百年ほど昔である。その頃は、ウパニシャッド哲学発達の末期であり、ジャイナ教苦行主義の勃興期であって、釈尊はそれら二つの思想運動を革命――「根本転回」――して仏教の「中道」のおしえを説きはじめられたであろう。釈尊入寂後、弟子たちは師の言葉を伝承しながら発展させて、つぎつぎに原始仏教経典を生み出していったと考えられる。それらの「釈尊のことば」以来の原始仏教経典が紀元前一世紀頃に西方方言であるパーリ語で記されて「パーリ語経典」となったとされるが、『スッタニパータ』の第四章、第五章には釈尊自身の話した古い東方方言のマガダ語とみられる要素が含まれており、その点からも、より釈尊の時代に近い最古層経典と位置づけられる。釈尊の生の声、本来のおしえを現在に伝える貴重な経典が『スッタニパータ』であるといってもいいだろう。個々の経典の正確な年代を確定することは困難だが、詩の部分はアショーカ王時代（在位・紀元前二六八〜紀元前二三二年）には成立していたと解釈できることから、釈尊の時代から百数十年以内のことと考えられる。

中学生の時分に「人生いかに生きるべきか」という人生論の問題に目覚めた私は、トルストイや西洋哲学、中国古典などに感銘を受けつつ、大学での仏教の勉強をこころざした。そして大学では仏教学を専攻し、サンスクリット原典、チベット語訳や漢訳の仏典を研究する文献学に打ちこむなかで、いつしか仏教哲学のエッセンスは唯識哲学にあると考えるようになっていった。

大学院博士課程修了後、米国のシカゴ大学でJ・A・B・ファン・バイトネン先生に学ぶ機会を得たときのことである。先生はウパニシャッド哲学や『マハーバーラタ』を研究する道を開いてくださるとともに、原始仏教の勉強の必要性をお説きになった。唯識哲学が究極の仏教哲学であるとしても、それを現実に生きる人間の宗教哲学として理解するためには、釈尊以来の仏教者たちの宗教体験へ遡らなければならないと考えた私は、帰国後、原始仏教経典と中国仏教の研究に専念するようになった。そこで出会ったのが、『スッタニパータ』や『ダンマパダ』などの韻文経典である。「ここに生きた人間の宗教体験がある！」と踊躍歓喜したのであった。

私事にわたったが、このように私にとって『スッタニパータ』は特別に重要な書物であった。『原始仏典』での『スッタニパータ』全現代語訳を打診されたとき、かならずしも従来の諸訳に満足していなかった私は、「釈尊のことば」の生きた力を伝えるためにも、その内容を一般読者に紹介する必要があると考え、喜んでお引き受けした。授業や職務に追い立てられながらも、共訳者である本庄、榎本両先生に助けていただいて翻訳作業に取り組んだ充実した日々を、今でも懐かしく思う。

文庫化にあたっては、一冊の本としての整合性から、誤植のほかは最小限の字句の訂正にとどめた。本書は、原本刊行時点での最新の研究成果をふまえているが、三十年近い時日を経て、斯界の研究は確かな進捗を見せている。今回の文庫化で、その点を万全なかたちで反映できなかったこと、また、私ならびに共訳者の両先生の原始仏典にたいする理解の深まりやその後の研究の成果に言及できなかったことは心残りである。

もちろん、それらのひとつひとつをここで補足することは許されないが、釈尊の「根本転回」の宗教体験から原始仏教の歴史がどのように展開していったか、そこからどのように大乗経典運動が創造されていったかの二点について、拙稿をご参照いただければさいわいである。前者については拙論「ゴータマ・ブッダの根本思想」(『岩波講座　東洋思想』第八巻『インド仏教 1』岩波書店、一九八八年刊)、及び後者については拙著『ブッダのことばから浄土真宗へ』(自照社出版、二〇〇八年刊)である。

なお、『スッタニパータ』の文献学的なビブリオグラフィーは、本書の原本に藤田宏達先生による詳細かつ適切な解説が収載されているので、そちらをごらんいただきたい。

最後になったが、本書にふたたび目覚める機会を与えてくださった講談社学術図書第一出版部ならびに校閲局をはじめとする同社関連部局の諸氏に感謝の誠を捧げる。

二〇一五年　三月　六日

荒牧典俊

KODANSHA

本書は、一九八六年七月、小社より刊行された「原始仏典」第七巻『ブッダの詩　I』より、「スッタニパータ（釈尊のことば）」を文庫化したものです。

荒牧典俊（あらまき　のりとし）

1936年生まれ。京都大学大学院博士課程修了。京都大学名誉教授。

本庄良文（ほんじょう　よしふみ）

1951年生まれ。京都大学大学院博士課程中退。佛教大学教授。

榎本文雄（えのもと　ふみお）

1954年生まれ。京都大学大学院博士課程修了。大阪大学教授。

講談社学術文庫

定価はカバーに表示してあります。

スッタニパータ［釈尊《しゃくそん》のことば］

全現代語訳

荒牧典俊《あらまきのりとし》・本庄良文《ほんじょうよしふみ》・榎本文雄《えのもとふみお》 訳

2015年4月10日　第1刷発行
2022年11月8日　第5刷発行

発行者　鈴木章一
発行所　株式会社講談社
東京都文京区音羽 2-12-21 〒112-8001
電話　編集（03）5395-3512
販売（03）5395-4415
業務（03）5395-3615

装　幀　蟹江征治
印　刷　株式会社広済堂ネクスト
製　本　株式会社国宝社
本文データ制作　講談社デジタル製作

© Noritoshi Aramaki, Yoshifumi Honjo, Fumio Enomoto 2015 Printed in Japan

落丁本・乱丁本は，購入書店名を明記のうえ，小社業務宛にお送りください。送料小社負担にてお取替えします。なお，この本についてのお問い合わせは「学術文庫」宛にお願いいたします。
本書のコピー，スキャン，デジタル化等の無断複製は著作権法上での例外を除き禁じられています。本書を代行業者等の第三者に依頼してスキャンやデジタル化することはたとえ個人や家庭内の利用でも著作権法違反です。Ⓡ〈日本複製権センター委託出版物〉

ISBN978-4-06-292289-0

「講談社学術文庫」の刊行に当たって

これは、学術をポケットに入れることをモットーとして生まれた文庫である。学術は少年の心を養い、成年の心を満たす。その学術がポケットにはいる形で、万人のものになることは、生涯教育をうたう現代の理想である。

こうした考え方は、学術を巨大な城のように見る世間の常識に反するかもしれない。また、一部の人たちからは、学術の権威をおとすものと非難されるかもしれない。しかし、それはいずれも学術の新しい在り方を解しないものといわざるをえない。

学術は、まず魔術への挑戦から始まった。やがて、いわゆる常識をつぎつぎに改めていった。学術の権威は、幾百年、幾千年にわたる、苦しい戦いの成果である。こうしてきずきあげられた城が、一見して近づきがたいものにうつるのは、そのためである。しかし、学術の権威を、その形の上だけで判断してはならない。その生成のあとをかえりみれば、その根は常に人々の生活の中にあった。学術が大きな力たりうるのはそのためであって、生活をはなれた学術は、どこにもない。

開かれた社会といわれる現代にとって、これはまったく自明である。生活と学術との間に、もし距離があるとすれば、何をおいてもこれを埋めねばならない。もしこの距離が形の上の迷信からきているとすれば、その迷信をうち破らねばならぬ。

学術文庫は、内外の迷信を打破し、学術のために新しい天地をひらく意図をもって生まれた。文庫という小さい形と、学術という壮大な城とが、完全に両立するためには、なおいくらかの時を必要とするであろう。しかし、学術をポケットにした社会が、人間の生活にとってより豊かな社会であることは、たしかである。そうした社会の実現のために、文庫の世界に新しいジャンルを加えることができれば幸いである。

一九七六年六月　　　　野間省一

秋月《あきづき》龍珉《りょうみん》著

無門関を読む

無の境地を伝える禅書の最高峰を口語で読む。公案四十八則に評唱、頌を配した『無門関』は『碧巌録』と双璧をなす名著。悟りへの手がかりとされながらも、難解で知られるこの書の神髄を、平易な語り口で説く。

1568

秋月龍珉著（解説・竹村牧男）

一日一禅

師の至言から無門関まで、魂の禅語三六六句。柳緑花紅、照顧脚下、大道無門。禅者が、自らの存在をその一句に賭けた禅語。幾百年、師から弟子に伝わった魂に食い入る禅語三六六句を選び、一日一句を解説する。

1598

立川武蔵著

空の思想史　原始仏教から日本近代へ

一切は空である。仏教の核心思想の二千年史。神も世界も私すらも実在しない。仏教の核心をなす空の思想は、絶対の否定の果てに、一切の聖なる甦りを目指す。印度・中国・日本で花開いた深い思惟を追う二千年。

1600

山崎正一全訳注

正法眼蔵随聞記

道元が弟子に説き聞かせた学道する者の心得。修行者のあるべき姿を示した道元の言葉を、高弟懐奘が克明に筆録した法語集。実生活に即したその言葉は平易で懇切丁寧である。道元の人と思想を知るための入門書。

1622

竹村牧男著

インド仏教の歴史　「覚り」と「空」

インド亜大陸に展開した知と静の教えを探究。菩提樹の下のブッダの正覚から巨大な「アジアの宗教」へ。悠久の大河のように長く広い流れを、寂静への「覚り」と一切の「空」というキータームのもとに展望する。

1638

三枝充悳《さいぐさみつよし》著（あとがき・横山紘一）

世親

唯識の大成者にして仏教理論の完成者の全貌。現代の認識論や精神分析を、はるか千六百年の昔に先取りした精緻な唯識学を大成した世親。仏教理論をあらゆる面で完成に導いた知の巨人の思想と全生涯に迫る。

1642

道元著／増谷文雄全訳注
正法眼蔵 (一)～(八)

禅の奥義を明かす日本仏教屈指の名著を解読。魂を揺さぶる迫力ある名文で仏教の本質を追究した『正法眼蔵』。浄土宗の人でありながら道元に深く傾倒した著者が繰り返し読み込み、その真髄は何かに肉迫する。

1645～1652

鈴木大拙著(解説・田上太秀)
禅学入門

大文字版

禅界の巨星が初学者に向けて明かす禅の真実。外国人への禅思想の普及を図り、英語で執筆した自著を自らが邦訳。諸師家と弟子との禅問答を豊富に添えて禅の概要を懇切に説くとともに、修行の実際を紹介する。

1668

五来《ごらい》 重《しげる》著
熊野詣 三山信仰と文化

日本人の思想の原流・熊野。記紀神話と仏教説話、修験思想の融合が織りなす謎と幻想に満ちた聖なる空間を宗教民俗学の巨人が踏査、活写した歴史的名著の文庫化。熊野三山の信仰と文化に探るこころの原風景。

1685

田上太秀著
『涅槃経』を読む ブッダ臨終の説法

いまわの際にブッダが説いた秘密の教えとは。多彩な比喩を用いた巧みな問答形式で、ブッダが自らの得た覚りを弟子たちに開示した『涅槃教』。東アジアの仏教思想に多大な影響を与えた経典の精髄を読み解く。

1686

大谷哲夫訳注
道元「永平広録《えいへいこうろく》・上堂《じょうどう》」選

道元が全生命を賭して修行僧に語った説法集。仏法を知として示した『正法眼蔵』に対し、実践の場で悟りについての真っ向からの問いかけを集めた『永平広録』。道元の迫力ある言葉が伝わる上堂の精髄を掲載。

1698

北森嘉蔵著(解説・関根清三)
聖書の読み方

大文字版

聖書には多くのメッセージが秘められている。聖書に基づくケイス・スタディにより、その読み方を具体的かつ根元的なかたちで提示、聖書の魅力を浮き彫りにする。わかりづらい聖書を読み解くためのコツとは。

1756

《講談社学術文庫　既刊より》

宗教

ユダヤ教の誕生
荒井章三著
放浪、奴隷、捕囚。民族的苦難の中で遊牧民の神は成長し宇宙を創造・支配する唯一神に変貌する。キリスト教やイスラーム、そしてイスラエル国家を生んだ「奇跡の宗教」誕生の謎に『聖書』の精緻な読解が挑む。
2152

ヨーガの哲学
立川武蔵著
世俗を捨て「精神の至福」を求める宗教実践は「根源的統一への帰一」へと人々を導く――。チャクラ、調気法、坐法、観想法等、仏教学の泰斗が自らの経験を踏まえてヨーガの核心をときあかす必読のヨーガ入門。
2185

インド仏教思想史
三枝充悳著
古代インドに仏教は誕生し、初期仏教から部派仏教、そして大乗仏教へと展開する。アビダルマ、中観、唯識、仏教論理学、密教と花開いた仏教史に沿って、基本思想とその変遷、重要概念を碩学が精緻に読み解く。
2191

往生要集を読む
中村　元著
日本人にとって地獄や極楽とは何か。元来、インド仏教にはなかったこの概念が日本に根づくのには『往生要集』の影響があった。膨大なインド仏教原典と源信の思想を比較検証し、日本浄土教の根源と特質に迫る。
2197

密教とマンダラ
頼富本宏著
真言・天台という日本の密教を世界の仏教史のなかに位置づけ、その歴史や教義の概要を紹介。胎蔵界・金剛界の両界マンダラを中心に、その種類や構造、思想、登場するほとけたちとその役割について平易に解説。
2229

グノーシスの神話
大貫　隆訳・著
「悪は何処からきたのか」という難問をキリスト教会に突き付け、あらゆる領域に「裏の文化」として影響を及ぼした史上最大の異端思想のエッセンス。ナグ・ハマディ文書、マンダ教、マニ教の主要な断章を解読。
2233

《講談社学術文庫　既刊より》

哲学・思想・心理

新田義弘著（解説・鷲田清一）
現象学とは何か

《客観的》とは何か。例えばハエもヒトも客観的に同一の世界に生きているのか。そのような自然主義的態度を根本から疑ったフッサールの方法論的改革の営為を追究。危機に瀕する実在論的近代思想の根本的革新。

1035

市川　浩著（解説・河合隼雄）
〈身《み》〉の構造　身体論を超えて

空間がしだいに均質化して、「身体は宇宙を内蔵する」という身体と宇宙との幸福な入れ子構造が解体してゆく今日、我々にはどのようなコスモロジーが可能かを問う。身体を超えた錯綜体としての〈身〉を追究。

1071

G・ル・ボン著／櫻井成夫訳（解説・穐山貞登）
群衆心理

民主主義の進展により群集の時代となった今日、個人の理性とは異質な「群集」が歴史を動かしている。その群集心理の特徴と功罪を心理学の視点から鋭く分析する。史実に基づき群集心理を解明した古典的名著。

1092

森　三樹三郎著
老子・荘子

東洋の理法の道の精髄を集成した老荘思想。無為自然に宇宙の在り方に従って生きることの意義を説いた老荘。彼らは人性の根源を探究した。仏教や西洋哲学にも多大な影響を与えた世界的思想の全貌を知る好著。

1157

加藤尚武《ひさたけ》著
現代倫理学入門

現代世界における倫理学の新たなる問いかけ。臓器移植や環境問題など現代の日常生活で起きる道徳的ジレンマ・難問に、倫理学はどう対処し得るのか。現代倫理学の基本原理を明らかにし、その有効性を問う必読の倫理学入門書。

1267

プラトン著／三嶋輝夫訳
プラトン対話篇**ラケス**　勇気について

プラトン初期対話篇の代表的作品、新訳成る。「勇気とは何か」「言と行の関係はどうあるべきか」を主題に展開される問答。ソクラテスの徳の定義探求の好例とされ、構成美にもすぐれたプラトン初学者必読の書。

1276

《講談社学術文庫　既刊より》

高田珠樹著
ハイデガー　存在の歴史
現代の思想を決定づけた『存在と時間』はどこへ向けて構想されたか。存在論の歴史を解体・破壊し、根源的な存在の経験を取り戻すべく、「在る」ことを探究したハイデガー。その思想の生成過程と精髄に迫る。

2261

ヴィクトール・E・フランクル著／中村友太郎訳（解説・諸富祥彦）
生きがい喪失の悩み
どの時代にもそれなりの神経症があり、またそれなりの精神療法を必要としている——。世界的ベストセラー『夜と霧』で知られる精神科医が看破した現代人の病理。底知れない無意味感＝実存的真空の正体とは？

2262

木田　元著
マッハとニーチェ　世紀転換期思想史
十九世紀の物理学者マッハと古典文献学者ニーチェ。接点のない二人は同時期同じような世界像を持っていた。ニーチェの「遠近法的展望」とマッハの「現象」の世界とほぼ重なる。二十世紀思想の源泉を探る快著。

2266

鷲田清一著
〈弱さ〉のちから　ホスピタブルな光景
「そこに居てくれること」で救われるのは誰か？　看護、ダンスセラピー、グループホーム、小学校。ケアする側とされる側に起こる反転の意味を現場に追い、ケア関係の本質に迫る、臨床哲学の刺戟的なこころみ。

2267

コーラ・ダイアモンド編／大谷　弘・古田徹也訳
ウィトゲンシュタインの講義　数学の基礎篇　ケンブリッジ1939年
後期ウィトゲンシュタインの記念碑的著作『哲学探究』に至るまでの思考が展開された伝説の講義の記録。数を数えるとは。矛盾律とは。数学基礎論についての議論が言語、規則、命題等の彼の哲学の核心と響き合う。

2276

中島義道著
差別感情の哲学
差別とはいかなる人間的事態なのか。他者への否定的感情、その裏返しとしての自分への肯定的感情、そして「誠実性」の危うさの解明により見えてくる差別感情の本質。人間の「思考の怠惰」を哲学的に追究する。

2282

日本の歴史・地理

宮脇俊三著
全線開通版 線路のない時刻表
完成間近になって建設中止となった幻のローカル新線。その沿線を辿る紀行と、著者作成による架空の時刻表を収録した。第三セクターによる開業後の実乗記を加えた、全線開通版。付録として、著者の年譜も収録。

2225

宮尾しげを著
すし物語
大陸から伝来した馴れ鮓は押しずしを経て、江戸期に一夜ずし、にぎりずしとなる。すしの歴史から江戸・明治の名店案内、米・魚・のりなどの材料の蘊蓄、全国各地のすし文化まで、江戸文化研究家が案内する。

2234

関 幸彦著
「国史」の誕生 ミカドの国の歴史学
武家政権を否定した明治国家は、なぜ再び武家を称揚したか。江戸期の知的伝統と洋学が結合し、「新しい日本の自画像」を描くべく成立した近代歴史学。国家との軋轢の中で挫折し、鍛えられた明治の歴史家群像。

2247

古川 薫著
松下村塾
わずか一年で高杉晋作、伊藤博文らの英傑を育てた幕末の奇跡、松下村塾。粗末な塾舎では何があり、塾生は何を教わったのか。塾の成立から閉鎖までを徹底検証、松陰の感化力と謎の私塾の全貌を明らかにする。

2263

浅見雅男著（解説・刑部芳則）
華族誕生 名誉と体面の明治
誰が華族となり、「公侯伯子男」の爵位はどのように決められたか。そこではどんな人間模様が展開したか。爵位をめぐり名誉と体面の保持に拘泥した特権階級の姿から明らかになる、知られざる近代日本の相貌。

2275

長谷川 伸著（解説・野口武彦）
相楽総三とその同志
歴史は多くの血と涙、怨みによって成り立っている。薩長に「偽官軍」の汚名を着せられて刑死した相楽総三率いる赤報隊。彼ら「草莽の志士」の生死を丹念に追うことで、大衆文学の父は「筆の香華」を手向けた。

2280

《講談社学術文庫 既刊より》